高等职业教育“十四五”系列教材

体育与健康

主　编　马　驰　吴雅彬

副主编　梁红涛　文红斌　卜艺宏　聂　凯

中国水利水电出版社
www.waterpub.com.cn
·北京·

内 容 提 要

本书全面阐述了体育运动与健康的基本理论知识，并对一些基本的体育技能作了详尽的描述，使学生在了解基本理论的基础上，能科学地进行体育锻炼，提高自己的运动能力。

通过对本书的学习与实践，使学生掌握测试和评价体质健康状况的基本知识，并帮助学生通过体育活动改善心理状态，克服心理障碍，在锻炼中体验运动的乐趣和成功的感觉。本书在编写过程中从教学实际出发，力图做到内容新颖、通俗易懂、简单易学、图文并茂。既考虑了教材的深度，又照顾到教材的广度，可以作为高校公共体育课程的教学用书，也可供广大体育工作人员及体育爱好者阅读。

图书在版编目（CIP）数据

体育与健康 / 马驰，吴雅彬主编. -- 北京 : 中国水利水电出版社，2021.8（2024.8 重印）
高等职业教育“十四五”系列教材
ISBN 978-7-5170-9846-1

Ⅰ. ①体… Ⅱ. ①马… ②吴… Ⅲ. ①体育－高等职业教育－教材②健康教育－高等职业教育－教材 Ⅳ. ①G807.4②G717.9

中国版本图书馆CIP数据核字(2021)第165137号

策划编辑：石永峰　责任编辑：张玉玲　加工编辑：刘　瑜　封面设计：李　佳

书　　名	高等职业教育“十四五”系列教材 体育与健康 TIYU YU JIANKANG
作　　者	主　编　马　驰　吴雅彬 副主编　梁红涛　文红斌　卜艺宏　聂　凯
出版发行	中国水利水电出版社 （北京市海淀区玉渊潭南路 1 号 D 座　100038） 网址：www.waterpub.com.cn E-mail：mchannel@263.net（万水） sales@mwr.gov.cn 电话：（010）68545888（营销中心）、82562819（万水）
经　　售	北京科水图书销售有限公司 电话：（010）68545874、63202643 全国各地新华书店和相关出版物销售网点
排　　版	北京万水电子信息有限公司
印　　刷	三河市德贤弘印务有限公司
规　　格	170mm×240mm　16 开本　17.75 印张　348 千字
版　　次	2021 年 8 月第 1 版　2024 年 8 月第 4 次印刷
定　　价	43.00 元

前　言

大学体育课程是高校课程体系中的一个重要组成部分。本书将素质教育、健康第一、以人为本作为指导思想，目的在于通过《体育与健康》一书，向广大学生介绍体育学科中的相应知识和练习方法，提高学生的参与意识，增强学生的身体素质，培养学生优良的意志品质，形成终身锻炼的习惯。

本书全面阐述了体育运动与健康的基本理论知识，并对一些基本的体育技能作了详尽的描述，使学生在了解基本理论的基础上，能科学地进行体育锻炼，提高自己的运动能力。

本书在编写过程中，注重理论联系实际，内容上图文并茂，力求符合教学使用，便于指导学生锻炼。本书是由马驰、吴雅彬任主编，梁红涛、文红斌、卜艺宏、聂凯任副主编，参与本书编写的还有曾刚、周忠岐、胡永峰、聂晓东、周博、石磊、申亮、李栋、苏雪娟。

在此，向给予我们提供帮助的各位专家、兄弟院校的同行、出版社的领导和编辑表示最衷心的感谢！同时，也由衷地希望广大师生和专家能对本书提出宝贵的意见，指出缺憾与不足，以便我们今后对本书进行修订，并逐步加以完善。

编　者

2021 年 7 月

目　录

第一部分　体育与健康概论

第一章　体 育 概 论

党的二十大报告中指出："加快建设体育强国。"体育强则中国强，国运兴则体育兴。党的二十大以来，以习近平同志为核心的党中央高度重视体育工作，推动我国体育事业的改革发展，努力实现从体育大国向体育强国迈进的目标。习近平总书记关于体育的重要论述，是对在新的历史时期，我国体育向纵深方向改革发展的准确定位。我们要从实现"两个一百年"奋斗目标的高度来认识自身所肩负的使命与责任，不断挖掘和充分展现体育的综合社会价值和作用，为全面建成小康社会和实现中华民族伟大复兴中国梦做出积极的贡献。

第一节　现代社会与体育

在人类迄今为止的发展史中，社会整体呈加速发展的态势，人类经历了八千多年的农业经济，约三百年的工业经济，迎来了知识经济的时代。知识经济如强大的冲击波，震撼着整个世界。如果说，农业经济转移的是武力，工业经济转移的是物质，那么知识经济则转移的是知识，它改变了我们的生活方式，展现的特点是：①经济发展可持续化；②资产投入无形化；③世界经济一体化；④信息传递网络化；⑤社会知识化；⑥教育终身化。

一、现代社会对人才的要求

随着社会的变迁和发展，对人才的要求也随之发生变化，对人的素质要求也越来越高。现代社会对人才的要求可以归纳如下。

1. 健壮的体魄

主要应体现为体质良好，体能全面，生长发育良好，有连续工作能力和较快的恢复能力。

2. 高超的技能

随着信息时代到来，现代社会对人的智能要求已有了深刻的变化，除了应有扎实的基础知识和精深的专业知识之外，还要求有学习能力、创新能力、观测能力、动手能力。在知识爆炸的时代，不学会学习、观测，知识就难以更新。而创新能力，是一种综合能力，必须要有坚实的基础，敏锐的观察能力，不倦的探索能力。

3. 良好的心理素质

现代社会科技的发展已经把地球变得越来越小，除了要求精力充沛、奋发向上、思维敏捷、情绪良好、意志坚强外，还要有追求之志、好奇之心、探险之勇、求实之诚、专注之境，有百折不挠的精神，有经得起失败和挫折的心理承受能力，每个成功人士都需要经历挫折和失败的考验。

4. 高尚的道德情操

高尚的道德情操内涵十分丰富，而作为一个社会人，拥有正确积极的人生态度、社会公德、职业道德及协作精神是最基本的。其中尤以职业道德和协作精神最为重要，是人们取得成功必备的思想品质。

二、现代社会中体育的地位与价值

在社会走向现代化的过程中，体育所起的作用越来越为人们所重视，它既是社会现代化的组成部分和标志，也是社会走向现代化的重要推动力。

1. 体育是现代教育的重要组成部分

在现代化的教育系统中，体育占有重要地位，它是全面培养、完善发展现代人的重要手段，它是丰富社会文化生活和促进精神文明建设的一种有意识、有组织的社会活动，它受一定的政治、经济条件制约，也为政治经济发展服务。

2. 体育维护人们的健康

现代社会科技高度发达，城市人口高度密集，生产向机械化、自动化、电气化、智能化的方向发展，人的体力劳动越来越少，使人体的健康受到威胁。体育可以减少社会上各种流行病的发生和发展，提高个体健康水平，从而提高整个社会的健康水准。

3. 体育参与校园文化建设和企业文化建设

学校体育教学是学校教育的重要组成部分，学生在校期间除了从事一定的脑力劳动外，还有部分时间是在从事体育活动。体育文化的开展可以提高学生的个性发展，培养学生团结奋斗、勇于创新的精神。

在企业文化中，体育占有重要的地位，它不仅可以促进职工的健康，提高出勤率，减少疾病，更能使企业具有凝聚力、向心力，使职工发扬团队精神，使企业的整体实力提高。

4. 现代体育娱乐市场是市场经济不可缺少的组成部分

经济发展带来了两个积极的结果：一是物质产品丰富，二是人们的余暇时间增多。人们对精神方面的需要和发展大大提高了，这表现为参加体育锻炼的人越来越多。人们在关心自身健康的同时，把富余的资金和时间投向体育娱乐活动中去。体育娱乐活动作为一种社会现象，它对整个社会渗透范围之广是惊人的，可以说几乎每个人都会参与到这个领域。

5. 体育推动城市建设

现代社会的体育越来越被大众所认识、接受、了解，大型的体育场馆可以作为一个城市的标志性建筑，随着社会的进步和发展，大型体育场馆将会越来越多，它是城市建设的一部分。

三、现代社会中身体素质的重要性

随着科学技术的发展，人类对自身的研究和认识进入了一个崭新的境界。在现代高度文明的多元化信息社会里，计算机、通信、遗传工程、空间技术、海洋开发等新技术将使整个社会发生巨大的变化。然而，不管是信息社会，还是知识经济社会，无一不与人的体力和智能的开发有关，也无一不影响着身体和智力的发展。当我们面对新世纪的重大挑战时，有效地提高全民族的身体素质水平，对社会发展是十分重要的。身体素质在现代生活中的重要性，可以归纳如下：

（1）良好的身体素质，可以有效地增进健康，有更大的精力胜任日常工作、生活，并且有应对紧急事件的能力和一般活动的能力。

（2）良好的身体素质，可以使人们有效地克服精神上和情绪上的压力，有更明确的生活态度和自信心，从而减少心理疾病的发生。

（3）良好的身体素质，可以改进个人的外观，使人有适宜的体重，健美的体形，并延迟衰老的过程。

（4）良好的身体素质，可以减少心血管疾病等现代慢性疾病的发病机率，有能力在疲劳前完成更多的工作且工作后能较快恢复。

（5）良好的身体素质，可以提高对周围环境的适应能力，抵御周围环境不良因素的影响，使人体的免疫系统得到加强，减少各种疾病的发生，并提高抗病能力。

（6）良好的身体素质，可以改善力量和肌肉的持久力，减少肌肉和关节损伤的可能性，减少人体因活动而产生的各种不适。

未来社会需要的是具有渊博知识及较高智力和较强能力的开拓型人才。身体素质是现代化人才的必备条件，是走向成功的基础。

第二节 体育的功能

体育的功能是指体育对人类自身及社会的作用，它是在体育的生物效应和社会效应之上衍生出来的，它随着时代的进步和社会发展的需要而发生变化。一般说来，体育功能表现在以下几个方面。

一、健身功能

体育的本质特征是身体活动，现代科学技术的发展使人们的体力活动大大减少，运动缺乏使人们处于亚健康状态。人体在运动时产生一系列的生理和心理变化，突出表现为健身强体的本质功能。健身功能表现在以下几个方面。

1. 改善和提高中枢神经系统的机能

大脑是人体各种活动的指挥中心，但其耗氧量却占全身总耗氧量的25%，长期从事脑力劳动，会使人头昏脑涨，就是由于血液循环慢、大脑供氧不足所致。经常参加体育锻炼，能使大脑获得更多氧气，改善大脑的供血、供氧情况，提高大脑兴奋性，从而增强记忆力。体育活动中神经过程的均衡性和灵活性的加强，对刺激的反应更迅速、准确，能够提高大脑的综合能力，使整个肌体的工作能力得到改善。

2. 促进肌体生长发育，提高运动能力

经常从事体育运动的青少年比一般青少年身高增长快，骨骼变粗，骨密质增厚，抗弯、抗折、抗压能力增强。体育运动使青少年肌肉发达，能改善肌肉的血液供给情况，增加肌肉的营养物质，特别是蛋白质含量的增加，使肌肉体积增大，工作能力增强。

3. 促进人体内脏器官特别是心血管构造的改善和体能的提高

体育运动使摄取、消耗能量增加，新陈代谢旺盛，血液循环、呼吸、消化、排泄等系统的机能得到改善。心脏的每搏输出量增加，心跳频率减少，心脏工作出现“节省化”现象。体育运动使心壁增厚，心肌增强，心容积增大。体育锻炼能促使血管的弹性增强，紧张性降低，对血管硬化和高血脂疾病有防治作用。

4. 提高人体的适应能力

人体的适应能力，就是人体与外界环境保持平衡的能力。肌体内部的各种生命活动，自身随时都在破坏或保持（调节）内部的平衡。人体的适应能力是在各种环境变化中培养出来的，只有经常到自然界中进行体育锻炼，才能达到“适应”的效果。

5. 防病治病，推迟衰老，延年益寿

人的生老病死是不可抗拒的客观规律，但是人的体质好坏、衰老的快慢是可以控制的，坚持经常的、科学的体育锻炼可以防治疾病，推迟衰老。经研究证明：不锻炼的人到30岁起身体体能就开始下降，到55岁身体机能只相当于他最健康时期的2/3，而经常锻炼的人到50岁左右身体机能仍相当稳定。运动医学专家指出，每天坚持跑步10分钟的人心脏可以年轻20年。

6. 调节人的心理，使人朝气蓬勃，充满活力

参加体育运动能使人心情舒畅，精神愉快，使某些不健康的情绪和心理得到调整。经常参加体育活动的人兴趣广泛，性格开朗，有良好的气质。

二、教育功能

人刚出生时只是一个生物的人，要使之成为社会需要的人，必须经过一个不断学习的过程，接受各种教育使他的价值得到社会和群体的承认，在这个人不断社会化的过程中，体育起着非常重要的作用，教育功能表现在以下几个方面。

1. 掌握基本生活技能

提高人口素质，首先要从幼儿、青少年抓起，推行快乐的体育教育，使他们在玩中通过爬、站立、走、跑、跳、投、攀、搬运等动作学习最基本的生活技能。同时，通过模拟成人的各种活动、角色、行为学习适应社会生活的能力。

2. 学习社会规范，发展人际关系

体育运动是一种人与人相互接触交往、相互影响和作用的社会互动过程。在体育活动中，特别是体育竞赛中，参观者之间、参加者之间、集体之间无不频繁地进行交互作用。活动时由于生理、心理、情绪等方面的变化，每时每刻都对参加者提出思想品德方面的考验。如长跑出现“极点”时是坚持还是半途而废，裁判员出现误判、漏判，是宽容大度还是斤斤计较，集体配合失利是鼓励还是抱怨等都是自我教育或接受教育的良好契机。通过参与体育活动可以使青少年学会正确处理人际关系，养成遵守社会规范的习惯。

3. 传授文化科学知识，掌握运动技能

体育知识是人类科学文化知识宝库中的一部分。通过体育运动，可使人们掌握有关身心健康和体育运动方面的知识以及运动技能，满足他们不断增长的精神需求，学会科学的、健康的生活方式，提高生活质量。

4. 培养竞争精神

竞争精神是现代人的一种特殊重要的素质。竞争是体育的特性之一。在体育教育或运动竞赛中，始终贯穿着竞争和向上的精神。在体育活动中人们不仅身体上得到锻炼，思想上也同时得到锻炼。体育运动员要敢于拼搏，敢于创新，努力

超过别人，要有一种积极的竞争精神。

5. 激发爱国热情，振奋民族精神

国际体育比赛中为优胜者升国旗、奏国歌，那激动人心的时刻会使人热血沸腾，顿感国威大振，是强烈、生动、富于感染力的爱国主义教育。例如在雅典奥运会上，刘翔跑出了中国人的士气，振奋了民族精神，使全世界人对中国刮目相看。

三、娱乐功能

体育运动具有技术性、艺术性、惊险性、对抗性、配合默契性、易于接受的朴素性和娱乐性等特点，能够充分满足人们的精神需要。体育的娱乐功能可以通过以下两个方面实现。

1. 观赏

体育文化所表现的人体美、健康美、韵律美……给人以美的享受，使人产生一种愉悦的心理感受。

（1）观赏体育运动是人们的精神享受。花样滑冰运动员申雪、赵宏博在一曲悠扬的《图兰朵》的伴奏下翩翩起舞，演绎完美的体育美。跳水、花样游泳、体育舞蹈、篮球、足球等体育运动表现出的高、精、尖、难的技术水平都会给人们带来赏心悦目的感受。

（2）观赏体育运动是一种知识的扩充。如篮球的“212”“122”“131”等战术体系，足球的“433”“442”“451”等战术内容这些都属于体育运动的知识范畴。通过观赏体育运动可以扩大人们的知识面。

（3）观赏体育运动是促进精神文明建设的重要手段。在观赏体育运动过程中可以见到场内、场外的各种社会行为，作为一名观赏者，保持正确的立场、观点才能对体育运动中所表现出的各种行为作出正确的鉴别与评价，从精神上得到升华，促进精神文明建设。

2. 参与的快乐

人们通过参与体育运动，并在结合自然力（日光、空气、水）来锻炼身体的过程中，在与同伴的默契配合中，以及在与对方斗智斗勇的对抗中，体验到一种美妙的快感和心理上的满足，愉悦身心。

四、政治功能

体育运动受一定的社会政治条件影响和制约，为一定的社会服务，具有很强的政治功用。

体育自古以来与政治密切相关。古代奥运会的形成和发展，明显标志出体育竞赛是各城邦之间显示实力的一种竞争。体育具有增强国民凝聚力的功能。体育运动具有群众性，能够提供群众性聚会的机会，使人们在这些活动中加强人际交往，增进感情，促进各民族之间的团结。

五、经济功能

随着社会的发展，体育的经济价值被越来越多的人所理解和接受。一个人身体是否健康，直接影响工作效率，影响生产力的发展，影响整个社会的经济效益，也影响个人的经济收入和支出。体育的发展必然促进相关产业的发展，也促进社会经济的发展。经济功能表现在以下几个方面。

1. 身体健康带来了经济效益

人的体质弱、健康状况不好必然导致学习、工作和生活受到影响。对社会的贡献小，创造的经济价值就小，甚至会给个人及社会带来经济负担。所以体育的经济功能有重大意义和作用。

2. 促进体育相关产业的发展

随着社会的进步与发展，体育的消费是多方面的，包括服装、器材、设备、报刊、观看比赛、参加体育俱乐部……随着人们对身体健康的要求越来越高，投入到相关产业的消费也越来越大。消费必然促进生产，一些与体育相关的产业也必然兴起和发展。

3. 体育竞技比赛产生巨大的经济效益

体育的经济功能在大型的竞技比赛中表现得尤为突出。大型的竞技比赛不再是消费，而是成为获取经济效益的机会和手段。比如：1992 年巴塞罗那奥运会盈利 5000 万美元；2000 年悉尼奥运会盈利 17.56 亿美元；2004 年雅典奥运会给雅典带来了 100 亿欧元的经济活力。除此之外，世界上比较有名气的足球俱乐部，例如皇家马德里、曼联、AC 米兰三家足球俱乐部平均每年盈利 2 亿欧元以上。竞技比赛所带来的经济效益远非这些，这里就不一一介绍。

第三节　高等学校体育

一、高等学校体育的目的和任务

高等学校体育是高等教育的重要组成部分，其目的是增强学生体质，增进学生健康，丰富文化生活，强化体育意识，培养创新精神和实践能力，使学生在德智体各方面全面发展，成为现代化事业的建设者和接班人。为了达到高等学校的体育教学目的，应完成下列基本任务。

1. 增强学生体质，增进学生身心健康

人的体质是指人的肌体质量。身心包括生理和心理两方面。大学生在校学习生活时期是身体生长发育的重要阶段，应注意大学生的生理和心理特点，通过各种途径促使学生积极参加体育活动，重视营养卫生，遵守合理的作息制度，有效地促进大学生身心的正常发育，提高大学生的健康水平和对环境的适应能力。

2. 使学生掌握体育基本知识、技术和技能，培养学生体育运动能力和习惯

为了提高学生参加体育运动的自觉性和科学性，提高体育素养，高等教育除了有计划地系统地传授学生体育的基本知识外，还需培养学生养成锻炼的习惯，培养学生良好的体育意识。培养学生科学地掌握锻炼身体的方法，不仅能提高学生在校期间的生活质量，而且对他们毕业后走向社会，以旺盛的精力投入工作也具有十分重要的意义。

3. 发展学生的竞技体育才能，提高学校的运动竞技水平

高校体育应积极贯彻普及与提高相结合的方针，在广泛开展群众性体育运动的基础上，积极发展高校师资、场地设施和多学科的优势，充分发挥大学生在智能和体能上的优势，重视大学生生理、心理特征。对部分体育基础较好并具有一定专项运动才能的学生进行课余专项运动训练，进一步增强他们的体质，提高运动技术水平，使之成为学校群众性体育活动的骨干。

4. 培养良好的思想品德，促进学生个性发展

学校体育不仅要育体而且要育心，应教育学生为祖国社会主义现代化建设锻炼身体，培养学生热爱祖国和建设祖国的情感。在体育活动中采用规则约束，有利于增强学生公平性意识，有利于培养学生良好的体育道德、团结协作的集体主义精神。通过体育运动可以培养学生的自信心、独立性、创新性和热爱美、鉴赏美、表现美的情感和能力，促使学生在知识、情操、意识、行为诸多方面有更高的追求，促进学生个性的全面发展。

二、实现高等教育目的任务的途径

1. 体育课教学

体育课是高等学校教学计划当中规定的必修课程之一。国务院颁发的《学校体育工作条例》规定，普通高等学校一、二年级必须开设体育课，三年级以上开设体育选修课。学校体育教学由两部分组成，即理论和实践。根据全国普通高等学校体育课程教学指导纲要，体育课程可分为以下几种类型。

（1）基础课：教学内容具有基础性，教学要求具有普遍性。

（2）选项课：根据学生喜好特长以某一类身体练习为主组织教学。

（3）选修课：学生选择某一项运动项目进行深化学习，强化体育意识，培养

独立锻炼的能力。

（4）保健课：为患有慢性疾病或有残疾的学生开设的指导课。

（5）季节课：根据气候条件开设的基础课程。

2. 课外体育活动

课外体育活动是体育课的延续和补充，是实现高等学校体育教育的重要途径。课外体育活动主要包括早操、课后活动、体育课课外辅导、校运动会、体育节及有组织的学生体育协会等。开展课外体育活动本着增强体质，促进身体全面发展的原则，培养学生锻炼身体的习惯，掌握运动技能，丰富文化生活，发展学生个性，调节身心，调节脑力疲劳，提高学习和工作效率。

3. 运动训练

有计划、有目的地组织学校运动代表队的训练是以提高运动技术水平和运动成绩为前提、参加各类运动竞赛为目的、培养优秀运动员为核心的一种组织形式。运动训练应注意普及与提高相结合，安排好文化课与专业课的学习，加强思想品德教育，使学生既有较高的文化专业知识，又有较突出的运动成绩，为参加更高一级的竞赛作出贡献。

4. 体育竞赛

学校课余体育竞赛是学校各种运动项目比赛的总称。课余体育竞赛不仅具有丰富校园文化生活、鼓励激情、振奋精神、增进团结等作用，也是检查体育教学、运动训练和体育锻炼效果的一种重要手段，同时也是发掘体育人才，培养学生集体主义精神的重要途径。它是吸引广大学生参加体育活动的一种很好的形式，另外通过校际竞赛活动可以扩大学生的视野和提高社交能力。

三、高等学校学生体育规格

各类学校学生的体育规格是学校体育对学生的具体要求，是对学生进行体育教育的个体评估标准。不同类别学校，虽然在学生体能、掌握体育的知识与技能的要求上有所侧重，但在对身体的形态和机能的正常发育、发展，对身体素质的提高等方面均应达到体育规格的要求。

教育部颁布的《学生体育合格标准》，在内容及指标体系上均提出了可行的量化标准，可作为各级学校学生体育规格的具体要求，具体有以下几点。

1. 身体形态

身体形态是指人体的外表形态结构，包括身体的整体指数与比例及身体的姿态，与身体形态的主要相关因素是身高、体重、胸围。身体形态的规格要求是体态匀称，形态各部分发育、发展协调。学生的身体形态如何，可以说明学生身体是否正常发育和发展。

2. 身体机能

身体机能是指人体各器官系统的功能。身体机能的规格要求是内脏器官及系统功能逐年有所提高，具有承受一定超负荷的能力。体育锻炼能使内脏器官及系统的功能有所提高，尤其是呼吸系统与心血管系统的功能提高，对人体承受负荷能力有重要意义。

3. 身体素质

身体素质是指人体各器官系统的机能在体育活动中所具有的各种能力（包括力量、速度、灵敏、耐力等）。身体素质的规格要求是各种身体素质全面、协调地发展。

4. 健康状况

健康是人类最基本的需求，健康是身体的、精神的以及社会的完全良好的状态，包括身体、精神、社会适应及道德多方面。健康的规格要求是营养正常，体力上、精神上具有承受较大负荷的能力，具有良好的社会行为能力。

5. 体育理论知识与技能掌握

体育的基本理论知识是学生锻炼时所应遵循的科学依据，运动技能是学生锻炼时必不可少的方法、手段。

6. 课外体育锻炼

课外体育锻炼是各级学校学生运用所学到的体育知识和技能，进行独立锻炼的主要环节。学生应通过多次的重复练习，使掌握的运动技能达到熟练运用的程度，应经常参加课外体育锻炼，养成良好的锻炼习惯。课外体育锻炼的规格要求是自觉参加课外体育锻炼，并持之以恒。

7. 心理素质

学校体育对学生在心理素质提高方面也有积极的影响和作用。体育运动能激发人的情绪，通过相互影响及体育运动过程中千变万化的实践体验，能提高学生的自我调控能力。心理素质的规格要求是情绪正常、思维敏捷，对偶发、突发事件在心理上有较高的自我调控能力。

8. 体育道德品质

体育运动对培养学生的组织纪律性和集体主义观念有积极的作用，对意志品质也有较高的要求。体育道德品质的规格要求是团结协作、勇敢顽强、拼搏进取、胜不骄、败不馁。

第四节　课程思政背景下大学体育课程的育人价值及实践路径

高校思政教育不仅是思想政治课目标，也是其他课程的重要教学目标之一。

体育教学与思政教育具有天然的耦合性，因此把思政教育融入高校体育教学是十分必要的，它能够有效提高大学生的思想素质，更好地完成课程教学目标，提高体育课的整体教学水平。就大学体育而言，“重技术、轻文化、缺德育”成为顽疾，在课程思政背景下，如何在技能的传授中融入文化、德育是创新性问题。对学生而言，在学习技能的同时，加强文化、德育教育可促进自身的全面、均衡发展。

一、课程思政的提出背景

在全国高校思想政治工作会议上，习近平同志提出要让高校各门课程和思政课结合，形成协同。习近平同志在全国教育大会上强调，围绕培养什么人、怎样培养人、为谁培养人这一根本问题，全面加强党对教育工作的领导，坚持立德树人，加强学校思想政治工作，推进教育改革，加快补齐教育短板。在习近平同志的指示下，全国高校思想政治工作会议明确高校的思政教育不能仅仅依靠思想政治课，其他课程也可在教学中融入思政教育内容，推动大学生整体道德水平的提升。体育课是高校教育的重要组成部分，通过体育课程的教学，不仅要提高学生身体素质，还要“立德育人”，这和思政课的目标是一致的。体育课的思政教育是潜移默化进行的，而不是直接的理论讲解，因此体育课思政教育需要更多的模式创新和技巧。

体育课思政教育的基本任务是以大力推动课程思政为目标进行改革，修订教材，完善设计，加强管理，梳理思想政治教育元素和思想政治教育功能，融入教学环节，实现思想政治教育与知识体系相统一。

二、大学体育课程思政的必然性和育人价值

（一）大学体育课程思政改革的必然性

实现中国梦不仅要有健康强劲的体魄，更要有正确价值观的引领。在大思政视域下，作为高校思想政治工作重要方面的大学体育课程对大学生意志信念锤炼、科学素质培养乃至整个人的全面发展起到重要作用。“课程思政”要求各大高校将体育学科与德育相结合，使体育学科的德育功能得到强化。

然而，现阶段体育课在设置、编撰、设计和管理领域重视对大学生素质的培养，却忽视了思政工作与体育教学的融合，因此，应重新审视高校体育课程育人的路径，更好地促进大学生身心健康，培养社会主义合格建设者和可靠接班人，促进中国梦的实现。习近平同志在全国高校思政工作会议上强调，高校要把立德树人作为新中国特色社会主义教育发展的根本任务，把思政贯穿育人的过程。因而要把课堂作为主渠道，各类课程同步进行。“课程思政”指以构建全课程育人的

形式将各类课程与思政同行，形成协同。在此背景下，大学生体育课程融入思政内容的改革势在必行。

体育课不仅能提高学生的身体机能和体质，还可培养学生坚韧不拔、团结协作的精神和爱国主义情怀，这和思政教育的内容是相匹配的。因此在高校体育课程中融入思想政治教育的内容，可提高大学生思想政治教育的时效性，发挥体育课程隐形的思想政治教育的功能，更好地培养大学生的品德。

（二）大学体育课程思政的育人价值及实践路径

1. 大学体育课程思政的育人价值

体育课程与思政教育是教育结构的内容，体育课程中的知识、技能、意志、人格、社会化推进高度一致，是重要教育资源。体育中蕴含的文化、竞争、对抗、规范、社会化等基础元素，决定了其作为思政资源的可能，为思政提供了丰富的物质性、精神性元素。体育课程是重要的思政载体。

体育课程的特点决定了它扮演思政教育的角色具有其他课程无法比拟的优越性。体育课程有助于思政实现启迪与激发相统一。体育课程可充分利用学生兴趣，将思政融入学生感兴趣的竞技活动中，便于思政教育者运用情感力量，实现理性与情感的统一和“寓教于乐”。体育课程还有助于学生践行“知行统一”，让学生在实践中形成思想品德，又在参与中将体育思想、道德认知上升到道德情感，在此基础上，将竞技活动与思政相结合，实现“内化”与“外化”的和谐统一。

2. 大学体育课程思政改革的实践路径

（1）扩展大学体育思政课程形式，构建三全育人的新模式。三全育人的内涵涵盖了全员育人、全程育人、全方位育人。全员育人是指在学校内所有人都可成为育人的实施者，如教师、教辅人员、后勤人员等。全程育人是指育人理念贯穿到学习和生活的每个方面。全方位育人是指利用不同形式和手段进行全面育人。

大学体育课程思政的开展应是将思政元素恰当地、自然融入日常活动中，如社会主义核心价值观、大学生基本职责等，让大学生在锻炼身体的同时进行思想教育学习。

体育思政课的具体方式如下：①融入式，在课程中引入相关人物、事件等元素，如在排球教学中，让学生欣赏中国女排夺冠视频，分析夺冠的原因，学习中国女排精神，从而树立为国争光的远大志向；②挖掘式，在大学体育课程中挖掘民族传统文化元素，开设特色选修课程，这不仅仅是动作技能、身体素质和意志品质等方面的教育和锤炼，更是一种民族传统文化学习和体验的过程，如舞龙舞狮课程将中华民族的礼仪文化、团队精神等元素展现得淋漓尽致。

（2）规范大学体育课程思政教育，深化课程思政教育管理。课程思政是落实全方位育人的重要措施，也是学校实践德育育人的系统工作。推动大学体育课程思政建设有利于体育事业的发展，能促进高校学生自身的均衡发展，且有利于促进高校三全育人理念的实施。开展大学体育课程思政建设，可以使校园课程思政气氛更加浓郁，促进学校全面开展育人活动，可为学校创设思政教育特色提供丰富的可操作手段和素材。

规范大学体育课程思政教育有以下要求：

第一，形式和内容统一。在内容上，大学体育课程与思政息息相关。在形式上，大学体育课程设置上需要体现思政特点，让学生直观感受思政元素，如舞龙舞狮课程，就可通过服装、道具和礼仪让学生充分体验传统文化，从而达到增强学生民族自信和认同感的目的。

第二，完善大学体育教学模式。在实施大学体育课程思政时，需要教师规范思政知识点，让学生直观体验体育与思政教育融合的乐趣，且需要稳定的模式，让学生在学习中思考。在实施课程思政中，教师不得随意更改内容，需要相对稳定的教学模式，才能整体体现出大学课程思政价值，才能更好地体现思政教学大纲，引导式教学。

第三，思政内容需要与学生的身心特点相匹配。在选定体育课程思政时，需要注意教授课程及项目特点与学生身心发育特点相匹配，且能够让学生接受思政，不产生逆反心理，才能满足课程思政要求，从而更大限度地提高思政效果。体育教学不同的内容中蕴含的思政因子差别较大，如中长跑等田径项目更能培养学生坚韧不拔、永不言弃的品质；而排球、足球等团队项目能培养学生爱国主义、集体主义精神；再如在教授一些民族传统体育项目时，能让学生了解到中国优秀民族传统文化发展历程及对世界文化产生的影响和做出的贡献，让学生增强民族自豪感和文化自信。

（3）结合混合教学模式，融入鲜活体育案例。混合教学模式是世界性、大规模资源共享的开放式教学模式。该教学模式借助线上、线下混合型方法推进体育教学的改革，在改革中努力创建学习的共同体，让教师发挥积极的辅助作用。通过学生自主学习构建思政教育模式，除了可以增强教师课程意识外，还能提高学生的参与意识。混合式教学模式由教师确定思政讨论内容，与学生进行交流与探讨，提升学生的学习兴趣和认知，对过去的教学、测评环节进行改革，强化思政育人与体育知识的融会贯通，达到充分发挥学生学习主动性、积极性的目的，从而提高学生主学习的能力。

大学体育课程思政具有很强的实践性。经过对该课程的学习，新时代的学生可以更加了解体育及其精神，从而提升发现、分析与处理问题的能力，提高整体素质，将课堂上学习的理论及时运用到实践中。传统的教学是以教师、教材和课堂为中心开展的知识教育，“一言堂或满堂灌”成为常态，这种模式较为枯燥，缺乏互动，学生参与感较低，忽视了学生个性发展和德育教育。而以多种手段、多条途径、多重案例融入思政元素的体育课，可使学生树立正确的世界观、人生观、价值观，充分发挥课程育人的作用，突出思政元素在体育育人中的思想引领作用。

第二章 健康概论

国民健康水平的提高是国家强盛和发展成果共享的重要标志。党的二十大以来，以习近平同志为核心的党中央，把人民身体健康作为全面建成小康社会的重要内涵，从维护全民健康和实现国家长远发展出发，对卫生与健康工作作出了一系列重要论述，指明了卫生与健康事业在中国特色社会主义事业中的重要地位，突出了为人民健康服务的核心理念，指明了卫生与健康事业发展的方向与道路，明确了新时代卫生与健康事业的中心任务，吹响了建设健康中国的时代号角。

第一节 健 康

一、什么是健康

健康是人类永恒的话题，是人类生存和发展的最基本的条件，也是创造社会物质文明和精神文明的基础。居里夫人有一句名言："科学的基础是健康的身体。"可见健康对于大学生来说是多么的重要。然而，什么才是健康呢？习惯上，人们认为没有生理功能异常、没有疾病就是健康，这种认识是不全面的。因为构成健康完整概念的因素较为复杂，包括生理、心理（精神）、自然和社会环境诸多方面。所以在 1948 年，世界卫生组织在制定的宪章中指出："健康不仅是免于疾病和衰弱，而且是保持身体上、精神上和社会适应方面的完美状态。"1989 年，世界卫生组织又在《阿拉木图宣言》中，对健康新概念加以重申："健康包括身体健康、心理健康、社会适应良好和道德健康。"只有具备了上述四个方面的良好状态，才是一个完全健康的人。这个概念摆脱了千百年来人们对健康的片面性认识，使人的自然属性和社会属性得到了统一；它既重视健康对人的价值，又强调人对健康的作用，并将两者有机地结合起来。由此我们可以看出，对健康的认识是一个不断发展的过程。

与此同时，有学者根据健康的新概念，从身体健康、心理健康、社会适应良好和道德健康四个方面进行了阐述：认为身体健康是指人的结构完整和生理功能的正常；心理健康是指能正确认识自己及周围的环境和事物，表现为自我人格是完整的，自我感觉良好，情绪稳定，心理平衡，积极向上，有较好的自控能力，有正确的人生目标，不断追求和进取，对未来充满信心；社会适应良好是指一个人的心理活动和行为，能够适应复杂的社会环境变化，能被他人所理解，被社会所接受；道德健康是指能明辨是非，能按照社会规范的准则约束自己的言行，能为大众的幸福作出贡献。大学生具有良好的道德素质是立身之本。

二、健康的标准

世界卫生组织在2000年提出了健康的十个标准。它的内容包括心理及社会环境适应能力方面和生理方面，成为现今社会上最有权威性的新标准。

1. 心理及社会环境适应能力方面的标准

（1）精力充沛，能够从容不迫地应对日常生活和工作压力而不感到紧张。

（2）处事乐观，态度积极，乐于承担责任，事无巨细，不挑剔。

（3）善于休息，睡眠良好。

（4）社交能力强，能适应外界环境的各种变化。

2. 生理方面的标准

（1）能够抵抗一般性的感冒和传染病。

（2）体重适当，体型匀称，站立时头、肩、臀的位置协调。

（3）反应敏锐，眼睛明亮，眼睑不发炎。

（4）牙齿清洁无空洞、无痛感、无出血现象、齿龈颜色正常。

（5）头发有光泽，无头屑。

（6）肌肉和皮肤富有弹性，走路轻松自如。

3. 肌体健康的“五快”标准

有学者提出肌体的健康也可以用“五快”来衡量。

（1）食得快：不是指狼吞虎咽，而是指不挑食、不偏食，没有难以下咽的感觉，说明内脏功能正常。

（2）便得快：能很快地排泄大小便，并感觉轻松自如，便后没有疲劳感，说明肠胃功能良好。

（3）睡得快：晚间定时有自然睡意，上床后能很快入睡，且睡得深。醒后头脑清醒，精神饱满。说明中枢神经系统的兴奋、抑制功能协调，内脏无疾病信息干扰。

（4）说得快：说话流利，语言表达准确。说明头脑思维敏捷，心脏功能正常。

（5）走得快：诸多病变，导致身体衰弱先从下肢开始，因此，走得快说明精力充沛，身体状况良好。

4. 精神健康的“三良”标准

（1）良好的个性：性格温和，意志坚强，感情丰富，胸怀坦荡，心境达观，不为烦恼、痛苦、伤感所左右。

（2）良好的处世能力：能够客观观察问题，具有自我控制能力以适应复杂的社会环境，对事物的变迁保持良好的情绪，常有知足感。

（3）良好的人际关系：待人接物宽和，不过分计较小事，能助人为乐，与人为善。

三、影响健康的主要因素

1. 环境因素

（1）自然环境。自然环境是人类赖以生存的物质基础。自然环境中某些化学元素含量的多少，会影响人体的生理功能。尽管人体的生理功能具有一定的适应和调节能力，但这种调节能力是有一定限度的。如果环境中的某些化学元素含量过多或过少，超过人体生理的调节范围时，便会使人和环境之间的平衡遭到破坏，从而使机体的健康受到不同程度的影响。例如二氧化碳的过量排放造成的温室效应、氟利昂造成的臭氧层空洞和放射性污染等问题。这些都严重地破坏了地球的生态系统，直接威胁着人类的生存和发展。

（2）社会环境。社会环境包括社会体制、社会经济状况和文化教育等几方面。不良的社会环境直接或间接地危害着人们的健康。

1）体制与健康。一个国家政治局势的稳定、政治制度的完备利于人类发展体制的完善，有助于国民健康水平的提高。人民的健康水平需要国家政府的保障和支持。新中国建立后，人民是国家的主人，国家的卫生事业为人民的健康服务，因此人民的健康水平有了很大的提高。

2）经济与健康。经济是社会进步和社会生活的基础。经济的发展是人民健康水平提高的根本保证，是确保人民体质健康的物质基础。如要保证国民的身体健康，国家和社会就需要对卫生进行投资，卫生投资的效益表现为国民健康水平提高。健康水平的提高必然带来经济效益，对社会经济发展起到积极作用。

3）教育与健康。享有受教育的权利是人全面发展的重要前提，也是享有健康的前提。受教育程度和文化素养决定着人的健康价值观，决定着人是否能做出有益于健康的决策。体育教育属于教育的重要组成部分，它对人类的健康发展起着积极的促进作用，体育教育的最终目的是增强体质健康，培养终身体育意识，使人们的身心得到全面的发展，它将是现代人设计和选择未来健康生活的基础。

2. 生物学因素

引起传染性疾病和感染性疾病的病原微生物和导致遗传性疾病及伤残与障碍等遗传和非遗传的内在缺陷，归类为生物学致病因子。

由生殖细胞或遗传物质突变所引起的疾病称为遗传病。遗传因素在影响人类健康时常与环境因素、行为因素共同作用、相互制约。如精神分裂症的发病，遗传因素占 2/3，环境因素占 1/3。许多遗传病并未表现出临床症状，便成为异常基因库，对人类的健康产生更大影响。

3. 行为和生活方式因素

行为和生活方式是指人们长期受一定的社会、经济、文化、民族、家庭等因素影响而形成的一系列比较固定的生活习惯、生活制度和生活意识。

良好的个人行为和生活方式有利于提高身体健康水平，降低损害健康的危险因素。包括规律的生活作息制度、科学的体育锻炼、平衡的膳食、保持充足适宜的睡眠，避免吸烟、酗酒、吸毒，滥用药物，不正当的性行为等。不良的个人行为和生活方式影响着人体的健康。

4. 卫生保健服务因素

卫生保健服务指卫生机构和卫生专业人员针对个人、群体和社会的健康需要，所提供的必要的、可能的服务。卫生保健服务是保证人类健康极为重要的因素，是人类征服疾病、控制疾病的重要措施。一个国家、一个民族，要求得生存与发展，国民必须具有健康的身体，这是一个基本条件。要保证国民的身体健康，国家和社会就需要加强卫生服务。近年来，我国人口的发病率、死亡率及人均预期寿命等多项健康指标已经达到或接近世界发达国家水平。

四、亚健康

亚健康是近年来新提出的概念。亚健康是介于健康与疾病之间，生理功能低下的一种状态，又叫“第三状态”或“灰色状态”。是指机体在内外环境不良刺激下引起的心理、生理发生异常变化，但尚未达到明显病理性反应的程度。从生理学角度来讲，就是人体各器官功能稳定性失调但尚未引起器质性损伤，医学检查所得出的各项生理、生化指标均无明显异常，医生无法作出明确诊断。在此状态下如能及时调控，可恢复健康状态，否则会发生疾病。

世界卫生组织的一项全球调查结果显示，现代社会完全符合健康标准的人群仅有大约 15%左右，属于有疾病在身的人群大约 15%，其余近 70%的人群都处于不同程度的亚健康状态。人体处于亚健康状态时，容易患病，身心感到不适，对学习、生活和身心健康均造成不良影响，不能很好地发挥体力和心理上的潜力。因此应重视亚健康，采取有效的措施使有缺陷或障碍的身心功能得到改善、增强或补偿，从亚健康状态转归到健康状态。

1. 形成亚健康状态的原因

（1）由于过度疲劳造成的精力、体力透支。因生活、工作节律加快，竞争日趋激烈，使人们用脑过度，身心长时期处于超负荷紧张状态，由紧张而造成机体身心疲劳。表现为疲劳、精力不足、注意力不集中、记忆力减退、睡眠质量不佳、颈背腰膝酸楚疼痛、性机能减退等。长期下去，必然造成内脏功能过度损耗，机能下降而出现亚健康状态。

（2）人的自然衰老。人体成熟以后，大约从 30 岁左右就开始衰老，到了一定程度，人的机体器官开始老化，出现体力不足、精力不支、社会适应能力降低等现象。譬如女性患有更年期综合征时，会出现生理功能紊乱、精神和情绪躁乱等现象；男子虽然更年期综合征症状不明显，但也会产生性机能减退、精神烦躁、精力下降等综合症状。这时人体是没有病变的，但是已经表现出不完全健康，属于亚健康状态。

（3）现代身心疾病。如心脑血管病、肿瘤等疾病的前期。现在世界各国公布的前三位死亡病因，几乎都是心、脑血管疾病和肿瘤。这些疾病在发病前相当长的时间内，机体可能处于亚健康状态，人体内脏系统虽然没有显著病变，但已经有功能性障碍，如胸闷、气短、头晕目眩、失眠健忘、心悸、无名疼痛等。各种仪器和化验手段都不能发现阳性结果。没有对症的药，也没有合理的解释。

（4）人体生物周期中的低潮时期。即使是一个健康的人，在某一特定的时期也可能处于亚健康状态。人的体力、精力、情绪都有一定的生物节律，有高潮也有低潮，脑力和体力都有很大的反差。在低潮时期，就会表现出亚健康状态。

2. 亚健康状态的矫正

对人体的亚健康状态不能掉以轻心，如果不注意合理调节，有可能向疾病转化。但处于亚健康状态也不必恐慌，因为亚健康状态有很强的可逆性，多数亚健康状态者经过自我调节，可以消除亚健康状态。可以采用以下几种方法进行自我调节。

（1）适度运动。“生命在于运动”，坚持适宜的活动内容和活动方式，或者选择参加各项健身活动能延缓人体各器官的衰退老化。

（2）全面均衡适量的营养。人体对各种物质的需求量都有一个度，过量摄入将会适得其反，高糖、高盐、高脂肪食物的长期过量进食，尤其是饱和脂肪酸过量会导致亚健康状态。因此均衡适量的营养是维护健康的基本手段之一。

（3）保持心理健康。长期的精神刺激和压力过大以及长期的压抑愤怒等负面情绪，也是导致亚健康的一个重要因素。保持良好的心态，乐观豁达、奋发进取的精神，是防治亚健康的精神基础。可适当培养业余爱好，如读书、听音乐、练字等。

（4）提高自我保健意识。日常生活中要戒除不良习惯和嗜好，如吸烟、酗酒、偏食，做到饮食有节，起居有常，不过度劳累，提高自我保健意识，自觉构筑控制亚健康发生的第一道防线。克服不良生活方式是防治亚健康状态的身体基础。

（5）适时干预。采取药物预防、保健品调理、体育锻炼相结合的干预措施，对失眠多梦、口腔溃疡、消化不良和躯体疼痛等症状，可适当采取用药或理疗、或心理治疗等措施，使机体及时转归健康。

第二节 行为与健康

著名的医学专家和社会学家诺勒斯指出：99%的人生下来就是健康的，但由于种种社会环境条件和个人的不良行为使之患病。高科技化和城市化的现代社会，给人类带来了高度的精神紧张和刺激，交通拥挤，人际关系复杂化，吸食烟酒以及缺乏体力劳动，进食高糖、高脂肪、高盐食物，睡眠无规律等“高危因素”，给人类带来了“文明病”和“富贵病”，成为现代人类的主要病因。不健康的行为和生活方式严重地影响着人类的健康。因此，要维持人类健康，必须充分认识自身行为对健康的影响，培养健康、文明、科学的行为方式。

人的行为是机体和心理的外在表现，健康的状态主要是通过正常行为反映出来的。因此，越来越多的人把行为当作衡量人健康的重要指标。究竟什么是健康的行为？人的行为和健康有什么关系？这些都是理解健康本质的前提。

一、健康行为的定义

健康行为是指人的身、心和社会方面均健康的外在表现，躯体健康的人行为反应灵活，活动精力充沛；心理健康的人情绪活动有较强的自控能力，思维言语符合理性，精神面貌正常；社会健康的人其行为符合社会规范。健康的行为不会给自己或他人乃至社会的健康带来危害，具有健康行为的人能够及时准确地感受外界环境条件的改变，恰当调整自己的行为，这是健康行为的重要动态特征。

二、行为对健康的影响

1. 行为对自身健康的影响

在完成行为的过程中，行为本身会造成心理负荷超载以及行为未达目标的心理挫折，从而影响人的健康。考试紧张行为就是其中一例，考试太难，自己又力不能及，在完成考试的一系列行为中产生巨大的心理负荷，一旦考试失误，又产生强烈的挫折感，进而通过神经、内分泌等一系列过程，对健康产生不利影响。

2. 行为对他人健康的影响

个人的行为是构成他人心理、社会环境的重要成分，因此，个人的行为会对他人的心理情绪和社会健康产生巨大影响。如自杀行为会引起亲人的悲痛；配偶的不忠行为会使对方的社会名誉受损或遭受强烈的精神刺激，从而发生报复性攻击行为。

3. 行为对环境和社会健康的影响

不卫生的行为习惯会污染环境，凶杀、斗殴、吸毒等行为也会污染社会环境，从而使公众健康受害。行为可损害健康，也可促进健康。认识行为与健康的关系，可以更好地研究人的行为和心理，为促进人的健康服务。

三、大学生的健康行为

1. 规律的生活作息制度

人的生活要有规律，否则神经系统就不可能形成“动力定型”，从而使人的一切生理活动变得杂乱无章，生物节奏被扰乱，使人体各种器官总处于疲于应付的紧张状态。久而久之，身体健康状况就会受到损害，各种疾病也就会产生。大学生可以灵活支配的时间较多，所以一定要有规律、有节奏地安排好自己的作息时间，要学会自我控制，遵守生活作息制度，讲究个人卫生。否则，不仅容易养成生活懒散、不拘小节等不良习性，也不利于增进健康和提高学习效率。

2. 积极的休息

人们从事各种活动之后常会感觉疲劳，为了消除疲劳，恢复充沛的精力，保持健康，就需要积极的休息。即使在没有明显疲劳的情况下，人体的各个器官也需要有一定的休息时间，以促使其互相协调，保持其正常的生理功能。积极的休息是指通过变换工作和活动的方式，协调机体各个部位的活动和大脑皮层兴奋抑制的转换过程，从而使机体保持动态平衡和让大脑得到休息。与之相反，消极的休息则是以静态为主，或卧或坐，睡眠被视为最彻底的休息。以体力劳动为主的人，休息的方式最好采用文娱活动的方式，如听音乐；以脑力劳动为主的人，休息时可做一些体育活动，通过活动肢体，尤其是左侧肢体，使右脑皮层兴奋起来，从而使左大脑皮层转入抑制状态，达到迅速、有效地消除疲劳的效果。

3. 合理营养和平衡膳食

营养与人类健康有着密切的关系。合理的营养是生长发育、维护健康和延年益寿的主要条件和保证。如果营养不良或营养摄取过多，都会损害人体健康，导致贫血、肥胖症、糖尿病、心血管病等。

健康生活的重要基础是平衡膳食。所谓平衡膳食就是指膳食中所含营养元素（糖、蛋白质、脂肪、维生素、矿物质和水）的数量充足、种类齐全、比例适当，并且与机体的需要保持平衡。

4. 科学锻炼身体

生命在于运动，保持脑力和体力协调的活动，是预防和消除疲劳、保证健康的重要因素。科学的体育锻炼可以达到促进生长发育、提高适应能力、增强体质、防治疾病、延缓衰老、延长寿命的目的，并可以丰富生活、增添乐趣、调节心理情绪。

5. 拒绝吸烟与被动吸烟

吸烟是目前危害人类健康最严重的不良行为之一。世界卫生组织调查数据表明，全球有超过10亿的吸烟者，每年有数百万人死于与烟草有关的疾病，其中一半发生在发展中国家，这相当于平均每小时都有一架大型喷气式客机坠毁。事实证明，吸烟对人体生理的危害最终会导致各种严重疾病，比如吸烟能致癌，能引发肺癌、胃癌、皮肤癌、口腔癌、食管癌、肝癌等。吸烟不仅危害自身，同时也会危害他人，吸烟对被动吸烟者造成的危害不亚于主动吸烟者。青少年吸烟对身体的危害尤为明显，这是因为他们身体的各器官系统尚未成熟，抵抗力不强，所受毒害较成人更深。因此，为了个人和他人的健康，大学生应拒绝吸烟。

6. 避免酗酒

在日常生活中，饮酒是一种十分常见的行为。一般人们认为，酒可以活血，增进食欲。酗酒是指无节制地过量饮酒，是一种影响自身健康、造成严重后果的异常行为。世界卫生组织的资料显示，20世纪90年代因酗酒而死亡的人数约75万人，长期酗酒者的死亡率比一般人高1～3倍。长期大量饮酒，会有多种不良反应：容易引起各种消化系统疾病，如胃炎、胃溃疡等；中枢神经系统会受到深度抑制，丧失自制力，导致昏迷甚至呼吸中枢麻痹而死亡；心脏会失去正常的弹性并增大；酒精还会使血液中的脂肪物质沉淀在血管壁上，致使血管变窄，血压升高，从而导致心率失常、高血压、冠心病等；损害人体免疫功能，影响生殖系统健康等。

7. 远离毒品

根据《刑法》第三百五十七条的规定：毒品是指鸦片、海洛因、甲基苯丙胺（冰毒）、吗啡、大麻、可卡因以及国家规定管制的其他能够使人形成瘾癖的麻醉药品和精神药品。

（1）吸毒对社会的危害。

1）对家庭的危害：家庭中一旦出现了吸毒者，家便不成其为家了。吸毒者在自我毁灭的同时，也破害自己的家庭，使家庭陷入经济破产、亲属离散甚至家破人亡的困难境地。

2）对社会生产力的巨大破坏：吸毒首先导致身体患上疾病，影响生产；其次是造成社会财富的巨大损失和浪费，同时毒品活动还造成环境恶化，缩小了人类的生存空间。

3）毒品活动扰乱社会治安：毒品活动加剧诱发各种违法犯罪活动，扰乱社会治安，给社会安定带来巨大威胁。

（2）吸毒对身心的危害。

1）吸毒对身体的毒性作用：毒性作用是指用药剂量过大或用药时间过长引起

的对身体的一种有害作用，通常伴有机体的功能失调和组织病理变化。中毒的主要特征有嗜睡、感觉迟钝、运动失调、幻觉、妄想、定向障碍等。

2）戒断反应：是长期吸毒造成的一种严重和具有潜在致命危险的身心损害，通常在突然终止用药或减少用药剂量后发生。许多吸毒者在没有经济来源购毒、吸毒的情况下，或死于严重的身体戒断反应引起的各种并发症，或由于痛苦难忍而自杀身亡。

3）精神障碍与变态：吸毒所致的最突出的精神障碍是幻觉和思维障碍。他们的行为特点围绕毒品，甚至为吸毒而丧失人性。

4）感染性疾病：静脉注射毒品会给滥用者带来感染性合并症，最常见的有化脓性感染和感染乙型肝炎，及令人担忧的艾滋病问题。此外，还损害神经系统、免疫系统，易感染各种疾病。

（3）吸毒对人体的危害。

1）身体依赖性。由于反复用药所造成的一种强烈的依赖性。身体依赖性是指毒品作用于人体，使人体体能产生适应性改变，形成在药物作用下的新的平衡状态。一旦停掉药物，生理功能就会发生紊乱，出现一系列严重反应，称其为戒断反应，使人感到非常痛苦。用药者为了避免出现戒断反应，就必须定时用药，并且不断加大剂量，发展为终日离不开毒品。

2）精神依赖性。毒品进入人体后作用于人的神经系统，使吸毒者出现一种渴求用药的强烈欲望，驱使吸毒者不顾一切地寻求和使用毒品。一旦出现精神依赖后，即使经过脱毒治疗，在急性期戒断反应基本控制后，要完全康复原有生理机能往往需要数月甚至数年的时间。更严重的是，吸毒者对毒品的依赖性难以消除。这是许多吸毒者一而再、再而三反复吸毒的原因，也是世界医药学界尚待解决的课题。

3）毒品危害人体的机理。我国目前流行最广、危害最严重的毒品是海洛因，海洛因属于阿片药物。在正常人脑内和体内的一些器官，存在着内源性阿片肽和阿片受体。在正常情况下，内源性阿片肽作用于阿片受体，调节着人的情绪和行为。人在吸食海洛因后，抑制了内源性阿片肽的生成，逐渐形成在海洛因作用下的平衡状态，一旦停用就会出现不安、焦虑、忽冷忽热、起鸡皮疙瘩、流泪、流涕、出汗、恶心、呕吐、腹痛、腹泻等症状。这种戒断反应的痛苦，反过来又促使吸毒者为避免这种痛苦而千方百计地维持吸毒状态。冰毒和摇头丸在药理作用上属中枢兴奋药，毁坏人的神经中枢。

8. 及时寻求心理咨询

心理咨询是由心理学家或具有相应专业知识的人员对咨询者进行各种心理方面的帮助，对他们在学习、生活或社会交往过程中所遇到的各种心理卫生问题给予解释、劝告，并提出解决的办法和建议，传授心理学的基本知识。心理咨询不同于一般的安慰，它不仅使人开心，更使人成长。这里的成长，就是通过咨询的过程，使咨询者提高心理素质，自己想通了，认清问题的本质，知道该怎么做，达到了人们常说的心理平衡。因此，以往那种旧的观念，认为心理卫生问题不是疾病，或者认为是病但又羞于启口，怕别人笑话而不愿或不敢去进行心理咨询是非常错误的。所以，正确的做法是，当我们一旦感觉到有心理卫生问题时，一定要及时寻求心理咨询。

相关政策

第二部分　体育锻炼与保健

第三章　科学锻炼身体总则

锻炼身体的科学性是按照人体生理的基本规律，个人具体情况（年龄、性别、体质、锻炼基础），以及客观条件和需要，从实际出发，选择适合的运动项目，合理安排运动量，根据全面锻炼、坚持经常、循序渐进三项基本原则，有计划地进行锻炼，达到增强体质，提高运动技术水平的目的。

第一节　锻炼身体的基本原则

体育锻炼能够促进身体生长发育，改善器官系统的机能，发展身体素质，提高人体基本活动能力和运动技术水平，增强人体对自然环境的适应能力。但必须遵守客观规律，不然不能促进身体的全面发展，还有可能发生运动损伤或引起运动性疾患，损害健康。因此，参加体育锻炼应该遵循以下三个基本原则。

一、全面锻炼的原则

全面锻炼是指参加体育锻炼时，不仅有上/下肢、躯干等不同部位的活动，更重要的是应包括各种不同性质的活动，使身体生长匀称，全面发展。

（一）全面提高身体机能水平

人体是一个有机的整体，各器官系统之间是相互联系、相互制约的。人体内各器官系统的功能，是随时受到体内其他器官功能和外界环境的影响而发生变化。这是因为人体具有复杂的调节机能，能维持各种正常的生命活动，如在体育运动中，肌肉进行活动时，其他器官系统也发生相应变化；并且只有在其他器官系统工作能力都发生相应变化时，肌肉工作才能顺利地完成。这种协同关系，也同样表现在各器官系统机能水平的提高方面。任何局部功能的提高和改善，必然影响机体其他部位机能的发展。但是，如果没有各器官系统机能水平的普遍改善，就不可能有某个器官系统机能的大幅度提高。

各种项目的运动对人体虽然都有良好的影响，但由于各自不同的特点，效果不完全一样。因此，参加体育锻炼时，必须采用多种形式、手段进行身体的全面锻炼，才能使人体机能全面提高，均衡发展。对青年学生来说，全面锻炼能更好地促进身体生长发育和机能健全地发展。

（二）全面发展身体素质

体育锻炼发展身体素质，对提高人体基本活动能力和运动技术水平，有着特别重要的意义。表 3-1-1 为不同锻炼方式使青年学生发育的各项指标的提升。

表 3-1-1　不同锻炼方式使青年学生发育的各项指标的提升

组别	锻炼时间	体重/千克	身高/厘米	肺活量/毫升	握力/千克	背力/千克
全面锻炼者	10 个月	3.5～4.5	1.5～2.5	300～500	4～6	8～10
单项锻炼者	10 个月	1.5～2.5	1.0～1.5	150～250	2～3	4～6

在身体活动中，无论哪种身体素质都不是以孤立的或以某种单纯的形式出现的。体育运动都必须以一定的力量、速度和耐力作为基础，如跑步时，肌肉收缩产生力量引起跑的动作，而动作的快慢就表现为速度，持续了多少时间就表现了耐力。由于身体素质这种相辅相成的关系，决定了任何项目的锻炼，都在不同程度上影响着身体素质的发展。这在开始参加锻炼时，表现得较为明显，如参加短跑锻炼时，不仅能突出地发展速度及速度耐力素质，同时对一般耐力素质也有促进。参加长跑锻炼时，除了突出地发展耐力素质外，也在不同程度上促进了力量、速度等素质的发展。这是由于人体是一个统一的整体，各种身体素质的发展所引起的各器官、系统结构和机能及生化等方面的变化，都有着多方面的作用，所以各种身体素质之间能相互影响、相互促进。

各种身体素质之间也还存在着相互制约的一面，如单一参加长距离跑的锻炼，随着水平的提高，到了一定的阶段，其效果主要是增长一般耐力素质，对发展速度素质的作用就不显著，甚至还有妨碍。这是因为随着锻炼的继续，条件反射逐渐巩固，神经系统及各器官系统机能和生化的变化都逐渐得到精确分化。

因此，只有通过全面锻炼，才能使各种素质相互促进、全面发展，也只有在身体素质全面发展的基础上，才能更好地发展某种专门素质，以利于人体基本活动能力和运动技术水平的提高。

（三）掌握多种动作技能

人体机能的全面提高，身体素质的全面发展，都是通过反复地进行各种性质不同的运动而实现的。因此，全面锻炼身体的过程，也就是学习掌握多种动作技能的过程。

动作技能的本质是一种条件反射。但它又有别于一般的条件反射的形成，因为参与形成条件的中枢不是一两个，而是多个，既有运动中枢，又有视、听、皮肤感觉和内脏活动等中枢参与活动。这种反射活动是复杂的。如挺身式跳远，从助跑、踏跳、腾空、挺身到收腹举腿和落地等一连串的动作，一个接一个，前一个动作的结束就是后一个动作的开始，彼此连锁。在形成条件反射的过程中，肌肉活动的本身，起着重要的作用——本体感受器的传入冲动起着强化作用，否则动作技能就不能形成。由此可见，运动技能的形成，乃是建立复杂的、连锁的、本体感受性的运动条件反射的过程，在掌握动作技能以后，运动中枢的兴奋和抑制就有顺序地、有规律地、有严格时间间隔地交替发生，使肌肉的收缩与放松，也是有顺序的、有规律的、有严格时间间隔的进行，并符合动作所要求的规格。

按照一般规律，已建立的条件反射越多，在此基础上建立新的条件反射就越容易。经常参加全面身体锻炼的人，一般来说学习新的动作要快些。特别是对于有些动作，彼此之间基本环节相同，在学习与已掌握的动作结构相似的新动作时，原已形成的运动条件反射的基本环节便可作为新的运动条件反射的基础，只需补充一些附属的环节的运动条件反射，新的动作技能便可形成。同时，这种新的动作技能的形成又有助于原有动作技能的巩固和发展。而且，在特定的条件下，这些条件反射，还会产生新的联系，形成“创造性”活动。这在环境变化多端的球类运动中表现得较为明显。常常可以看到，一些平常没有学过的动作，在比赛中被“逼”着做出来了。这种“创造性”活动的基础，是神经活动的灵活性和可塑性，也是在原有条件反射的基础上，机体为了适应环境变化而作出的新的特殊反应。

动作技能与身体素质之间的关系是相互联系、相互制约的。良好的身体素质虽然是提高人体基本活动能力和运动技术水平的基础，但如果没有熟练、协调、完善的动作技能，人体基本活动能力和运动技术水平的提高也是不可能的。所以，只有把发展身体素质与掌握动作技能结合起来进行锻炼，才能获得良好的效果。

二、坚持经常的原则

坚持经常参加体育锻炼，持之以恒，体质才能增强，人体基本活动能力和运动技术水平才能不断提高。

学习任何一个技术动作，都要经过多次练习才能初步掌握，只有反复练习，才能逐步熟练和完善。如果练习几次，间隔较长一段时间再练时，便会感到生疏。练练停停就很难熟练掌握。体育锻炼时，人体结构和机能的改变，身体素质水平的提高等，都是通过肌肉活动进行反复多次强化来实现的。因此，人体在体育运动的作用下发生的各种适应性变化，只靠一两次锻炼是不可能发生的。如果断断续续地锻炼，前一次的作用痕迹已经消失，后一次锻炼的累积性影响就小了，也就不可能取得明显的锻炼效果。只有坚持经常锻炼，人体的结构和机能、身体素质和动作技能才能日趋完善，基本动作能力和运动技术水平才能不断提高。

已经掌握的动作，如果长时间没有练习，再进行练习时便感到生疏，特别是一些难度较大、较复杂的动作，甚至很难完成。这是因为动作技能形成后，还必须经常强化，否则便会消退。通过体育锻炼，人体结构与机能、身体素质等各方面的改善，也是符合“用进废退”的规律，而不是一劳永逸的。

在消退过程中，首先消退的是一些分化精细的联系，如一些难度较大、较复杂的动作。尤其是内脏器官功能消退后，就更不容易恢复。如果说在中断一段时间的锻炼后，动作技能经过几次练习就可以恢复，那么，内脏器官功能的恢复就需要很长的时间。如经常练习中长跑的人，中断锻炼一段时间，再跑起来就不如以前轻松，经过一段时间的锻炼后，跑的技能虽然恢复了，但成绩却远远不如以前，其原因就是内脏器官的功能还停留在较低的水平。

此外，天天坚持锻炼，还可以作为一种积极的休息手段，使人体保持充沛的精力，更好地完成工作和学习任务。

三、循序渐进的原则

循序渐进是人体适应外界环境的基本规律。

人体对内、外环境变化的适应，是一个缓慢的由量变到质变的过程。体育锻炼时，肌肉活动对机体提出的要求，各器官、系统的结构与机能是逐步适应，逐步与它取得平衡的。因此，参加体育锻炼必须循序渐进，不能急于求成。只有这样，才能取得良好效果，避免运动损伤和运动性疾患的发生。

（一）学习动作应由易到难

学习动作时，要由易到难、由简单到复杂，逐步学习和掌握。如练习推铅球时，要由原地正面推铅球到侧向推铅球，由蹬摆短程推铅球到全程推铅球，逐步提高练习的难度和复杂程度。只有把已形成的运动条件反射作为基础，逐渐地提出补充环节来建立较复杂的新的运动条件反射，动作技能才可能掌握得快些、好些，运动器官也才能逐步适应动作的要求。因此，在学习一些难度较大的动作（如器械体操）时，应特别注意其系统性，以免发生伤害事故。

（二）运动量应逐步加大

在体育锻炼过程中，运动量的安排是随着锻炼水平的提高，由小到大，逐步增加的。

运动量是由运动负荷的强度（以脉搏频率作指标）、密度（密度=练习实际时间/一次锻炼的总时间）、时间、数量和项目特点 5 个因素决定的。强度和密度是决定运动量大小的两个重要因素。

从生理学上刺激与反应的关系来分析，在一定范围内，刺激强度越大，引起的反应也就越大。运动量是施加于人体的一种综合运动刺激。因此，在一定范围内，运动量越大，人体的机能反应也就越大。运动量大小不同，引起人体机能反应程度的不同，主要表现在以下三个方面。

1. 运动量的大小影响着能源物质的“超量恢复”

肌肉活动的能量来源于能源物质的分解。在神经系统营养性机能的影响下，能源物质的消耗与恢复是不可分离的两个环节。进行肌肉活动时，能源物质的消耗是引起其恢复的刺激物，在一定范围内，能量消耗越强烈，恢复过程也就越明显。

身体运动时，能源物质的消耗（分解）和恢复（再合成）过程同时存在。运动停止后，消耗过程逐渐减弱，恢复过程就占了优势。在恢复过程中，能源物质不仅能恢复到原有水平，而且，在一段时间内还能超过原有水平。这种现象叫做“超量恢复”。超量恢复的大小及其持续时间，取决于能源物质的消耗程度：在一定的范围内，体内能源物质有明显的消耗，随后出现的超量恢复就更明显。消耗与恢复的这种良好的关系，只是在一定范围内才能得到保证。如果消耗过大，不仅不能使恢复过程提高，反而使其削弱。

从表 3-1-2 的实验结果可以看出，随着工作强度的增加，糖元的消耗也增多，在一定范围内，消耗越多，则恢复也就越快，超量恢复也就越明显：以每分钟收缩 104 次，工作 9 分钟为例，其糖元消耗要比每分钟收缩 60 次，工作 15 分钟明显多得多，而前者工作后 4 小时恢复的量比后者多，24 小时后的超量恢复也更为明显；以每分钟收缩 30 次，工作 30 分钟为例，糖元消耗较少，超量恢复也较少；而以每分钟收缩 200 次，工作 4 分 30 秒为例，由于强度过大，糖元消耗过多，以致 24 小时以后，还不能恢复到原有水平。

表 3-1-2　进行不同速率活动时肌肉中糖元的消耗及其在休息时的恢复

测定时间	以 30 次/分速率收缩 30 分钟	以 60 次/分速率收缩 15 分钟	以 104 次/分速率收缩 9 分钟	以 200 次/分速率收缩 4 分 30 秒
活动停止后	–140	–381	–519	–785
活动后 4 小时	–30	–194	–82	–175
活动后 24 小时	+16	+18	+45	-40

各类物质的超量恢复与训练性质有关，如力量性练习，主要促使蛋白质的超量恢复，使肌纤维增粗；速度性练习，主要促使肌肉中磷酸肌酸超量恢复；耐力性练习，主要使肝糖元超量恢复。各类物质的恢复时间也不同，以肌肉磷酸肌酸出现最快，糖元次之，蛋白质最晚。

2. 运动量的大小影响着各器官、系统的改善

能源物质超量恢复的这种变化，在各器官工作能力的恢复上，也有类似的表现，即在恢复过程中，工作能力可以超过原有的水平；超过的程度与工作量有关，也是在一定范围内，工作量越大，超过原有水平的程度也就越明显。

器官的结构和机能是相互适应、相互制约的。器官的机能由于超量恢复的机制获得提高时，必然要促进结构由量变到质变的转化；结构的改变，又有利于促进机能的进一步改善。

3. 运动量的大小也影响着神经系统调节功能的改善

人体各器官、系统之间，局部和整体之间的对立统一关系，是靠中枢神经系统及内分泌系统进行调节的。这种调节机能的水平，在人体活动中有着重要的意义：在复杂的环境及激烈的体育运动中，如果没有完善的调节机能，不可能表现出较高的工作能力和运动技术水平。

身体在运动时，由于运动量的大小不同，肌肉及内脏器官所产生的传入冲动在数量和强度方面就不一样，从而，对中枢神经系统兴奋和抑制过程的强度、均衡性和灵活性等方面的影响也就不相同。

由上述可知，运动量小的锻炼，只能使机体发生较小的变化；在适宜的范围内，运动量大的锻炼，能引起机体一系列的强烈反应，促使机体在能源物质的储备，各器官、系统的结构和机能及神经系统调节机能的改善等方面，都能获得较为显著的效果。

机体对运动量给予的作用，受个体适应规律所制约，存在着一个缓慢的适应过程。因此，尽管适宜的大运动量锻炼效果较为显著，运动量还是应该由小到大，逐步增加。开始参加锻炼时，强度应小，时间应短，待机体各方面都适应后再逐步加大运动量。如果长期把运动量停留在同一水平上，机体的反应就会越来越小，工作能力也就只能保持在这一水平上。然而，运动量也不能突然加大，过急地加大运动量，对机体提出过高的要求，超出了机体的负担能力，便会降低机能水平，甚至引起运动性疾患。运动量的加大，不能是直线上升，应该按照提高，适应，再提高，再适应的规律有节奏地上升，不断地提高对机体的要求，从而使人体机能和能源物质的储备达到很高的水平。

病后或中断锻炼后，再参加体育锻炼时，尤应注意循序渐进，以免发生意外。

（三）每次锻炼也要循序渐进

在每次锻炼的过程中，机体工作能力的发展大体可分为上升（工作适应过程）、稳定和下降（产生疲劳）三个阶段。

人体从相对安静状态进入剧烈运动时，不可能一开始就发挥机体的最高工作能力。在开始的一段时间里，工作能力是逐步上升到最高水平。如篮球比赛中投

篮命中率，以开始比赛后十分钟左右为最高。由活动开始到发挥最高工作能力的这个过程，称为工作适应过程。

工作适应过程是人体基本活动规律之一，不仅在体育活动中是这样，在生产劳动和脑力劳动中也是如此。

工作适应过程的长短取决于工作的性质和个人的特点。一般来说，肌肉活动越复杂，所需要的适应时间就长些；训练水平高的比训练水平低的需要适应时间长。另外，工作（活动）时的各种环境（如场地、气候）也影响着工作适应过程的长短。

人体运动时是有惰性的，其中有生理惰性和物理惰性。

生理惰性是人体进行体育活动时，必然伴以相应的物质能量代谢，呼吸系统和心脏血管系统等一系列的机能变化。而植物性机能（主要指内脏器官）的生理惰性要比运动性机能（主要指肌肉）大得多。因比，当人体开始运动时，运动器官在很短时间内即能发挥最大的工作能力，而内脏器官，其机能发挥到最高水平，则需要 3～5 分钟。由于这种差别的存在，人体开始运动时，就不可能立即发挥最高的工作能力。

因此，在进行体育训练与教学时，强度大、动作复杂的练习，不要放在开始阶段。另外，由于结束前机体工作能力下降，出现疲劳现象，也不宜安排这类练习。

总之，体育运动中的全面锻炼的原则，即坚持经常的原则和循序渐进的原则是相互联系、相互制约的。在身体锻炼中，如果片面地执行这些原则，就不可能获得良好的效果。只有把三者紧密联系起来，贯彻到锻炼身体的整个过程中，才能促进身体的正常生长发育，改善各器官、系统的机能，从而发展身体素质，提高基本活动能力和运动技术水平，获得身体全面发展的良好效果。

第二节　锻炼身体的几种主要方法

一、发展身体素质的方法

身体素质发展得越充分，机体就越能发挥和表现出更大的活动能力。在体育运动中，就越能表现出高度的运动技能。

身体素质包括：力量、速度、耐力、灵敏和柔韧。其中，力量、速度、耐力是三项基本素质，下面就三项基本素质的锻炼方法作简要介绍。

（一）力量素质

1. 影响力量的主要因素

（1）肌肉的生理横断面：肌肉收缩力与肌肉横断面成正比。横断面越大，肌肉收缩的力量也就越大。健壮结实的肌肉是通过不断的运动或劳动过程中由于生理超量恢复规律的作用，肌纤维内的蛋白质含量和其他生化物质的增加，使肌纤维逐渐变粗的结果。肌肉的生理横断面增大，肌肉收缩时产生的力量也就增大。

（2）肌肉收缩前的初长度：肌肉收缩时的力量大小，与肌肉收缩前的初长度有关。在一定范围内，肌肉收缩前的初长度越长，收缩力也就越大。体育运动中，投掷前的引臂，跳跃前的预蹲，就是调节工作肌初长度的动作，用以发挥更大的力量。

（3）肌体的物质储备与供能条件：肌肉中毛细血管网的分布，三磷酸腺苷酶、肌激酶的活性、肌糖元的储备与供应、肌贮氧能力等，直接影响肌肉力量的发挥。肌肉活动时，这些物质条件的保证，主要靠心血管系统与呼吸系统的功能输送来供给。因此，心血管系统与呼吸系统机能的提高，对肌肉力量的发挥非常重要。

（4）神经系统调节作用：肌肉收缩时，运动神经中枢对主动肌发放强而集中的兴奋作用的同时，还必须调节主动肌的对抗肌充分放松，并调节协同肌的放松与收缩，使之密切配合主动肌的活动，这样肌肉才能发挥最大的收缩力量。

（5）其他：年龄、性别、体型、力量机械因素等。

2. 发展力量素质的方法

由于肌肉有等张和等长两种收缩形式，因此，肌肉力量可分两大类：等张力，即动力性力量；等长力，即静力性力量。肌肉力量是在加大阻力的条件下增加的，练习肌肉的抗阻能力，就是在肌肉收缩时给予负荷以增强肌肉力量，如较重的体力劳动，抵抗外部阻力的运动，克服本身体重的运动，对抗性运动等。由于力量素质的性质不同，练习方法也分为等张力练习法、等长力练习法与等动力练习法三类。

（1）等张力练习法。用负重练习发展等张力是主要的锻炼手段，具体方法如下：

1）用接近个人极限负荷重量，即接近最大重量，重复4～8次二至三组的练习，对增加一般性等张力效果较好；

2）用个人最大负荷 60%～70%的重量（即中等强度负荷，基础好的人可用70%～80%的重量），尽量多次重复，动作快速的练习，对发展速度力量比较有效；

3）用比较轻的重量，以最快速度，做最多重复次数的练习，对发展爆发力效果较好。但是这种练习必须与上述两种练习结合进行，才能收到良好效果。因为没有一般性力量作基础，爆发力的发展会受到一定限制。

（2）等长力练习法。肌肉等长收缩的练习能够较快地增加肌肉力量，这是公认的事实，具体的练习方法如下：

1）身体处于特定位置，立或仰卧举腿，推或蹬住固定重物或器械，用肌肉最大的收缩力量，坚持 8～10 秒钟，初练者坚持 4～5 秒钟，做一定次数的练习，对增加肌肉力量，效果较为显著。

2）肌肉力量得到增长，应再换一个不同位置练几次，如果一个动作一开始就需要爆发力，那么，设计力量练习时就必须与该动作相适应。

3）为了迅速增加肌肉力量，就需每天练 1～2 次。但隔日练习，逐步获得的力量较能持久。

4）等长力练习的呼吸方法十分重要，一般在肌肉开始用力收缩前，先深吸一口气，然后屏息，在用力的后一段时间开始缓缓呼气。

（3）等动力练习法。所谓等动力的力量练习，就是在做力量练习的整个过程中，使肌肉收缩所受到的阻力固定不变，负荷量与肌肉收缩力量始终相适应，致使整个动作过程内，用力的大小不变，或者说接近不变。举例说，在教学中采用双人力量性对抗练习，一人俯卧，另一人跪骑，用身体对俯卧者施加压力，要求所加压力，以正好使俯卧者刚能撑起为度，这就要求在施加压力时，要随着俯卧者撑起时由于角度改变产生不同的抗力而改变所施加的压力，使俯卧者在整个撑起过程中，自始至终身体受到的压力大小相等，这就是等动力力量练习的原则。不同力量性训练结果比较如表 3-2-1 所示。

表 3-2-1　不同力量性训练结果比较表

组别	总工作能力的提高	最显著的提高值
等动力组	+35.4%	+47.2%
等张力组	+27.5%	+28.6%
等长力组	+9.2%	+13.1%
等对照组	–9.4%	–6.0%

从表 3-2-1 中可以看出，等动力力量练习法对增加一般力量，效果是显著的，同时也有材料证明，对游泳运动员所需的力量，其训练效果非常良好。

注意事项：

（1）不论用何种方法，肌肉力量增长后，必须随之加大负荷量，以继续提高极限负荷能力从而继续提高肌肉的收缩力量。

（2）练习时间的安排，即两次练习的间隔时间，有人做了试验，把参加试验的人分成两组，一组隔日训练，一组每天训练，内容方法均相同，两组力量增长比较：隔日训练组增长率为 77.6%，每日训练组增长率只有 47%。原因主要是由于大负荷力量练习，使每日训练组疲劳从而没有充分消除，影响了训练效果，特别对初练者来说更宜采用间隔练习。

（3）重视肌肉随意放松能力的培养，肌肉放松能力的提高，不仅有助于肌肉力量的发挥和增长，同时也能防止肌肉出现僵硬现象。

（4）等张力练习呼吸方法的配合，不同负荷量与动作速度，应有不同的呼吸方法，并应结合个人的呼吸习惯。做轻量负荷快速开立跳练习时，呼吸应有节奏地与动作配合，每做 3～5 次开立跳，呼吸一次，以呼气为主，换气要求快而深。这样可避免和减轻胸压，有利身体健康。

3. 常用发展身体各部力量素质的辅助练习

（1）发展上肢肌肉力量练习：杠铃快速挺举或推举；仰卧推举杠铃、哑铃、壶铃；推实心球、掷砂袋；拉弹簧拉力器、牵拉橡皮筋；爬绳、爬竿、拉绳上升；俯卧撑、俯卧推跳、倒立；单杠引体向上、双杠臂屈伸等。

（2）发展下肢肌肉力量练习：负重蹲起、半蹲起、半蹲跳；持哑铃或壶铃蹲跳起；肩负杠铃提踵；腿负重高抬腿上坡跑；抗阻屈膝、抗阻伸膝；跳台阶；单足跳、蛙跳、立定跳远、多级跳；站桩、一腿平提单足连续蹿起等。

（3）发展躯干肌肉力量练习：负重体前屈和侧屈；连续仰卧起坐、抗阻仰卧起坐；抗阻俯卧起立、俯卧弓身、前后甩腰；悬垂举腿等。

（二）速度素质

1. 影响速度的主要因素

（1）机体能量供应的特点：速度（包括速度耐力）练习的最大特点是时间短、运动强度大、单位时间内能量消耗大。实验证明，机体从相对的安静状态，转入剧烈的运动状态，其肌肉中物质代谢量在短时间内将增加千倍以上，所以机体内氧负荷量很大，肌肉主要处在无氧代谢状态中工作。能量来源主要依靠三磷酸腺苷、磷酸肌酸的无氧代谢供给，故速度素质要求神经和肌肉有较大的无氧代谢适应能力。

（2）肌肉本身的特点：肌纤维大体可以分为不同特性的两大类型，其中一类称为快速纤维，纤维中肌红蛋白含量较少，呈白色，也称白肌纤维，适于快速用力，但易疲劳。另一类称为慢速纤维，纤维中含肌红蛋白较多，呈红色，也称红肌纤维。凡快速纤维占优势，是良好速度素质的一个物质基础。

（3）神经系统调节作用：速度主要决定于神经系统的灵活性，传导的准确协调作用和同步程度，以及对酸性刺激物的耐受能力。以跑步为例，步频有赖于大脑皮层运动中枢兴奋与抑制的转换能力。爆发性后蹬力量，有赖于神经具有较高的同步性。跑步途中维持高频率和强而集中的神经冲动，则有赖于中枢神经系统对酸性产物（乳酸）刺激的耐受能力。因此，在进行速度素质练习时要注意改善神经中枢的灵活性、协调性和同步性，以及提高神经、肌肉的耐酸能力。

（4）肌肉收缩的力量与柔韧性：运动中任何一个动作，都是由几部肌群或数块肌肉的协调配合共同来完成的。主动肌的收缩，对抗肌的放松，协同肌的配合，以及在动作过程中相互间的转换作用，主要依赖神经系统的灵活性和协调作用。但是肌肉的伸展能力，关节的正常活动范围，与身体的柔韧性也直接有关，不能忽视。

（5）其他：年龄、性别、体型、温度等。

2. 发展速度素质的方法

不同类型的速度素质，其练习方法也就不同。如采用各种突发信号的练习培养反应速度，利用缩短时间、距离，降低器械重量条件下提高动作速度等，通常说的速度是指周期性运动的位移速度，现以短跑为例作简要介绍。

短跑速度取决于步频、步幅及保持步频的能力。因此，练习短跑速度应以提高步频，增强腿部爆发性、后蹬力，改善神经、肌肉无氧代谢承受能力为主要环节。

已有较多的材料证明，提高步频，发展爆发性力量和改善无氧代谢能力，采用重复训练法效果很好。具体方法：按计划进行全力运动，达到或至少接近个人极限强度，然后休息，休息的时间、方式根据内容与训练基础而定，原则上以基本消除疲劳为宜。当然，这并非是唯一方法，实际训练中，根据实际情况还需要采用其他相应的方法。

（1）发展短跑频率练习。用高频率练习发展频率，是提高步频的主要方法，如快速高抬腿跑、听信号快速跑等。但必须在一定的强度和运动量的条件下，进行系统地练习才能奏效。因为速度素质的任何一种表现形式，它的生理基础是肌肉强力收缩和按条件反射机制所形成的植物性机能活动的某种协调，而以神经活动的高度灵活性为保证。因此，不通过一定量次的系统训练，不可能完成这个任务。训练方法，是以快速高抬腿跑为例，以最高速度的高抬腿跑练习8～10秒之间为1次，练习3～5次；然后，休息至基本消除疲劳。如此重复数次，最好以几个人竞赛性的游戏形式进行。速度素质训练时，应注意在身体疲劳的情况下，由于大脑皮层的保护性抑制作用，神经过程的灵活性与强度相应降低，这时如果进行步频练习不能受益。因此，速度素质的练习应放在训练的前半小时进行效果较好。

（2）发展短跑爆发性力量训练。提高爆发力通常采用3种办法：①在不降低速度的条件下加大力量（负荷量）；②在不减小力量的条件下加快速度；③在加大力量的同时加快速度。实验证明，第一种练法，效果较好。发展腿部爆发性力量的主要手段，有徒手及负重的各种跳跃练习、负重蹲起练习等。负重练习的负荷量，要轻重结合，因为轻负荷快速蹲起、蹲跳等练习的主要作用是加快主动肌收缩速度。重负荷蹲起、蹲跳等练习的主要作用是提高肌肉收缩强度。对力量较弱的初学者来说，开始用中等强度负荷练习，用以发展一般力量。有了一定基础后，复重的次数和重量可逐渐增加。锻炼时可采用重复训练法的原则，按计划进行。

（3）提高无氧代谢能力的练习。

3. 常用发展短跑速度的辅助性练习

原地快跑（每组 6″～10″）；原地高抬腿跑（每组 8″～10″）；高速小步跑（20 米－30 米）；加速跑（40 米－60 米－80 米）；行进间跑（40 米－60 米）；反复跑（60 米－100 米－150 米）；下坡跑；顺风跑；跨步跑（短、长距离相结合，短距离大于长距离）；快速摆臂；快速反应游戏等。

（三）耐力素质

1. 影响耐力的主要因素

（1）心脏血管系统和呼吸系统的功能。耐力运动的最大特点是，持续时间长，运动强度较小，单位时间内能量消耗不多，总消耗量大，运动过程中的能量来源大部分是由有氧代谢供应。因此，心血管系统和呼吸系统，能否源源不断地运输氧与能源物质来供应机体较高水平的氧化过程和能否及时运走代谢尾产物，不断保持机体酸碱平衡，保证有氧代谢过程的顺利进行，这是耐力素质的基础。人的心脏工作量十分惊人，如成年人心率为 75 次/分，以每搏输血量 50 毫升～75 毫升计，24 小时总脉搏约为 10 万次，输血总量可达 5 吨～7 吨左右。剧烈的耐力跑，工作量将增大 10 倍左右，每分钟输血量从安静时的 3 升～4.5 升增加到 25 升～35 升左右，正常成人呼吸频率为 14～18 次/分，呼吸深度为 500 毫升左右，肺通气量约为 4 升～7 升，剧烈运动时呼吸频率为 40～50 次/分，呼吸深度为 2500 毫升左右，肺通气量可达 140 升左右，而在整个耐力练习过程中，心血管系统和呼吸系统的机能必须稳定地维持在这样高的水平上。因此，心血管系统和呼吸系统的提高，是发展耐力素质的一个重要条件。

（2）大脑皮层运动中枢机能的稳定性。特别是周期性运动耐力练习，因长时间单调的本体传入冲动，会引起大脑皮层兴奋性的降低，大脑皮层对单调刺激的耐受性，即大脑皮层运动中枢的机能稳定性，在一定程度上是决定一般耐力的重要因素。此外，皮层运动中枢兴奋与抑制的集中和准确性，也与一般耐力素质有关，而耐力练习可使运动中枢的兴奋和抑制更加集中和准确。因而，肌肉就更加省力，能量消耗就会出现“节省化”，使运动中枢神经元及肌纤维有交替休息的机会，从而能推迟疲劳的出现，提高耐力。

（3）肌肉本身的解剖生理特点。肌肉组织中慢速纤维（亦称红肌纤维）的数量多，耐疲劳性能强，是发挥耐力素质的重要条件。

（4）肌肉中能源物质的储备量的多少，与耐力素质有一定的关系，特别是肌糖元的含量。

（5）其他：力量、步频、年龄、性别、体型、肺活量、温度等。

2. 一般耐力素质的练习

“渐进的极限负荷”原则，同样是耐力素质练习的主要依据。所谓极限负荷，应理解为使肌体的负担超过其原来能负担的耐力水平，这是运动量的客观依据。同时在耐力练习时掌握适宜的运动强度，也十分重要。因为强度过大，机体无氧代谢比重就会增大，不利于发展一般耐力；强度太小，不能引起机体应有的生理变化，对发展一般耐力更不适宜。理想的标准应该是既能使心血管系统和呼吸系统达到或接近个人机能极限，又能使能量供应的无氧代谢减小到最低限度，通常掌握在个人最大强度的70%－80%－85%水平，具体通过心率测定进行调节，大致数值为每分钟心率140－150－160次左右。

心血管系统的机能与耐力素质关系极为密切。提高耐力，应着眼心脏血管系统机能的提高，比较系统的练习方法有：马拉松训练（持续训练）、间歇训练、循环训练等，这些方法的主要目的在于提高机体有氧代谢水平，有利于耐力素质的发挥。据现有的材料证明，提高耐力水平最好的方法，还是间歇训练，它包括一系列的重复练习，各次重复之间有一个短暂的间歇。近年有人研究发现，一个只能持续九分钟工作的负荷，采用间歇训练时，可维持一小时之久。具体方法：按计划先以一定强度和一定负荷量做比较剧烈的运动至出现明显的氧债水平后，随即按计划短暂休息，一般以1～3分钟，不超过5分钟，最好用积极性休息形式，如此反复几次。运动量、运动强度、反复次数、休息时间应根据个人基础和条件而定。但是间歇时间应等于或短于负荷时间。有人提出，心率应高于150次/分（基础较好的人），同时要保持5分钟以上的休息时间，才能达到提高耐力的目的，为使间歇训练继续收效，当获得一定的耐力后，就必须增加运动负荷量，也就是说，提高了耐力水平，负荷也必须随之提高，使“渐进的极限负荷”原则不断起作用。提高间歇训练负荷的方式有4种：①增加重复次数；②增加每次重复的时间；③提高每次重复的强度；④缩短间歇时间。后两种方式，对提高速度耐力更为有利。

其次循环训练，即把重复训练、负重训练、间歇训练等合为一体，循环应用的综合方法，可作为提高耐力和其他素质的手段。

3. 常用发展一般耐力的主要手段

持续慢跑（心率接近150次/分）、越野跑、慢间歇跑、重复跑、变速跑；定时（定距）跑、野外综合跑（在自然环境中进行，各种跑法相混合，结合游戏方式进行）等。

二、有氧训练与无氧训练的方法

运动时机体的能量供应，可分为有氧氧化供能与无氧氧化供能两种。运动过程中，机体以何种方式供能，决定于运动时的需氧量与氧吸收量两者相互间的关系。当吸氧量能够满足需氧量时，机体就以有氧代谢供能；当氧吸收量不能满足需氧量时，不足部分，机体就靠无氧代谢供能，而运动过程中，单位时间内的需氧量取决于运动强度。强度小，需氧量也小，有氧代谢的比重就大。反之，强度大，需氧量相应增大，无氧代谢供能的比重也就增大。

各项体育运动的强度，持续时间差别很大。运动强度小，而主要依靠有氧代谢供能的项目，应主要采用有氧训练。运动强度大，而主要依靠无氧代谢供能的项目，应主要采用无氧训练。但是，两种供能方式，不可截然分开，而任何一项运动，其供能总是包含有氧与无氧两种方式，只是比例有所差别。因此，实际应用时，必须根据具体条件和需要进行合理的配合。

（一）有氧训练

1. 有氧训练的任务及生理基础

有氧训练的主要任务在于提高机体有氧氧化供能的能力，有氧氧化能力取决于以下几方面。

（1）人体最大吸氧量的大小，是有氧氧化能力即有氧代谢能力的标志。最大吸氧量，主要由下列因素决定：肺的通气功能；气体的交换率；血液的载氧能力和心脏的输血量。其中最主要的因素是心脏的输血量。因此，在训练时，采取有效措施加强心血管系统的功能，是有氧训练的首要任务。

（2）机体能量物质，特别是糖元的储备量，是有氧代谢的物质基础。剧烈运动时，随着肌糖元被消耗，机体随即动员肝糖元分解成葡萄糖供肌肉利用，并且随着运动时间的持续而增加。当肝糖元储备不能满足负荷的需要时，血液中就可能出现“低血糖”现象，从而引起神经系统的机能障碍，使活动能力降低。

（3）最大吸氧量与最大吸氧量的利用能力。耐力项目，如 5000 米以上的长距离跑、1500 米以上的游泳等项目，运动成绩与人体最大吸氧量的水平密切相关。最大吸氧量与耐力水平成正比，但人体的耐力水平，不仅取决于最大吸氧量的绝对值，而且还取决于机体在剧烈运动时能否持久地利用最大吸氧量的能力。人体的最大吸氧量与对最大吸氧量的利用能力，直接影响有氧代谢能力。

2. 有氧训练法

常用的提高有氧代谢能力的训练方法有：马拉松训练（即持续训练）、间歇训练、重复训练、“穴形”疾跑等。实践证明，这些方法，特别是间歇训练法，对改善循环系统的机能，增加机体糖元能量储备，提高最大吸氧量与利用能力，均有良好效果。

（1）马拉松训练法。用中等强度，较均匀的速度，根据个人训练水平，不间断地跑较长的距离。跑步时速度决定于距离和身体条件，并争取保持稳定状态，可用自我测定心率进行控制。经过一个时期训练后，如果速度不变而心率降低，则表明有氧氧化能力的提高，这时就应该进一步提高速度或加大距离，以进一步提高有氧训练水平。据研究证明，长时间持续跑，不仅能较快地改善呼吸系统和心血管系统的机能，增大心脏容积，增强心肌收缩力量，降低心率，而且对神经系统也有好处。同时，由于跑速均匀，机体供能处在稳定状态，代谢产物积聚较少，运动后身体各系统能较快地消除疲劳。持续跑跑速的标准，心率应控制在140～160 次/分之间。

（2）间歇训练法。间歇跑有多种形式，如慢间歇跑、快间歇跑、间歇疾跑等，有氧训练应采用慢间歇跑。其方法在以 60%～80%的强度几次快跑一段短距离，两次之间以较长距离慢跑作间歇，心率最高可接近 180 次/分。近年有人在间歇训练的基础上创造了"负分段训练法"，即每段距离从长依次缩短。在分段间歇练习时，每段距离的后半程快于前半程，后一段快于前一段，前半程用中、中下速度，以不急喘气为原则，后半程稍快。这样在整个运动周期氧债形成缓慢，间歇期乳酸消耗快，同时又有疲劳的积累，在短暂间歇阶段，仍维持着最大吸氧量及较高的血压水平。这些因素的综合，引起心搏量的增加和心脏容积的增大，能有效地加强心脏功能，提高有氧训练水平。

（3）重复训练法。发展有氧代谢能力，采用重复跑练习，跑段距离比较长，强度也比较低。

（4）"穴形"疾跑。即两个短距离疾跑之间，被一个"穴形"恢复期相连接，如 60 米疾跑、60 米慢跑，60 米疾跑、60 米走几次重复。

不论采用何种方法，发展有氧代谢能力，适宜的强度是重要因素，一般应掌握在本人最大强度的 70%～85%之间。

（二）无氧训练

无氧训练的主要任务在于提高机体无氧代谢能力。无氧氧化能力取决于以下几方面。

（1）机体氧债能力的大小，无氧代谢供能是在无氧或氧供应不足的情况下，由高能磷化物：三磷酸腺苷、磷酸肌酸的分解供能（非乳酸能）和糖元的无氧酵解供能（乳酸能）。机体氧债能力的大小，是无氧代谢的标志。

（2）肌肉中高能磷化物的含量。肌肉运动开始时，所需的能量来源均由高能磷化物分解即非乳酸能供给。但非乳酸能只能持续几秒至十几秒，非乳酸能是速度素质的物质基础。非乳酸能供能能力，主要取决于肌肉中三磷酸腺苷、磷酸肌酸的含量。研究证明，短距离跑等极限强度的运动项目，可以提高人体肌肉中磷酸肌酸的含量。因而，运动员的非乳酸能供能能力比一般人强。但要注意，为了发展速度素质，跑的距离不宜太长。因为极限强度运动时，非乳酸能供能维持几秒钟，如果超出了非乳酸能供能，乳酸就成比例增加，这样就是发展速度耐力了。

（3）机体对酸性产物的缓冲能力。糖元无氧酵解（乳酸能）是速度耐力的物质基础，无氧分解产生的乳酸聚集过多，血液酸性浓度增加，从而使机体工作能力降低，并引起肌肉酸痛等感觉。影响糖元分解的主要因素：人体内对酸性产物的缓冲能力，组织细胞特别是神经细胞对酸的耐受能力，运动提高人体对酸性的缓冲能力，组织细胞的耐酸能力与糖元的含量。

（4）无氧训练法。无氧训练的方法通常有：快间歇跑、重复跑、速度游戏、计时跑、变速跑等。

1）快间歇跑。快间歇跑能有效地改善心脏血管系统的机能，增加血碱储量和肌肉毛细管数量。用快慢间歇跑发展速度，快跑段一般只采用 30 米～60 米或 20 米～30 米的起跑训练。发展速度耐力，一般用 100 米、200 米、300 米、400 米或再长一些的距离，以个人最大强度的 80%～90%跑完全程。重复次数根据个人条件和训练水平来定，能力提高后，以增加次数、提高速度、减少慢跑间歇时间等方式进行调整，心率可达到 160～180 次/分，慢跑时心率恢复到 100～120 次/分。

2）重复跑。快速跑的距离通常比间歇跑的距离要长，两次快跑之间不是慢跑而是休息，如果跑距太短，如 10″～15″的剧烈运动不能使乳酸水平升高到显著程度，对提高无氧能力效果不显著。跑的时间应持续 1 分钟左右，并尽可能超过竞赛强度（中距离跑），而休息时间如果采用逐渐缩短的安排，如 100 米×4 重复跑，第一次跑后休息 7″～8″，第二次跑后休息 5″～6″，第三次跑后休息 2″～3″，这样可使血乳酸值增大，提高机体耐的酸能力效果显著。

3）速度游戏（法特列克）。与间歇跑相比，它的特点是不拘形式的快慢交替跑。重点在快跑，可在自己喜爱的自然环境中进行，将快慢间歇跑、重复跑、走、持续跑相混合，以游戏形式进行，对改善神经系统兴奋性，调节机体的代谢能力，消除疲劳，有明显效果。

三、利用自然条件锻炼身体的方法

1. 利用自然条件锻炼身体的作用

日光、空气等自然条件，对保持身体健康有重要作用。自然界包含着许多对人体健康十分有益的因素，如日光，对机体的作用是多方面的，其中紫外线具有杀菌、抗佝偻病等作用，同时又能提高皮肤的抵抗力和关节的活动性。红外线能起温热作用，提高新陈代谢，改善组织营养等。又如气温、湿度、气流对皮肤的刺激，特别是低温的刺激，通过神经的反射作用，来改善体温调节，促进血液循环。空气中的阴离子，对人体神经系统、血液循环、呼吸及内分泌活动等，都能产生良好的刺激作用。因为机体对外界环境具有巨大的适应性，变化的环境条件作用于机体，大脑皮层立刻进行调节，使机体适应外界环境的变化，保持机体与环境在新的条件下的平衡。同样的刺激经过多次反复的作用后，皮层就形成了新的条件反射，使肌体充分适应了这样的环境，从而提高了机体的适应能力。

日光、空气在我们的生活中接触机会很多。由于城市空气中阳离子含量多，阴离子含量少，加之“三废”的污染，不利于人体健康，因此，应多组织一些野外活动。利用自然条件锻炼身体的方法有很多，下面着重介绍水浴，特别是冷水浴的锻炼方法。

水浴，主要是利用水的温度、机械力和化学作用来锻炼身体。水的导热性及热容量比空气大得多，对体温调节作用也就比较大。水浴可分为冷水浴、温水浴、热水浴几种。温水浴能起到降低神经的兴备性、减弱肌肉张力、扩张皮层血管等作用，能加速消除疲劳，尤其是热水浴的效果会更加明显。冷水浴对健康最为有益，特别对增强心脏血管系统和呼吸系统效果显著，能促进消化系统的功能和体温的调节作用。冷水浴不仅能提高新陈代谢机能、洁健皮肤、增强体质，而且能提高抵抗疾病的能力和锻炼人的意志，为适应低温严寒的自然环境，创造了十分有利的条件。

2. 冷水浴锻炼法

冷水浴的锻炼，必须根据个人条件严格按照循序渐进的原则进行。浴前充分作好准备活动，浴后擦身保暖。在进行冷水浴时，一般会出现三个阶段的生理反应。

寒冷期。当皮肤接触冷水，由于强烈的冷刺激，神经的保护性反射作用，引起体表血管紧缩，血液驱入深部及内脏，而感到骤冷，即为寒冷期。寒冷期的持续时间和程度与从事冷水锻炼的时间成反比，经过长期锻炼的人，寒冷期短而寒冷感弱。

温暖期。机体为了适应寒冷的强刺激，在皮层的调节支配下，机体相应的组织、器官，特别是体温调节机构积极活动，代谢机能大大提高，体表血管舒张，血液循环加快，体温上升而出现温暖期。温暖期是对寒冷刺激的反应阶段，时间长短与锻炼水平成正比，久经锻炼的人温暖期长。

寒颤期。寒颤是体温消失过多的信号，出现寒颤后应立即采取保暖措施，冷水浴应在寒颤期出现前结束。

冷水浴锻炼应从夏秋开始，坚持经常，每周至少练两次以上，时间以早晨最好。有慢性病的患者从事冷水浴锻炼，必须征求医生的同意。锻炼方法如下。

（1）冷水洗脸与洗足。初练冷水浴，可从冷水洗脸与冷水洗脚开始，进行时应直接浸泡洗部。特别是洗脚，应泡在冷水中一至数分钟，用以提高对冷刺激的适应能力，每天最好晨起洗脸，睡前洗脚，洗后擦干。

（2）冷水擦身。冷水擦身伴有按摩作用，对初练者更为适宜，在洗擦过程中，要不断地把毛巾在冷水中浸泡拧干再擦，擦浴可作为淋浴、浸浴、冬泳的过渡，亦可结合进行，也可单练擦浴，每天最好睡前进行。

（3）淋浴与冲洗。淋浴冲洗的水温开始不要过低，锻炼过程中可逐步降低，最后用冷水冲淋。冲淋前先用冷水拍打胸部，再淋上肢，然后从头向全身冲淋，时间不要超过一分钟。经过一段时间后，再逐步延长时间，每天早晚均可进行。浴后用干毛巾遍擦全身。

（4）浸浴。浸浴在室内外均可进行，也是从夏秋开始，浸浴前先用冷水拍胸，浸水后用毛巾不断擦摩全身，特别是胸腹部。浸泡时间根据个人情况而定，以不出现寒颤为度。浴后用干毛巾用力擦腰、肩、膝关节部位，擦红发热为止。

（5）冬泳。冬泳在天然水域进行，是日光、空气、水的综合利用，也是冷水浴锻炼的最好形式。下水后不能停止活动，可进行一定强度的游泳活动，然后再在水中擦摩全身。冬泳的时间根据个人锻炼基础而定，以不出现寒颤为标准。由于冬泳能量消耗大，每天进行时间不宜过长，并适当控制运动量。出水后应迅速擦干擦热全身，并立即穿衣。遇到有风天气更应注意。

3. 冷水浴注意事项

（1）浴前要充分做好准备活动，使身体发热，浴后要适当做整理活动，以使尽快恢复温暖感觉。

（2）各种形式的冷水浴，都应从温暖季节开始，一经开始就要坚持，以免减弱效果。淋浴、浸浴、冬泳如因故中断，重新开始时，最好经过一个时期的擦浴后再继续进行。

（3）饭前、饭后一小时内，不宜进行冷水浴，否则，将会影响消化。

（4）剧烈运动和劳动后，体温较高，不宜立刻进行冷水浴，要休息片刻再进行。

（5）冷水浴虽然对某些慢性疾病有治疗作用，但是，必须征求医生的意见，如有发烧、急性或亚急性疾病，严重心脏病、严重肺结核等病症时，不宜进行冷水浴。

第三节 制订锻炼计划

一、制订锻炼计划的意义

我们做任何工作都要有个计划，才能把工作做好，从事体育锻炼也同样如此。由于体育项目繁多，对人体的影响也各不相同。因此，要想有效地增强体质，掌握运动技能和提高运动成绩，就必须在调查研究的基础上制订符合实际、切实可行的锻炼计划。只有这样，才能克服片面性、盲目性，做到心中有数，有的放矢，使体育锻炼有目的、有计划、有组织地进行。通过计划的制订和执行，还有利于检查锻炼实施情况，总结经验，改进方法，提高效果。

二、制订锻炼计划的注意事项

（1）遵循锻炼身体的基本原则来制订计划，首先要考虑全面锻炼原则和循序渐进原则。身体的全面锻炼，能够促进人体的全面发展，尤其是青年学生时期正是长身体的时期，全面锻炼身体更为重要。因此，在制订计划时，选择项目应多样化，使上、下肢和躯干都能得到锻炼，并使内脏器官的功能也相应地得到提高。在发展身体素质方面，也应使力量、速度、耐力、灵敏、柔韧等都能得到发展。整个计划的内容安排应遵循由简到繁，由易到难的循序渐进原则，有系统地进行练习。运动量的安排应由小到大，逐渐增加。对初参加锻炼的人或在开学初，不要安排复杂的、难度较大的练习，运动量要小些，以免出现伤害事故。此外，还要考虑区别对待，因人制宜。体质好的学生可以对自己要求高一些，体质差的学生可减少练习次数和运动量，个别体弱多病的学生，可以参加一些适宜的活动，如打太极拳、羽毛球、乒乓球等。

（2）少而精，求实效，使身体得到充分的锻炼。体育活动内容十分丰富，但对个人来说，并不需要全部掌握，也不可能全部掌握。只能根据个人的实际需要与具体条件，选择其中适合自己的一些内容进行练习，并坚持经常。少而精，才能求实效。因为少，才可以集中时间和精力，反复练习，起到增强体质的实际作用，如果项目多而杂，练习起来走过场，不但起不了实际作用，还会给锻炼带来许多困难。少还要精，精就是抓住最本质、关键的东西，也就是抓住最能实现锻炼目的的内容与手段，而不是主次不分，贪多求全，花样多，实效少。全面锻炼身体，并不排斥在全面发展的基础上加强某一项目的活动，两者是互相促进的，它与少而精的要求并不矛盾，应当有机地结合起来。

（3）从实际出发。在制订计划时，应注意场地、器材设备等条件及个人的体质和技术基础，制订出切实可行的锻炼计划。客观实际是制订计划的基础，实践是检验计划的标准。因此，计划必须从实践中来，再到实践中去，通过反复实践，不断修改和完善。

三、制订锻炼计划的方法

对于一般学校的学生，在制订锻炼计划时，主要是根据学校的作息制度和具体条件，安排锻炼时间和周期，一般以一学期为一周期比较恰当。可根据季节气候条件，把一学期按月分成几个阶段，并制订出各个阶段的具体任务和指标要求，这个指标要求制订的不能过高也不能过低，应当是一般学生经过努力就能达到的。在身体素质方面同样可以提出不同要求。

（一）阶段计划

在制订阶段锻炼计划时，首先要确定每周的锻炼次数和时间。然后，根据每周的锻炼次数、运动项目的难易程度和个人水平来安排各项锻炼计划。

每次锻炼的重点项目确定后，可以配合身体素质练习，并要拟定练习的具体动作和方法，以及练习的时间和次数等。这可按个人的不同情况，提出不同要求。

在安排每次锻炼内容时，一般先安排重点项目，就身体素质而言，一般速度、灵巧性的练习放在前面。就运动量而言，运动量小的练习放在前面。就技术难易程度而言，也要由简到繁。就项目性质而言，要把学习新的项目放在前面。就对身体活动部位而言，一般应上、下肢搭配安排，如遇相类似的内容，应间隔开来。总之，项目的安排应有利于促进身体的全面发展，有利于更好地学习和掌握运动技能和技术以及提高运动成绩。

（二）每次的锻炼计划

每次锻炼时，都应当很好地安排练习的内容和时间及重复的数量（如距离、次数、重量、高度等)。一般可按下面几个部分进行。

1. 准备部分

准备部分的主要任务是使身体各器官系统迅速进入工作状态，为基本部分的练习作好充分准备。同时，准备部分还要完成一般身体发展的任务。

准备活动按性质和任务可分为一般准备活动和专门准备活动。一般准备活动主要是促进身体的全面发展，应尽量使身体各主要关节、韧带、肌肉群都得到活动，同时，还应特别注意那些发展较差的肌肉群的练习。专门准备活动主要是在进行基本部分前，使机体为参加基本部分中有关项目的练习作好充分准备，其动作性质要与基本部分的项目相适应。

2. 基本部分

准备活动结束即转入基本部分，这是最主要的部分，时间最长，分量最重，总的练习时间如果是一小时，那么这部分约占 45 分钟。但是，这部分练习内容不宜太多，一般安排一个主项和一个副项为宜，如果项目过多，容易造成走过场，影响锻炼效果。

3. 整理活动

整理活动，时间约 5 分钟左右，一般可采用走步、慢跑、轻快的体操、放松活动、按摩，以及较平静的活动性游戏等，使身体肌肉得到放松，运动强度逐渐降低，身体各部分恢复到接近正常状态。

（三）学校课外体育活动计划

学校课外体育活动，一般是以班为单位进行的。开展好班级体育锻炼，是搞好课外体育活动的基本环节。下面介绍班级小组体育锻炼的几个问题。

（1）班级小组体育锻炼的组织形式：可按班或学习小组进行，也可根据学生的年龄、性别、健康状况、技术水平等组成锻炼小组。锻炼小组的人数，一般以 10 人左右为宜。由小组长 1～2 人负责组织锻炼。锻炼小组应制订锻炼计划和必要的制度，以保证锻炼有目的、有计划、有组织地进行。通过《国家学生体质健康标准》后，切不可放松要求，中断锻炼，应根据自己的特长和爱好参加专项提高组，并拟定提高的指标要求，继续坚持锻炼，以达到进一步增强体质的目的。

班级体育锻炼的组织形式，一般采用锻炼小组和专项提高组两种基本形式。锻炼小组的任务是进行全面身体锻炼，准备通过《国家学生体质健康标准》。专项提高组的任务是在全面锻炼的基础上，学习和提高某一项运动技术，准备达到等级运动员标准。

（2）班级或小组体育锻炼的内容，应考虑以下几个方面。

1）《国家学生体质健康标准》应作为班级或小组体育锻炼的重要内容。

2）复习、巩固和提高体育课所学的内容。

3）根据季节气候条件，积极地、安全地开展游泳、长跑、滑冰等活动。

4）从本校开展的传统项目和专业特点出发，开展多种多样的体育活动。

总之，班级体育锻炼的内容应根据全面发展和少而精的原则，把一些代表性强，效果较好的项目列入锻炼计划。例如发展下肢力量、速度的奔跑练习和发展上肢力量和灵敏性的体操练习及发展综合能力的球类练习等。对发展身体素质的练习也要排入锻炼计划。

（3）班级小组体育锻炼的时间和运动量。每天安排一定的时间进行体育活动，能够促进身体健康和提高学习、工作效率。

要想有效地收到体育锻炼效果，必须使运动内容、运动时间和运动量安排得合理和适当。如早晨的锻炼，能很快地振奋起精神，精力充沛地开始一天的学习生活。在早晨锻炼时，应根据个人的具体情况进行，运动量不宜太大，时间不宜太长，一般以20分钟左右为宜。早晨锻炼的内容要多样化，但要简单易行，除了做广播体操外，还可采用跑步、武术、跳绳等。课间做一两套广播体操，对于锻炼身体的效果很好。课间10～15分钟活动时间，做一些轻松的活动，能够迅速消除疲劳，提高学习效果。在早晨和课间操时不要进行剧烈的活动，以免过分消耗体力，使人疲劳，影响学习。下午课后，有组织地参加体育锻炼。经过一天紧张的学习，大脑产生了疲劳，参加体育锻炼能促进身体新陈代谢，改善和提高身体各个部分的机能，既有助于消除疲劳，又能增强体质。下午锻炼时，运动量可以稍大些，因为时间较充裕，便于恢复体力。但是安排运动量要从实际出发，锻炼时间、练习的数量和强度等都要根据学生的年龄、健康状况、身体训练水平和季节气候等因素来确定。在增加运动量时一定要循序渐进，从小到大逐渐增加。所谓运动量，包含数量、时间、强度、密度等几个方面的因素，它们之间是相互联系的，如果单纯追求时间、数量，而忽视强度，练习效果不会很好。相反，如果只重视强度，忽视数量、密度，没有一定时间作保证也同样达不到锻炼的目的。

第四章　运 动 处 方

第一节　运动处方的概念

处方一词在医学上指的是医师给病人开的医疗方法，不同的病或同一种病因程度不同就不能使用同一处方。同样，要科学地锻炼身体，提高健康水平，也必须“对症下药”。

所谓运动处方就是以增进健康、增强体质、提高系统机能为目的而制定的一系列与个人身体状况相适应的、行之有效的科学运动方法，即用医师处方的形式规定健身运动参加者或体疗病人锻炼的内容、运动量和运动强度。它是指导人们有目的、有计划、科学锻炼的一种形式。在有效的运动处方的指导下进行锻炼可以达到下述目的。

1. 增进身体健康

提高身体抵抗疾病的能力，改善身体状态，提高身体活动能力。

2. 提高身体机能

通过锻炼，提高身体素质，如肌肉力量、耐力、爆发力，身体的灵敏性、技巧性、平衡性、柔韧性等。

3. 治疗疾病

把运动当作康复疗法的一种手段。

第二节　运动处方的分类和基本原则

1. 按对象和目的分三类

（1）健身运动处方：针对健康人的运动处方，以增强体质提高健康水平为目的。

（2）竞技运动处方：针对专业运动员进行训练的运动处方，以提高专业运动成绩为目的。

（3）康复运动处方：针对患者开出的运动处方，以治疗和康复为目的。

2. 运动处方基本原则

（1）运动处方要强化个体，因人制宜，个别对待。

（2）处方要根据身体适应能力随时进行调整。

（3）要有一定的安全界限和有限界限。

第三节　运动处方的内容

1. 运动项目

（1）根据体育运动参加者的自身状况和运动能力选择。身体强健、对体育锻炼有着强烈欲望和热情，并能承受较大运动负荷的人，可根据自己的实际情况和兴趣，选择1～2项运动作为健身手段。年轻人可选择球类、举重、武术等；中老年人可选择跑步、游泳、网球、太极拳、气功等。身体不健壮又无疾病者，同时往往缺乏锻炼的热情和持久精神，常使锻炼流于形式的人最好选择形式活泼且锻炼有效的内容，以激发和培养锻炼兴趣和热情。体弱多病者为了增强体质、战胜疾病，可选择慢跑、气功、太极拳等运动来恢复和锻炼身体。体重超过正常标准者可选择长跑、长距离游泳、健美运动以达到减肥的目的；体重偏瘦者可选择举重、健美、体操等内容使身体健壮、丰满起来。

（2）根据锻炼目的选择运动项目。发展心肺功能的锻炼，可采用慢跑、游泳；发展力量素质的锻炼，可采用哑铃、拉力器、跳跃练习；发展耐力素质的锻炼，可采用长跑、变速跑；发展速度素质的锻炼，可采用加速跑等手段；发展协调性和柔韧性则可采用武术、舞蹈、球类运动。

2. 运动强度

运动强度是衡量运动量的重要指标之一，指运动时的剧烈程度，可用每分钟的心率次数来评定。一般认为，学生心率在 120 次/分以下为小强度，120～150次/分为中强度，150～180次/分或180次/分以上为大强度。测量运动强度的简单办法是：测量运动后10秒脉搏×6，就是1分钟的运动强度。

（1）适宜运动强度范围，可用靶心率来控制：以本人最高心率的70%～85%的强度作为标准。

靶心率＝(220-年龄)×(70%～85%)

（2）最适宜运动心率，计算公式为

最大心率＝220-年龄

心率储备＝最大心率-安静心率

最适宜运动心率＝心率储备×75%+安静心率

如某大学生20岁，他的最大心率为220-20＝200（次/分），安静心率70（次/分），心率储备为200-70＝130（次/分），最适宜运动心率为130×75%+70＝167.5（次/分）。

3. 运动时间

运动时间是指每次运动所持续的时间，即达到处方要求强度的持续时间。运动时间的长短，要根据个人情况、医学检查、运动频度的大小而定。有氧锻炼一般在 30 分钟左右就可以达到较好的效果。

4. 运动频度

运动间隔时间过长或过短都会影响运动处方的效果。

第四节 运动处方的格式

运动处方可根据不同的需要采用不同的格式，但在处方中，必须指出禁止参加的运动项目、锻炼的自我监督指标及出现异常情况时停止运动的准则等。在制定和执行处方时，都必须严格遵守循序渐进、个别对待的原则，加强医务监督，充分考虑安全。100 米运动处方示例如表 4-4-1 所示。

表 4-4-1 100 米运动处方示例

<table>
<tr><td colspan="2">锻炼目的</td><td>1. 提高速度，增强力量，提高 100 米成绩
2. 克服怕苦怕累思想，坚持科学锻炼</td></tr>
<tr><td colspan="2">频度频次</td><td>1. 每周 4 次，每次 20～30 分钟
2. 每周周日测短跑一次</td></tr>
<tr><td rowspan="4">锻炼内容</td><td>星期一</td><td>1. 400 米慢跑
2. 行进间徒手操 4×8 拍
3. 原地高抬腿 30 次×2
4. 小步跑 30 米×2
5. 用 70%的力量 100 米跑 2 次</td></tr>
<tr><td>星期三</td><td>1. 准备活动
2. 力量练习</td></tr>
<tr><td>星期五</td><td>1. 400 米慢跑
2. 行进间徒手操 4×8 拍
3. 原地高抬腿 30 次×2
4. 小步跑 30 米×2
5. 用 90%的力量 100 米跑 2 次</td></tr>
<tr><td>星期日</td><td>1. 准备活动
2. 400 米变速跑
3. 100 米测试</td></tr>
<tr><td colspan="2">注意事项</td><td>1. 每天的各练习之间，可有短时间休息。当脉搏到 120 次/分钟时可进行下一项练习
2. 锻炼几周后，把相应的量作调整
3. 每天锻炼，可根据主、客观情况作相应的调整</td></tr>
</table>

第五节　运动处方的制定方法

制定运动处方需按一定的程序。首先对每个人进行医学检查以便全面地了解参加者的身体状况，然后进行负荷的试验和体力测定，为处方中的运动强度提供依据；其次汇总每个参加者的个人资料；最后根据上述情况，按照运动处方的格式制定出运动处方。

第三部分　体能主导类项目

第五章　快速力量性项目

第一节　跳　　高

一、跳高运动的发展概况

跳高作为一项竞技运动项目，至今仅一百多年的历史。随着跳高运动的不断发展，动作发生着更新和变化。跳高经历了跨越式、剪式、滚式、俯卧式等一系列动作的演变，应运而生的 4 种过杆动作。通过实践和研究证实，背越式跳高，提供了从速度上挖掘运动能力的可能性。从此，各国运动员竞相学习和掌握这种跳高技术，使运动水平不断有新的突破。我国著名跳高运动员朱建华连破三次世界纪录，把世界纪录从 2.37 米提高到 2.39 米。目前，男、女跳高世界纪录分别为 2.45 米和 2.09 米。

背越式作为现代最先进的跳高技术已经得到世界的公认。当今，人们一致认为，背越式跳高技术尚处于稳定发展时期，从趋势上看，人们将更广泛地从各个领域挖掘人体的极限运动能力。

二、背越式跳高技术

背越式跳高技术的优越性在于能够利用助跑速度提高跳跃的效果。背越式跳高技术快速地完成了起跳和过杆动作，使背越式成为一种独特结构的跳高技术。

“以速度为中心”必须贯穿于跳高技术教学的全过程，使跳高技术教学与现代跳高技术发展特点相适应。

跳高技术是由助跑、起跳、过杆和落地等技术环节所组成的。

1. 助跑

背越式跳高采用弧线或前段直线，后段弧线助跑。一般跑 8～12 步，起跑点与起跳点的连线与横杆投影线的夹角约 70°～80°，弧形半径 5 米左右，用远离横杆的腿起跳。助跑的开始几步与一般加速跑相似，但最后 4 步的弧线助跑不需要像直线助跑那样在起跳前做专门降低重心的动作，如图 5-1-1 所示。

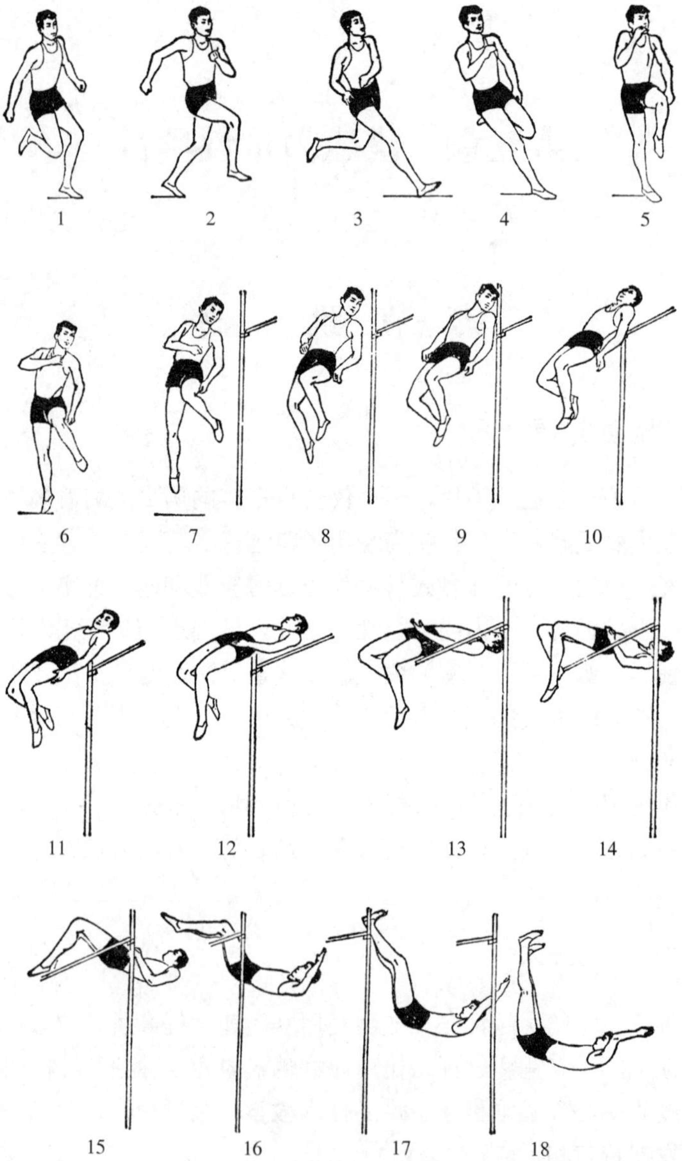

图 5-1-1　跳高动作分解

丈量助跑弧线的方法很多，这里只介绍走步丈量法。确定起跳点后，从起跳点向助跑一侧平行横杆的方向自然走 4 步，然后向助跑起点方向（与横杆垂直）

自然走 6 步做一标记，此点是直、弧段交界处；再继续向前走 7 步做一标记即是起跑点。助跑时起跳脚踩上起跑点跑 4 步，起跳脚踩上标记点（直、弧段交界处），再跑 4 步踏在起跳点上，如图 5-1-2 所示。

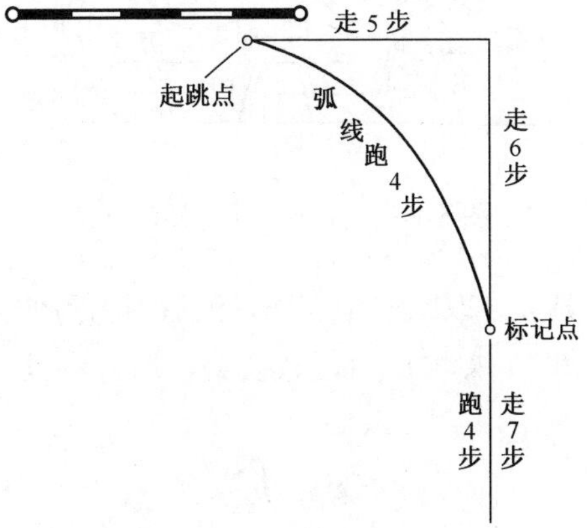

图 5-1-2　走步丈量法

2. 起跳

起跳点距离横杆的投影面为 60 厘米～100 厘米。起跳脚踏上起跳点时，一般与横杆投影面约成 10°～150° 的夹角，即与助跑弧线的切线方向一致。起跳脚沿弧线切线方向向前迈出，用脚跟外侧先着地，并迅速向前滚动转为全脚掌着地，同时身体内倾斜转为垂直，摆动腿以髋带动大腿，迅速前摆。起跳腿在脚着地后，伸肌进行退让工作，同时摆动腿继续上摆，把同侧髋带出，带动骨盆扭转，同时蹬伸起跳腿，两臂配合腿的动作向上提肩摆臂，及时开始做引肩动作，为身体腾起后转为水平姿势过杆做好准备。

3. 过杆和落地

在腾空过程中，身体逐渐转为背对横杆姿势，摆动腿的膝关节放松，起跳腿蹬伸离地后自然下垂。这时要保持身体的上升趋势，不要急于做杆上动作，当肩和背高于横杆时两肩积极后引，抬臀挺髋，小腿放松自然弯曲，身体成背弓形，背部与横杆成交叉状态仰卧在横杆上。挺髋动作一直延续到臀部移过横杆，然后收腹。当膝部靠近横杆时，两小腿积极向上甩起成两腿伸直，整个身体构成“L”状下落，最后下颌内收低头，以肩背领先落垫。

三、背越式跳高练习方法

（一）过杆落地技术练习

（1）背对搭放垫子的跳马站立，然后提脚跟，挺髋，并向后引肩，做越式过杆动作，接着举腿顺垫子向后落下，如图 5-1-3 所示。

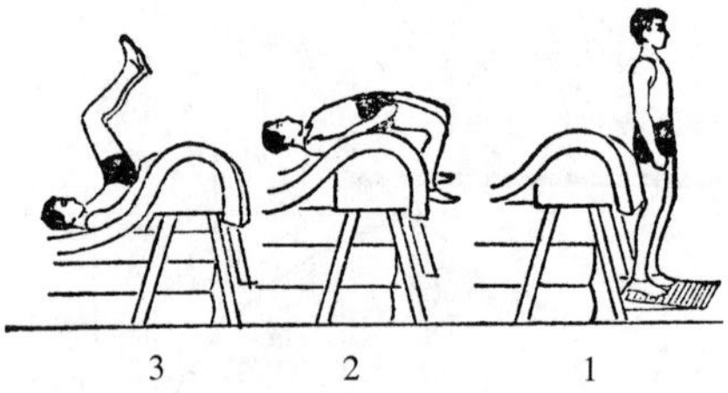

图 5-1-3　过杆落地技术练习 1

（2）背对海绵包站立，双腿屈膝半蹲，然后用力蹬伸向上起跳，同时两臂配合上摆，向后引肩、抬臀、挺髋成背越式姿势，肩背着垫，如图 5-1-4 所示。

图 5-1-4　过杆落地技术练习 2

（二）起跳技术练习

（1）起跳腿向前迈步放脚时，身体稍向起跳腿一侧倾斜，随着屈腿向前摆动，上体由倾斜转为垂直，同时提肩、提腰、摆臂并蹬伸起跳腿。

（2）上一步做起跳练习。要求摆动腿蹬地后快速起摆，在摆动腿和摆臂带动下，起跳腿快速蹬伸跳起。自然跑 2～4 步起跳做背越式过杆动作。

（三）助跑与起跳结合技术练习

沿直径为 10 米～15 米的圆圈快跑，要求体会身体向内倾斜；从直道进入弯道跑练习；沿圆圈做四步助跑起跳；弧线助跑起跳后，摆动腿同侧手触悬高物，要求掌握助跑节奏，做快速起跳，手臂尽量上举触高悬物。结合起跳过杆，由四步弧线助跑，背越式过低杆练习逐渐转为全程助跑的背越式过杆。

四、常见错误及其纠正方法

背越式跳高练习中的常见错误及其纠正方法如表 5-1-1 所示。

表 5-1-1 背越式跳高练习中的常见错误及其纠正方法

常见错误	产生原因	纠正方法
摆动腿只向前上方摆	摆动腿未内扣，膝未摆向侧肩	做原地摆腿练习，体会摆腿内扣和向异侧肩的摆动
起跳时的坐臀	摆动时未能带出同侧髋，起跳腿未完全蹬直	做摆腿练习，做两步助跑起跳练习
助跑向起跳过渡时减速	身体内倾控制不好，影响倒数第二步完成过渡动作	多练习两步起跳动作。练习圆圈跑，体会身体内倾，并沿圆圈做跑和起跳练习
起跳时身体向前甩出	身体内倾控制不好，从助跑向起跳过渡时，身体过早竖直。起跳腿蹬伸速度慢	做圆圈助跑和沿圆圈做助跑起跳练习。做 4～6 步助跑起跳后，做上高器械的练习
助跑与起跳结合不起来	1．助跑步点不准确，拉大步或捣小步 2．缺乏节奏感和距离感	1．调整助跑步点，按画好的标记助跑 2．利用跳跃成组的栏架（栏间跑 4、6、8 步）培养节奏感和自测距离的能力
“坐”着过杆，臀部及大腿碰落横杆	起跳时身体重心没跟上，腾空高度不够，挺髋太差，收腹举腿过早	1．利用弹跳板或低跳箱，做立定背越式跳高，注意延长挺的时间 2．立定背越式跳高，要求背部落在高垫上 3．过杆练习中，要求用腹部触及悬空的高物
起跳后转体不够，使身体斜着交叉过杆	1．绕纵轴转体不够 2．摆动腿内扣向异侧肩方向用力摆的动作做得不够	1．多练习摆腿的模样练习并结合摆臂动作 2．弧线助跑起跳触高后转体 90° 3．调整助跑弧线，反复做大弧线的助跑练习

五、注意事项

（1）跳高练习要与发展身体素质相结合。

（2）领会动作要领，反复做分解动作练习，要与完整技术结合，发现错误及时纠正。

第二节 跳 远

一、跳远运动的发展概况

跳远运动历史上首先越过 8 米的运动员是美国人欧文斯（8.13 米）和皮科尔（8.03 米）。欧文斯 1935 年创造的世界纪录曾经保持 25 年之久。1991 年，美国运动员米·鲍威尔把原有的世界纪录改写为 8.95 米，这个成绩一直保持到今天。现今女子跳远世界纪录保持者是著名运动员契斯佳柯娃，成绩为 7.52 米，这个成绩是她在 1988 年创造的，至今无人打破。

跳远成绩的不断提高与跳远技术的发展有着密切的关系。蹲踞式跳远能保持稳定的姿势和有利的落地，19 世纪末出现了走步式技术。还有些运动员采用挺身式和走步式相结合的技术。这种跳法，为落地时前伸双腿创造有利条件。

二、跳远技术

跳远的完整技术是由助跑、起跳、腾空和落地 4 个部分组成的。正确完成跳远技术的各部分动作，以及实现各部分动作的有机结合是完善跳远技术的关键。跳远的助跑速度与跳远成绩密切相关。

1. 助跑

助跑的任务是为了获得可控制的最大的水平速度，并为准确地踏板和起跳做好准备。各人的助跑距离应视发挥速度的快慢来确定，一般男子为 18～24 步，女子为 16～20 步。

助跑的开始姿势有“站立式”“半蹲式”，以及行进中走或慢跑开始的方法。应从中选择一种适宜的固定姿势，以利于发挥助跑速度和稳定步长，准确踏板起跑。

助跑距离的确定方法有两种：一是将起跳板作为起点，向助跑反方向跑，按需要的加速方式和步数来确定；二是在跑道上或助跑道上试跑，确定自己的助跑距离。

助跑通常采用两个标记：第一标记是助跑开始的起点处；第二标记是在离起跳板后 6～8 步的地方。助跑时要用起跳脚踏上第二标记。这样可以保证最后几步的助跑节奏和准确上板起跳。

助跑时步子轻松自然，富有弹性，使身体重心平稳地沿直线向前运动。最后一步由于积极加快起跳腿的放腿动作，步长比倒数第二步略短，身体重心略有降低，从而保证了有力的起跳。

2. 起跳

起跳是为了改变身体重心向前运动的方向，使它按适宜的角度向空中腾起。起跳的作用是尽可能保持水平速度的同时获得垂直速度。

起跳动作是从最后一步开始的。起跳时，大腿积极快速下压，小腿迅速前伸，用全脚掌立即转至前脚掌着板。当身体重心接近起跳腿的支撑点时，起跳腿迅速用力蹬伸，同时摆动腿以膝领先，积极向前上方摆至水平位置，两臂也配合腿部动作用力上摆。此时，起跳腿髋、膝、踝三关节充分伸直，上体正直，眼视正前方，完成起跳动作，如图 5-2-1 所示。快速助跑与起跳的结合是跳远技术的关键。着板时，合理的放脚位置和快速的放脚动作使助跑和起跳动作紧密衔接，既能较好地减少水平速度损耗，又能合理地升高身体重心位置，获得较大的垂直速度。上板时，脚伸得过远或过近都将影响起跳的效果，起跳时的地角约 70°～80°。

图 5-2-1 起跳

3. 腾空

起跳离板后，即进入腾空阶段，运动员身体各部分的动作只是为了维持平衡和为落地创造有利条件。这时上体应正直，切忌收腹含胸，摆动腿屈膝前摆；大腿高抬保持水平，起跳腿自然放松留在后面，形成跨步飞跃的腾空步姿势，如图 5-2-2 所示，此时应保持身体的正确姿势和维持好身体的平衡，以便为落地时前两腿尽量前伸做准备。腾空步以后的动作，按身体姿势的不同分蹲踞式、挺身式和走步式三种。

图 5-2-2 腾空

（1）蹲踞式。起跳腾空后，保持腾空步姿势；当身体达到最高点时，摆动腿大腿高抬，两臂摆向体前，留在身后的起跳腿屈膝向前上方提位与摆动腿靠拢，形成“蹲踞”姿势；然后两大腿继续上收，上体前倾，小腿向前远伸，两臂自前向下，向后摆动，准备落地，如图 5-2-3 所示。“蹲踞式”动作稳定性较差，容易影响落地的远度。因此，要适当延长腾空步的时间，防止过早团身，以便取得较好的落地效果。

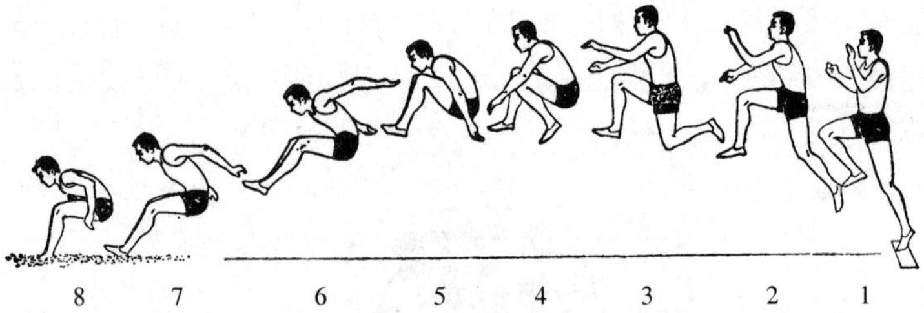

图 5-2-3 蹲踞式

（2）挺身式。起跳腾空后，摆动腿大腿积极自然下放，膝关节放松，小腿以足跟领先向前、下、后摆动，髋关节充分伸展，两臂向下、后、上方摆动；留在身后的起跳腿与后摆的摆动腿迅速靠拢，臂部前移，胸腰稍向前挺，形成展体挺身的姿势。落地前，两臂自后上方向前、下、体后方摆动，两髋前抬，收腹举腿，小腿前伸，上体前倾，准备落地，如图 5-2-4 所示。

图 5-2-4 挺身式

“挺身式”跳远的挺身姿势，使体前肌拉长，有利于收腹、举腿，完成落地动作，效果较蹲踞式好。

（3）走步式。走步式跳远的空中动作有两步半的走步和三步半的走步两种。优秀男子运动员大多采用三步半的走步空中动作，如图 5-2-5 所示。

图 5-2-5 三步半的走步空中动作

4. 落地

正确的落地技术有利于跳远成绩的提高，而且能防止伤害事故的发生。落地前，膝关节伸直，脚尖勾起，两臂后摆。脚触沙面时，两腿迅速屈膝，髋部前移，两臂屈肘积极前摆，借助惯性成全蹲姿势，向前或向侧倾倒落地，使身体尽快移过支点，避免后坐，如图 5-2-6 所示，成全蹲姿势，向前或向侧倒。

图 5-2-6 落地

三、练习方法

（1）原地做起跳模仿练习。两脚前后开立，摆动腿在前，稍屈膝。然后摆动腿蹬地，起跳腿由后向前迈步，以髋带动前摆后积极下压，做“扒地”动作，同时摆动腿和两臂积极配合，完成起跳动作。

（2）连续做 3～5 步的助跑与起跳相结合的练习。

（3）3～5 步助跑起跳头顶高悬物做腾空步练习。

（4）中程助跑起跳做腾空步练习。跳过放在沙坑边的低横杆，摆动腿落入沙坑后，继续向前跑出。

（5）全程助跑起跳做腾空步练习，体会快速助跑和起跳相结合的技术。

（6）原地纵跳，空中两手抱膝。要求大腿尽量靠近胸部，落下时前脚掌着地，体会落地动作。

（7）原地或站在低跳箱上，做立定跳远练习，落在沙坑或草垫上，同时向侧、向前倒体，体会落地动作。

（8）原地做挺身式跳远模仿练习。起跳腿支撑，摆动腿屈膝抬起后即放下并向后摆，伸髋，两臂配合做向下、向侧后绕摆，体会挺身式跳远起跳腾空后的放腿和伸髋展体动作。

（9）悬挂在单杠或支撑在双杠上，模仿挺身式摆动腿、抬腿和下放腿的练习。

（10）中、全程助跑的完整技术练习，改进和提高起跳技术。

四、跳远练习中常见错误及纠正方法

（1）助跑练习中常见错误及纠正方法如表 5-2-1 所示。

表 5-2-1　助跑练习中常见错误及纠正方法

常见错误	产生原因	纠正方法
步点不准确	1．助跑开始姿势不固定或标志不清楚 2．助跑节奏和步长不稳定 3．怕犯规和踏不上板	1．固定助跑开始姿势，要求助跑平稳自然，准确地踏上标记线 2．反复助跑，体会节奏 3．果断沉着，提高心理素质

（2）挺身式练习中常见错误及纠正方法如表 5-2-2 所示。

表 5-2-2　挺身式练习中常见错误及纠正方法

常见错误	产生原因	纠正方法
挺身过早	1．起跳动作未完成就急于做挺身运动 2．起跳不充分，腾空时间较差	1．在腾空 1/2 处放一吊球，踏跳后，头触球时再挺身 2．利用助跳板做起跳练习，增加腾空高度和时间
挺身动作做不起来	1．没有送髋动作 2．上体过分前倾，起跳高度不够	1．利用踏跳板踏跳，体会放下摆动腿与挺胸送髋动作 2．多做模仿练习
以挺腹代替挺胸	起跳成腾空步后，头部后仰，上体过于紧张，摆动腿下压不积极	1．支撑器械上做挺身式模仿练习 2．短程助跑起跳后，要求头和上体正直，摆动腿下压后摆与挺身送髋动作同时进行，胸自然挺出，髋前送成挺身姿势

（3）走步式练习中常见错误及纠正方法如表 5-2-3 所示。

表 5-2-3　走步式练习中常见错误及纠正方法

常见错误	产生原因	纠正方法
两腿换步时幅度小	1．换步时只摆小腿，没有以髋为轴大腿带动小腿摆动 2．腾空时间短，来不及大幅度换步	1．多做支撑或悬垂于器械上的模仿练习，体会换步的动作过程 2．4～6 步助跑，借助弹跳板起跳，增加腾空时间，做换步练习
腾空时上、下肢配合不协调	动作紧张，直腿换步，肩、髋关节的灵活性差	原地或骑在鞍马上做上下肢协调练习，同时发展肩、髋两关节的灵活性

五、跳远练习注意事项

（1）练习前做好充分的准备活动，尤其是髋、膝、踝关节等部位要充分活动开。

（2）跳远时应先在平整练习场地、沙坑、助跳道练习。

（3）负重练习时应加强保护，尤其是负较重杠铃做深蹲练习时，要两头站人进行保护。

（4）不要在硬地上做过多的跳跃练习，以防关节损伤。

（5）练习中应把身体素质和专项技术紧密结合起来，注意身体素质全面发展。

第三节　三 级 跳 远

一、跳远运动的发展概况

三级跳远起源于爱尔兰，当时的跳法是两次单足跳加一次跳跃。现代三级跳远运动，是随着现代奥林匹克运动的兴起、发展而兴盛起来的。在近 100 年的历史过程中，三级跳远的运动形式没有发生变化，但是无论是从技术的演变，成绩的提高以及训练方法的完善等方面都发生了深刻的变化。

二、三级跳远技术

三级跳远是运动员经过助跑，沿直线连续进行三次水平跳跃的田径项目。它是田径运动中技术比较复杂的项目之一。要求运动员必须具备良好的运动素质和较高的技术水平。

三级跳远技术的实质，在于运动员能够充分合理地运用自己的运动素质连续跳越最远的水平距离。合理的助跑节奏，积极地加速上板，快速有力的起跳，支撑阶段富有弹性的缓冲，腾空阶段自然平稳的交换腿动作，以及最后落地时双腿高抬向前远伸，这些动作构成了三级跳远技术整体结构。如图 5-3-1 所示。

1. 助跑

良好的助跑技术表现在运动员能够在一定助跑距离内获得最快的速度和准确地踏上起跳板，并使身体处于起跳前的合理姿势。高水平运动员一般跑 16～24 步，距离约 35～45 米。助跑的加速方式取决于运动员的专项身体训练水平。助跑的精确度取决于最后几步助跑节奏的稳定性和对外界环境变化的调整能力，以及稳定的情绪和自信心。

图 5-3-1　三级跳远

2. 第一跳（单足跳）

单足跳的起跳是从助跑的最后一步摆动腿蹬离地面，起跳腿快速积极地踏板开始的。整个过程包括起跳腿着地、身体重心移过垂直支撑点和蹬离起跳板。正确的技术动作应该是，助跑最后一步时，摆动腿积极有力地蹬地，起跳腿以积极、自然的动作踏向起跳板，落地前大腿抬得比平跑时稍低些，下落要快速积极，但着地要柔和。脚落地时，要有明显的“扒地”动作。此时，上体保持垂直式适度前倾，起跳脚的着地点应距身体重心投影点较近。起跳腿着地后，因力的作用，迫使膝关节弯曲，随着身体的前移，踝关节背屈加大。上体和骨盆应快速向前移动，同时摆动腿积极前摆，大、小腿折叠，脚跟靠臀部，整个身体像一个压紧的弹簧，处于蹬伸前的最有利状态，如图 5-3-2 所示。

图 5-3-2　第一跳

3. 第二跳（跨步跳）

第二跳的起跳，是从第一跳的着地动作开始的。在第一跳腾空过程的后 1/3 段，身体开始下降。此时起跳腿继续高抬，摆动腿充分后摆，以加大两大腿间的夹角。同时两臂拉到身体侧后方，为起跳做好准备。由于身体从高处下落着地，重心的落差大而产生很大的冲击力，这就给第二跳的起跳增大了难度。正确的动作应该是，起跳腿积极下压，做有力的“扒地”动作，同时摆动腿和两臂要有力地向前摆动。为了避免由于急剧的冲击而造成过分的缓冲，着地时腿不能完全放松，膝部、踝部和大小腿的后群肌肉都要保持适度的紧张，使身体重心保持在较高的位置上。为了便于向上跳，上体应保持正直。如图 5-3-1 之 7、8、9、10、11、12 所示。

4. 第三跳（跳跃）

经过前两次跳跃后，水平速度已有明显地下降。因此，第三跳要充分利用剩余的水平速度，尽可能提高垂直速度，以获得一个较高的、较远的腾空轨迹，取得第三跳的最大远度，如图 5-3-1 之 13、14、15、16、17、18 所示。

由于第三跳的落地动作是双脚同时落入沙坑，所以它的空中动作和落地动作与跳远基本相同。三级跳远的摆臂动作有单臂、双臂和单、双臂结合方式，三种方式各有优点，采用何种方式，主要取决于运动员的技术特点和个人习惯。

三、练习方法

三级跳远技术比较复杂，练习强度大，故教学要在学生已具有一定的协调性和专项力量、速度训练的基础上才能进行。

目前有逆向和正向两种三级跳的教学顺序。比较普遍采用的是正向教学法，其顺序是：第一，学习三级跳远的各跳动作（“单足跳”“跨步跳”“跳跃”）；第二，学习“单足跳”与“跨步跳”的衔接；第三，学习“跨步跳”与“跳跃”的衔接；第四，进行完整的三级跳远练习。注意各跳间紧密衔接，随着技术掌握程序的提高而逐渐增加助跑距离和速度。

三级跳远技术的教学主要采用分解教学法，在做专门性练习和辅导练习的同时，可采用完整和分解相结合的方法掌握基本技术。

1. 学习短程助跑的各跳练习

（1）2～3 步助跑三级跨步跳。

（2）2～3 步助跑单足三级跳。

（3）2～3 步助跑完成正规三跳动作。

2. 学习助跑与第一跳起跳的正确衔接以及与“单足跳”的技术

（1）单足多级跳。

（2）2～4～6 步助跑起跳，起跳脚着地。

（3）短程助跑做“单足跳”，跳入沙坑。

（4）短程助跑起跳腾空换步后高举大腿，然后大腿下压，积极“扒地”完成

“跨步跳”的起跳动作；摆动腿高举大腿，跨上适当高度的垫子。

3. 学习第二跳和第三跳结合的技术

（1）2～4 步助跑做“单足跳”接连两次“跨步跳”。

（2）短程助跑完成第二跳接第三跳的练习。

4. 掌握和提高完整的三级跳远技术

（1）安放标志练习三级跳远。

（2）10～12 步助跑完成三级跳远练习。

（3）全程助跑的三级跳远练习。

四、三级跳远练习中常见错误及其纠正方法

三级跳远练习中常见错误及其纠正方法如表 5-3-1 所示。

表 5-3-1 三级跳远练习中常见错误及其纠正方法

常见错误	产生原因	纠正方法
助跑节奏紊乱	助跑步点不准、紧张、不均匀	1．反复做跑的练习，掌握跑的技术 2．做直道上跨栏跑练习，掌握跑的节奏 3．学会自然的放松跑，跑时肩、颈部肌肉放松
落地不积极	落地时故意伸小腿，使脚跟落地产生制动：大腿消极等待落地	反复做“刨地”式落地的技术练习
第一跳交换腿过早	起跳腿没有充分蹬直，未形成腾空步，就急于向前收起跳腿；另外，起跳时身体过于前倾，产生向前回旋	1．在弹跳板或低器械上起跳，要求较晚的做交换腿的动作，然后落地 2．在第一跳长度的 1/3 和 2/3 处各放置一实心球做标志，要求在腾空后，过第一个实心球时向下方摆动腿，同时要求起跳腿跨过第二个实心球落地，继续跳跃
第二跳跳不起来，使高度不够，步长太小	腿部力量差；第一跳过高、过远，使身体重心下降太大，臀部后坐；第二跳身体过于前倾	1．加强腿部力量的练习 2．改进第一跳的技术，限制第一跳远度，可在第一跳的落点画出标志，要求踏上标志处起跳 3．短距离助跑三级跳远，在第二跳 1/2 处放置器械，要求跨越器械后，继续跳跃
三跳节奏不好	第二跳太短；各跳空中动作不平稳，使落地不稳	1．改进第二跳技术，调整各跳长度 2．注意空中动作，维持空中的平衡

五、注意事项

（1）三级跳远技术较复杂，要概念清楚，任务明确。

（2）要结合完整技术，突出重点，严格要求。

（3）三级跳远强度很大，对髋、膝、踝、脚弓等支撑器官的负担很大，特别是对脊柱的负担要求很高，为此，练习之前，要求充分做好准备活动，按照技术要领进行练习，以免受伤。

（4）及时检查场地，做到助跑道和三跳的落地区平坦，地面软硬适宜，沙坑松软。

第四节 铅　　球

一、铅球运动的发展概况

近代铅球运动的历史可追溯到 19 世纪中叶，英国人米切尔将铅球推到 11.79 米，这是体育史资料记载的最早的近代推铅球记录。19 世纪末（1893 年）加拿大人又将铅球推到 14.32 米，成为 19 世纪推得最远的人。

1896 年希腊雅典举行的第 1 届现代奥运会上，参加铅球比赛的共有 7 名运动员，美国的加雷特以 11.22 米的成绩获得冠军。美国选手谢尔顿又以 14.10 米的成绩在 1900 年的第 2 届奥运会上获铅球比赛的冠军。

1912 年在瑞典的斯德哥尔摩举行的第 5 届奥运会上，除传统的推铅球比赛外，又增加了一项用左、右手推铅球的比赛，即将左、右手分别推掷的成绩相加后决定名次。美国运动员罗斯获左、右手分推比赛的冠军，成绩是 27.70 米，同时，他还获单手推的亚军，成绩是 15.25 米。单手推铅球比赛的冠军是美国人麦克唐纳，成绩是 15.34 米。罗斯还是 1904 年第 3 届奥运会和 1908 年第 4 届奥运会推铅球比赛的冠军。

被国际田联正式批准的第一个世界纪录是 15.545 米，这是罗斯于 1909 年在旧金山创造的，这一记录保持了近二十年，直至 1928 年才被德国人希施费尔德以 15.79 米的成绩所刷新。数月后，希施费尔德又以 16.04 米的成绩刷新这一纪录，并成为世界上第一个超过 16 米大关的人。现在的男子铅球世界纪录是美国人巴恩斯于 1990 年创造的，成绩是 23.12 米。

二、推铅球发展趋势

推铅球同其他田径运动项目一样，经历了漫长的发展过程，当今在这一项目的开展及其运动水平的提高方面都超过了历史上的任何时期。人们预测，铅球今后的发展将有以下几个特点。

1. 铅球运动员的大型化

从发展观点看，铅球运动员形态有大型化的趋势。据不完全统计，世界优秀男子铅球运动员的身高多在 1.90 米以上，体重多在 120 千克以上；女子铅球运动员的身高多在 1.80 米以上，体重多在 90 千克以上。我国男女铅球运动员的形态虽较过去有所改善，但与世界优秀运动员比较，仍有差距。

2. 推铅球技术向着简单、实用、充分发挥技术的总体效益方向发展

运动生物力学的发展，不仅揭示了推铅球技术的动作结构（用力顺序及动作的内在联系），而且也将近一步揭示推铅球技术的速度结构（推铅球过程中速度分配及速度的传递等）。

铅球运动员的训练可以分为技术训练、身体训练、心理训练等。身体训练又可以分为速度训练、力量训练、灵敏训练和协调训练等。但上述单一因素水平的提高，并不都能导致运动成绩的提高。因此，在训练中不断变换它们之间的组合，协调它们之间的比例，这种组合与协调，集中体现在训练的设计和训练计划的安排中。现行的田径教学训练大纲及各种训练模式都反映了这种关系。

三、推铅球技术

推铅球技术如图 5-4-1 所示。

图 5-4-1 推铅球技术

1. 握球和持球（以右手为例）

（1）握球。五指自然张开，把球放在食指、中指及无名指的指根上，球的大部分重量在食指和中指之间，拇指和小指挟持于球体的两侧，手腕成背屈，以便控制和稳定球体，有利于滑步和最后用力时发挥手指的力量，如图 5-4-2 所示。具体细节可因人而异。

（2）持球。握好球后，将球放在锁骨窝处，紧贴颈部，右臂屈肘，掌心向外，臂略与肩平，如图 5-4-3 所示。

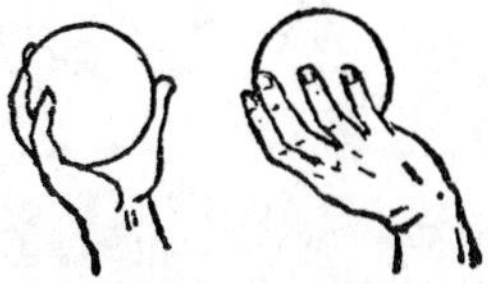

图 5-4-2 握球

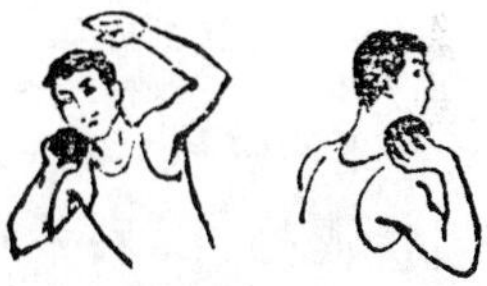

图 5-4-3 持球

2. 预备姿势

预备姿势是为进行滑步做好技术和心理上的准备，为协调平稳而有力的滑步准备条件。侧向滑步推铅球的预备姿势是：捏持好球后，侧对投掷方向，两脚开立与肩同宽，右脚靠近投掷圈的后沿，左脚以脚掌内侧着地，重心落在右腿，如图 5-4-4 所示。

图 5-4-4 预备姿势

3. 滑步

滑步是为了使铅球获得预先速度，为最后用力创造条件。预备姿势完成后，左腿在右腿协调而有弹性的屈伸配合下，可做 1～2 次预摆，当左腿最后一次预摆将结束时，右腿成侧屈半蹲姿势，左腿收至右腿侧后，立即以左大腿带动小腿向投掷方向迅速蹬摆，右腿蹬伸，使髋部迅速向投掷方向侧移；右腿蹬伸后，迅速收小腿，前脚掌沿地面向投掷方向滑步，并落在圆心附近，几乎同时左腿积极以前脚掌落于投掷方向线左侧约 10 米处，体重落在弯曲的右腿上，形成最后用力的有利姿势，如图 5-4-5 所示。

图 5-4-5 滑步

4. 最后用力

最后用力是推铅球技术的主要环节，动作是否正确直接影响推球的效果。当侧向滑步结束时，左腿一接触地面，右脚立即用力蹬伸，使右侧髋关节向投掷方向转送，上体迅速向投掷方向抬起，重心左移。当左侧肩部移至垂直部位时，左肩与左臂及时制动，做好左侧支撑，右腿迅速充分蹬直，继而展胸、挺送、伸臂转头，用投臂手腕和手指拨送力量将铅球以 38°～42°角度向前上方掷出。铅球出手时，应加强屈腕和手指拨球动作，并使推球力量集中作用于铅球重心，如图 5-4-6 所示。

图 5-4-6 最后用力

5. 维持身体平衡

出手后的身体平衡，是有效地完成最后用力和防止出圈犯规的保证。因此，铅球出手后，要及时迅速地交换两腿位置，以全脚掌着地，屈膝降低身体重心或改变身体重心运动的方向，以维持铅球出手后的身体平衡。

6. 推掷铅球的主要环节

滑步是基础，是最后用力动作处于最佳状态的保证；最后用力是整个动作的重点，要保持和发挥所获预先速度，以最佳出手角度和较高的出手点将球掷出；

滑步与最后用力动作的衔接、协调、连贯、发力的顺序以及挺胸、展体、转头送肩的程度，是整个动作高质量的体现。

四、侧向滑步推铅球练习方法、注意事项及易犯错误

（一）推铅球练习方法

（1）原地正面推实心球或推手练习。面对投掷方向，两髋前后或左右开立，右手按照握球、持球的要求，以左手护球，上体向右侧转，右腿弯曲，转至侧向原地投掷的准备位置后，按照蹬、转、挺、推、拨的要领完成推掷动作。练习时注意身体协调用力。推手练习的动作要领相同，但需两人配合进行，配合者给投掷者施于一定的阻力以增加练习的效果。

（2）原地侧向推铅球练习。持球做原地侧向投掷的准备动作，右腿弯曲成右侧屈姿势，重心落在右腿。然后按动作要领，右腿用力蹬伸，转髋抬体展胸，按最后用力的要求将铅球推出。

（3）原地背向抛铅球练习，两脚左右开立，双手持球，身体前倾，收腹，做一两次预摆后，利用腰腹和转体力量将球向后用力抛出。

（4）向前上方推实心球练习。

（5）铅球的前抛练习。

（6）滑步及完整动作练习。滑步动作较为复杂，可分步骤进行，具体如下。

1）摆动腿练习。用左手拉固定物或同伴的手，左腿收到接近右腿时，快速向投掷方向摆出。

2）拉收右腿练习。两腿前后开立，重心在两腿间，利用右脚的蹬力迅速将右小腿拉收到重心下，负担体重，保持平衡稳定，并注意形成投掷最后用前的姿势。

3）徒手或持轻器械滑步练习。按照滑步的动作要领反复进行练习，直到熟练。

4）待滑步动作熟练后即可结合最后用力的完整动作练习，注意防止动作脱节。

（二）推铅球练习中常见错误及其纠正方法

推铅球练习中常见错误及其纠正方法如表 5-4-1 所示。

表 5-4-1　推铅球练习中常见错误及其纠正方法

常见错误	产生原因	纠正方法
肘下沉抛球	持球时肘过低，滑步过程中急于推球	注意手臂动作多做正面推掷练习，强调肘关节的上抬
滑步距离短	蹬摆力量弱，协调用力差，拉收小腿不积极	加大蹬摆幅度和拉收小腿的强化练习

续表

常见错误	产生原因	纠正方法
滑步时重心上下起伏大	蹬地或摆腿过于向上，右腿蹬伸不充分，收小腿过早	滑步前可先向后移重心，限制左腿摆动高度
滑步后停顿，动作脱节	摆腿过高，着地不积极，右腿力量弱，身体重心过低	加强腿部力量，提高蹬伸速度，注意控制重心
投掷时坐臀	右脚蹬转不力，左脚制动过大，两脚距离远，怕犯规	多做蹬转髋练习及出手时跟右腿提高出手点练习
推球时身体向左侧倾倒	左臂过分左摆，左脚位置过于偏左	固定左臂，限定左脚位置，多做原地推掷练习
出手角度低	左脚支撑无力，上体移动早	采取用标志物、横杆等标定高度，提高出手角度

（三）推铅球练习注意事项

（1）推铅球运动，属于力量型大强度的田径项目之一。练习前要充分做好准备活动，尤其是腰背、肩带、腕踝关节的准备活动，防止受伤，并注意练习时的安全。

（2）在学习过程中应遵照由易到难、由简到繁、先分解后完整的原则。练习中多做一些徒手及持轻器械的模仿练习，尽量减少或不用全力性练习，以便更有利于动作的掌握。

（3）力量是铅球运动重要的素质，特别要注意发展和增强对髋关节、大腿后侧伸肌群、腰背肌、投掷臂的肱三头肌，以及腕、指、肩带的力量，同时应多做一些增强爆发力的练习。

第六章　速度性项目

第一节　短 距 离 跑

“追风少年”——苏炳添

一、短矩离跑的发展概况

短距离跑是一项最古老的运动项目。早在公元前 766 年，在第 1 届古希腊奥林匹克运动会上就有了赛跑项目。

近代短距离跑发展也有一百多年的历史了。从 1896 年开始的第 1 届现代奥林匹克运动会田径比赛中，男子有 100 米和 400 米的比赛，第 2 届奥运会又增加了 200 米的比赛。

近代奥运会上第一次有女子参加的短距离跑的比赛是在 1928 年的第 9 届奥运会。1948 年第 14 届奥运会增加了 200 米比赛，1964 年第 18 届奥运会又增加了 400 米比赛。

现代短跑技术在不断地演变，20 世纪初跑的技术是“踏步式”跑法，它的特点：躯干前倾，大腿抬得高，脚落地点离身体重心投影点近，步幅较小。之后芬兰人克里麦特创造了“摆动式”的跑步技术，特点是上体直立或稍前倾，大腿高抬，脚落地较远，用脚跟着地，落地点在身体中心投影点前面，但这种脚跟着地的方法会影响速度的发挥。

古希腊人采用站立式起跑时，已经懂得用大石块置于脚后，避免滑动以增大蹬地力量。1888 年美国大学生西里里第一个在比赛中使用了“蹲踞式”起跑。当时是在地上挖两个起跑蹬地的起跑穴。

短跑发展史上一个重要的里程碑是 1929 年美国选手辛普逊首选使用了可调节的起跑器。他以 9.4 秒跑完 100 码（英制长度单位，1 码=3 英尺，1 英尺=0.3048 米，100 码=91.44 米），由于使用了起跑器，其当时竟没有被承认为世界纪录。直到 1938 年起跑器才取得合法地位。

二、短跑

短跑技术可分为起跑、起跑后的加速跑、途中跑和终点跑 4 个紧密衔接的部分。

（一）100 米跑技术

（1）起跑。起跑的任务是使人体迅速摆脱静止状态，获得向前的最大冲力，为起跑后的加速跑创造有利的条件。

在正式比赛中，短跑的起跑必须采用蹲踞式起跑技术，并使用起跑器。起跑器的安装方法通常有两种：一种是普通式，即前起跑器离起跑线一脚半长，后起跑器离前起跑器也是一脚半长。另一种是拉长式，即前起跑器离起跑线两脚长，后起跑器离前起跑器一脚长（如图 6-1-1 所示）。无论是哪一种，两起跑器之间的宽度均为 15 厘米左右。前起跑器抵足板与地面的夹角为 40°～45°，后起跑器为 75°～80°。起跑器的安装方法不求一致，应找出适合个人特点的方法。

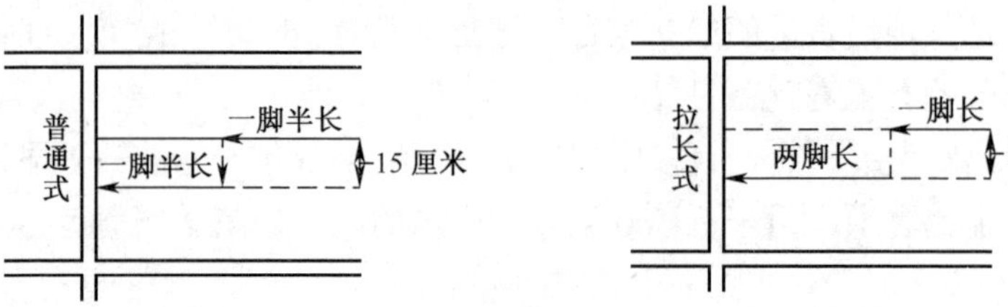

（a）普通式　　（b）拉长式

图 6-1-1　两种起跑器安装示意图

蹲踞式起跑动作包括“各就位”“预备”和鸣枪三个过程。听到“各就位”口令后，做 1～2 次深呼吸，然后轻快地走到起跑器前，两手撑地，将有力腿的脚放在前起跑器上，另一只脚放在后起跑器上，后脚膝部跪地。两手四指并拢，拇指相对，成八字形撑于起跑线后，两手间距稍宽于肩，两臂伸直，颈与躯干保持放松，两眼注视前方 40 厘米～50 厘米处，调整呼吸，注意听“预备”口令。

听到“预备”口令时，从容抬起臂部，使其稍高于肩，肩部处在起跑线上方，重心主要落在两手和前腿上。前膝角约为 90°，后膝角为 120°～130°，两脚蹬紧起跑器，身体像压紧的弹簧一样，注意力高度集中，静听枪声。

听到枪声后，两手迅速推地，两臂屈肘做前后有力摆动。两脚迅速先后蹬离起跑器，后腿以膝部领先快速向前摆动，膝关节向前抬得较平，下压着地要快。前腿髋、膝、踝三关节充分蹬直，上体保持较大前倾向前跑出。起跑三个过程姿势示意如图 6-1-2 所示。

（2）起跑后的加速跑。起跑后的加速跑是从前腿蹬离起跑器到途中跑期间的一个跑段。其任务是充分利用向前的冲力，在尽可能短的时间内发挥出最大的速度。

图 6-1-2　起跑三个过程姿势示意

后腿完成前摆后，便积极下压着地，并迅速转入后蹬。前腿蹬离起跑器后，迅速屈膝前摆。起跑后的第一步落点应尽可能靠近身体重心投影点，不能迈大步，之后步长逐渐增加到途中跑的步长，上体也从较大前倾姿势逐渐抬起到途中跑姿势。加速跑的距离一般为 25 米～30 米，在这一段应做到“两个逐渐”：逐渐增加步长，逐渐抬起上体，加速跑姿势示意如图 6-1-3 所示。

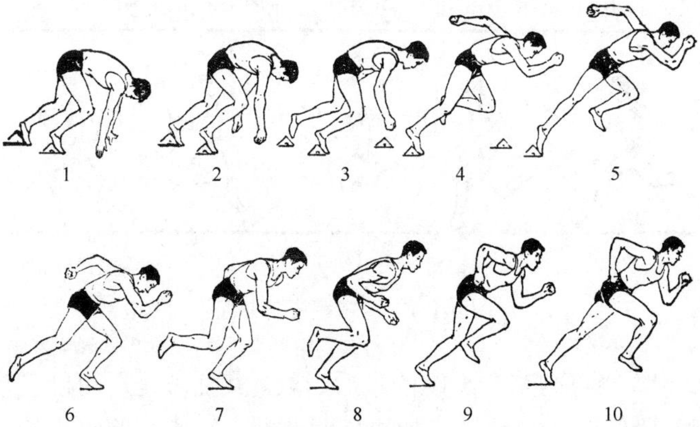

图 6-1-3　加速跑姿势示意

（3）途中跑。途中跑是全程中距离最长、跑速最快的一段。其任务是发挥和保持最高速度跑向终点。途中跑时头部正直，两眼平视前方，颈和肩部放松，上体稍前倾。两手半握拳，自然屈肘约成 90°，以肩为轴快速前后摆动。前摆时手高不超过下颌，后摆时肘关节稍向外，大臂高不超过肩，小臂几乎于躯干平行，手臂摆至体侧肘关节角度最大。摆臂动作应与腿部动作相配合，以调节身体平衡和跑的节奏。

在途中跑的一个周期中，一条腿的动作过程可分为下落、缓冲、后蹬、前摆等阶段。当身体重心移过支点垂面后，即开始了在摆动腿的前摆的配合下，支撑腿迅速伸展髋、膝、踝三关节，最后用脚趾末节用力，形成支撑腿与摆动腿协调配合的蹬摆动作。

支撑腿蹬离地面后人体进入腾空时期，原摆动腿以髋为轴，大腿积极下压，膝关节放松，小腿随大腿下压的惯性自然向下方伸展，准备着地。当脚掌着地时，迅速向下、向后做“扒地”动作，用脚前掌着地并进行缓冲。原支撑腿蹬离地面后，小腿顺惯性靠拢大腿，形成边折叠边向前摆动的动作，直到摆过支撑腿膝关节，这时大小腿折叠最紧，途中跑姿势示意如图 6-1-4 所示。

图 6-1-4　途中跑姿势示意

（4）终点跑。终点跑是全程跑的最后一段。其任务是尽可能保持高速度冲过终点。终点跑阶段躯干适当前倾，加快摆臂速度。在跑到距终点约一步时，上体急速前倾，用胸部或肩部撞终点线。跑过终点线后顺惯性逐渐减速，终点跑姿势示意如图 6-1-5 所示。

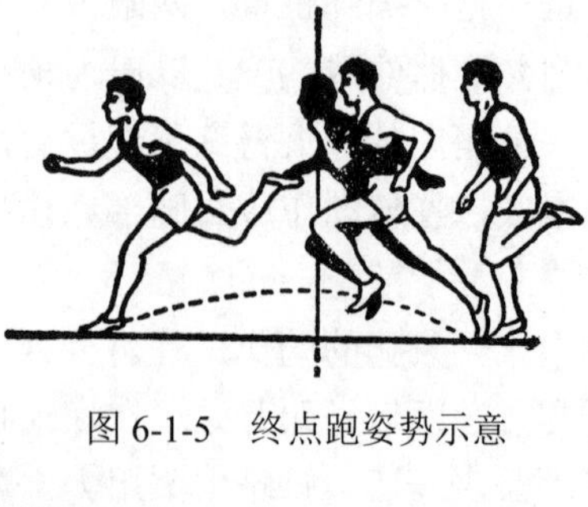

图 6-1-5　终点跑姿势示意

（二）弯道起跑和弯道跑技术

（1）弯道起跑技术。短跑中的 200 米、400 米跑，起跑在弯道上，有一半以上的距离是弯道跑。为了便于起跑和加速，起跑器应安装在各分道的右侧，两起跑器间的中心线正对弯道的切点方向。加速跑时，要沿切线方向跑进，跑至切点时，身体要逐渐向左倾斜，进入弯道跑，如图 6-1-6 所示。

（2）弯道跑技术。弯道跑时，身体应向左侧（圆心方向）倾斜，弯道半径越小，跑的速度越快，身体向左侧倾斜程度也就越大。摆臂时，右臂摆动幅度大于左臂，右肩稍高于左肩。右脚用脚前掌左侧着地，左脚用脚前掌外侧着地。向前摆腿，右腿膝关节稍向内摆，左腿膝关节稍向外摆。跑近弯道前，身体应逐渐向左倾斜，如图 6-1-7 所示。进入弯道后，要保持弯道技术。从弯道跑进直道前，身体应逐渐直起。进入直道后，应放松快跑 2～3 步并转入直道跑技术，以消除肌肉紧张。

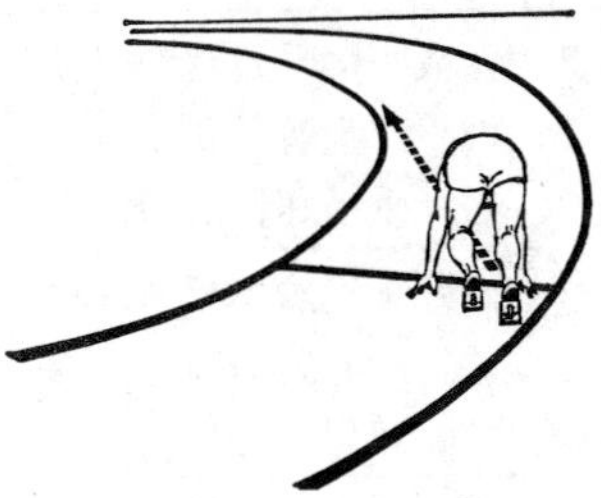

图 6-1-6　弯道起跑

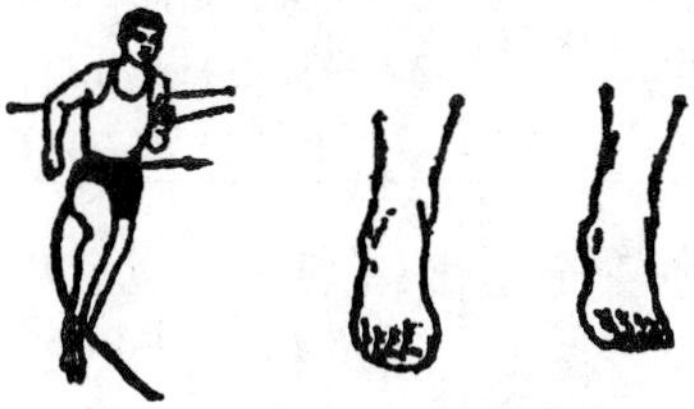

图 6-1-7　弯道跑技术示意

（三）短跑练习方法

（1）原地摆臂练习。原地两脚成弓箭步，两臂曲肘前后摆动；摆臂时，以肩为轴，上臂带动前臂前后摆动，动作自然放松，幅度要大。

（2）小步跑。上体稍前倾，大腿半抬高，膝关节放松，然后大腿积极下压，小腿顺惯性向前摆出，前脚掌积极着地，并做向后“扒地”动作，两臂自然下垂或前后摆动。要求步幅小，频率快而放松。

（3）高抬腿跑。上体正直或稍前倾，大腿抬高，至水平时积极下压，用前脚掌在身体重心投影点下方着地，并充分蹬直，两臂前后摆动，使身体重心始终保持较高位置。

（4）后蹬跑。上体稍前倾，两臂前后摆动，支撑腿用力向后下方蹬地，脚蹬直后，迅速前摆，并带动同侧髋关节前送，当大腿摆至适当高度时积极下压，用前脚掌向后下方落地。

（5）60 米～100 米直道中速跑。

（6）30 米～60 米行进间跑。

（7）60 米～100 米直道加速跑。

（8）60 米～120 米重复跑。

（9）弯道跑，从直道进入弯道40米～60米时，要求身体逐渐向左倾斜。从弯道进入直道40米～60米，要求身体逐渐过渡到直道途中跑姿势。

（10）120米～150米弯道跑。

（11）结合枪声起跑练习。

（12）起跑接30米加速跑练习。

（13）50米～60米起跑接加速跑过渡到途中跑练习。

（四）短跑练习中常见错误及其纠正方法

（1）蹲踞式起跑练习中常见错误及其纠正方法如表6-1-1所示。

表6-1-1 蹲踞式起跑练习中常见错误及其纠正方法

常见错误	产生原因	纠正方法
抢跑	1．过分紧张或有取巧思想 2．身体重心过分前移 3．手指和臂的力量差	1．养成听信号起跑的习惯 2．调整“预备”姿势 3．增强手指和臂的力量
两腿蹬起跑器无力	1．“预备”动作时臀部抬起过高或过低 2．身体重心前移时两脚未蹬紧起跑器	1．做好正确的“预备”动作 2．进行蹬起跑器跳远、多级跳等辅助性练习
起跑后上体抬起过早	1．“预备”时，身体重心前移不够 2．腿部力量不够，怕摔倒	1．做好“预备”动作，身体重心适当前移 2．利用斜竹竿，限制起跑时上体过早抬起

（2）途中跑练习中常见错误及其纠正方法如表6-1-2所示。

表6-1-2 途中跑练习中常见错误及其纠正方法

常见错误	产生原因	纠正方法
“坐着跑”	1.后蹬概念不清，上体前倾过大，含胸、塌腰 2．全脚掌着地 3．髋关节灵活性差	1．体会动作要领 2．脚跟不着地弹性跑进 3．支撑正、侧摆腿练习
摇动腿前摆太低	1.抬腿前的折腿动作不理想或前摆时甩小腿 2．上体过分前倾，髋关节受压	1．上坡跑、跑台阶、扶墙后蹬 2．高抬腿、后蹬跑过渡到加速跑
跑进中直线性不好	1．两臂左右摆动带动上体摇摆 2．八字脚 3．头部姿势不正确，影响视线	1.多做原地前后摆臂练习和保持跑中的正确摆臂技术 2．沿跑道线跑进 3．看跑道前方标志物跑进

续表

常见错误	产生原因	纠正方法
摆臂姿势不正确（直臂摆动、左右摆动、摆臂无力耸肩）	1. 肩关节和两臂肌肉紧张 2. 摆动时没有以肩为轴前后摆动	1. 多做原地摆臂练习 2. 用中等速度跑改进摆臂技术

（五）短跑练习注意事项

（1）每次练习前应充分做好准备活动。

（2）在练习中注意蹬摆结合技术，增大后蹬的力量，注意整个动作的协调配合。

（3）练习中多采用跑的专门练习，如小步跑、高抬腿跑、后蹬跑，以及由这三种练习过渡到加速跑的练习。

（4）在进行弯道跑练习时，跑的速度应逐渐加快，并注意体会弯道跑的技术。

（5）终点撞线时不要降低速度或跳起撞线。

（6）培养严格听枪声起跑的习惯。

（7）练习时应根据自己的实际情况合理安排运动量和强度，遵循循序渐进的原则。

（8）练习中应安排一些增强关节力量（尤其是下肢关节的力量）和柔性韧性的练习。

第二节　短距离跨栏

中国“飞人”——刘翔

跨栏跑是途中设有固定数量、固定距离、固定高度栏架的短跑项目。跨栏跑的成绩取决于平跑速度、过栏技术和跑跨结合能力。跨栏跑的完整技术可分为起跑至第一栏技术、跨栏部技术、栏间跑技术和终点跑技术等几个紧密相连的部分。

一、110 米跨栏跑技术

110 米栏是跨栏跑项目中技术难度最大，最具有代表性的项目。

1. 起跑至第一栏技术

任务是迅速摆脱静止状态，获得较大的加速度，为顺利跨过第一栏创造有利条件，并为全程跑的良好节奏奠定基础。

采用蹲踞式起跑，起跑器的安装方法及起跑技术与短跑基本相同，但应根据栏前跑的步数适当调整起跑器的位置。起跑至第一栏，一般跑 8 步，将起跨腿放在前起跑器上。初学者可根据个人情况确定跑的步数。

2. 跨栏步技术

“跨栏步”是指从起跨腿踏上起跨点到腾空过栏后摆动腿下栏着地时止的这一大步，包括起跨攻栏、腾空过栏两个阶段。先过栏的腿称为“摆动腿”，后过栏的腿称为“起跨腿”。跨栏步的任务是快速、平稳地过栏架，为栏间跑创造有利条件。

（1）起跨攻栏。起跨点一般距栏架 1.8 米～2 米左右，起跨腿用脚前掌着地积极踏上起跨跨点。随着身体重心的前移，起跨腿的膝关节微曲缓冲，保持身体的高重心。此时髋前移，腰挺直，上体微前倾，两眼平视前方。当身体重心移过支撑点后，再摆动腿前摆的配合下，起跨腿开始做有力后蹬，伸展髋、膝、踝三关节，后蹬结束时上体和起跨腿成一直线。起跨腿踏上起跨点的同时，摆动腿在体后充分折叠大小腿，然后高抬大腿积极前摆，膝关节摆至腰部以上高度，小腿自然下垂。在两腿蹬摆配合完成起跨动作的过程中，上体加大前倾，摆动腿异侧臂屈肘与肩平，另一臂后摆至体侧，整个身体集中向前用力，起跨结束时形成良好的“攻栏姿势”，如图 6-2-1 所示。

（2）腾空过栏。起跨腿蹬离地面后，摆动腿继续向前上方摆动，当膝关节超过栏板高度时，小腿迅速前伸。当脚掌接近栏板时，摆动腿几乎伸直，腿尖微微勾起。同时，上体加大前倾，摆动腿异侧手臂前伸，另一臂屈肘后摆。在摆动腿脚掌到达栏板之前，不要收提起跨腿。摆动腿的脚一过栏板，大腿积极下压，同时加快起跨腿动作。起跨腿应屈肘外展，小腿内收，脚尖勾起，腿跟靠近臀部，以膝关节领先经掖下迅速向前上方以弧形路线提拉过栏板。同时，内侧臂屈肘后摆，维持身体平衡，如图 6-2-1 所示。

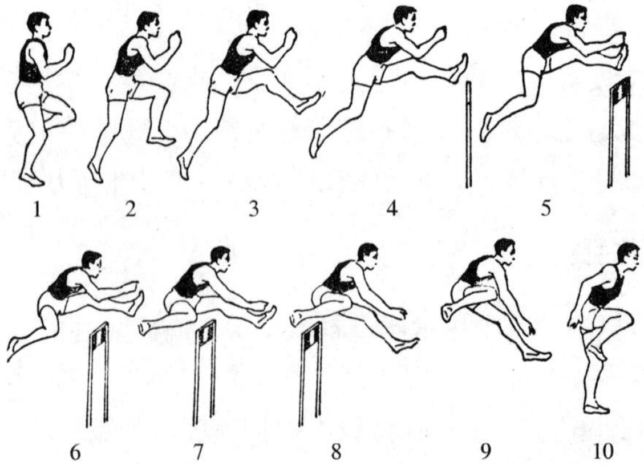

图 6-2-1 起跨攻栏

摆动腿的膝部过栏后要积极下压，用脚前掌“扒地”式着地，上体保持适当前倾，着地点应尽量靠近身体重心投影点，着地点距栏架约 1.30 米～1.50 米。摆动腿着地后，踝关节稍有缓冲，但脚跟不着地，膝、踝、髋关节保持伸直，使身体重心保持在较高位置。起跨腿加速向前提拉至正前方，转入栏间跑。

3. 栏间跑技术

从下栏着地到下一栏起跨点之间的跑叫栏间跑。其任务是以正确的节奏和较快的速度跑过每一个栏间距离，为跨栏步创造速度和准确的起跨点。

栏间跑应该保持平跑节奏，不能跨跳，跑的动作要求蹬摆积极、幅度大，身体保持高重心，直线距。栏间一般跑 3 步，步幅是第一步小，第二步大，第三步中。初学者也可以采用 4 步或 5 步栏间跑，但必须掌握左、右腿起跨技术，如图 6-2-2 所示。

图 6-2-2　栏间跑

4. 终点跑技术

终点跑是指从跨过最后一个栏到终点的一段距离跑。其任务与技术基本上和短跑相同。全程跑中要注意把合理的过栏技术与快速的栏间跑结合起来。首先，要跑好起跑过第一栏，才能顺利地在第二、三栏达到最高速度，然后保持高速跑过第四至第七栏，最后两三个栏用最大的力量冲过去。跨过最后一个栏时，应做好最后冲刺的准备。跨过最后一栏后，应加快步频，加大身体前倾和强有力的摆臂，用胸或肩部撞终点线，随后逐渐减速。

二、100 米跨栏跑技术

女子 100 米栏与男子 110 米栏技术无实质性区别，只是 100 米栏跨栏步距离短，动作幅度小，过栏时身体重心轨迹“短平”，重心上下波动小，跨栏步技术更接近平跑，过栏较省力、省时。起跑采用蹲踞式姿势，技术与 110 米栏基本相同，起跑至第一栏也是跑 8 步。起跨角度小，攻栏更积极，与 3 步的步长更接近。

三、400 米跨栏跑技术

男、女 400 米栏的栏架安放位置相同，但栏架高度不同。由于跑的距离相对较长，因而对速度、耐力、节奏和意志品质有较高的要求。

起跑采用蹲踞式，起跑器安装方法大体同 400 米跑相同。起跑线至第一栏的距离为45米，一般男子跑21～24步，要求跑的节奏稳定，步长和步数固定，以便准确、顺利地跨过第一栏。

男、女400米栏的跨栏步技术基本相同，与110米栏技术也没有实质性区别，只是由于栏架高度，栏间距不同，所以在动作幅度、用力程度和动作细节上略有差别。

400米栏有5个栏在直道上，5个栏在弯道上。弯道过栏时要改变身体姿势，以获得向心力从而顺利过栏。用右腿起跨较为有利。起跨时用右脚的前掌内侧蹬地，左腿摆动稍向左偏，脚尖外展，右臂前伸时向左前方，右臂高于左肩，身体向左倾斜。下栏时，用左脚前脚掌外侧撑地，落在靠近左侧分道线附近，起跨腿也应该向左前方用力提拉过栏。

栏间距为30米，男子跑15～17步（优秀者跑13步），女子跑17～19步（优秀者跑15步）。后程由于疲劳引起速度下降，步幅减小，栏间跑的步数会增多。因此，应学会左、右腿起跨技术和目测调整步点的方法。

最后一栏至终点的距离为40米。跨过最后一栏后，应保持正确的身体姿势，加快摆臂，快速跑过终点。

全程跑要注意过栏动作的科学性，跨栏步和栏间跑的紧密联系，合理分配体力等问题，在保持栏间跑合理节奏和顺利过栏的前提下，全程应采用匀速跑。

四、跨栏跑练习方法

（1）“跨栏步坐”，上体及摆臂配合做跨栏模仿练习。

（2）原地、走、跑中做摆动腿攻摆过栏的模仿练习。

（3）原地抬膝做过栏“鞭打”动作练习。

（4）慢跑或高抬腿跑3～5步做攻摆“鞭打”模仿练习。

（5）不同速度的栏侧攻摆练习。

（6）体侧纵或横放栏架，做起跨腿提拉过栏练习。

（7）行进间走1～3步做起跨腿提拉过栏的模仿练习。

（8）栏翻站立，由栏上做起跨腿提拉过栏练习过渡到行进间的起跨腿过栏练习。

（9）站立式起跑8～10步，跨越3～5个2米～3米宽的“障碍区域”。障碍的高度可酌情改变。

（10）栏侧或栏中间做走步过栏、垫步过栏、慢跑过栏练习。

（11）半蹲踞式起跑过1～3栏的练习。

（12）安装起跑器，进行蹲踞式起跑到第1栏的练习。

（13）蹲踞式起跑跨过2～4个栏练习。

（14）蹲踞式起跑跨过5～8个栏练习。

（15）全程跨栏跑练习。

五、跨栏跑练习中常见错误及其纠正方法

跨栏跑练习中常见错误及其纠正方法如表 6-2-1 所示。

表 6-2-1 跨栏跑练习中常见错误及其纠正方法

常见错误	产生原因	纠正方法
起跨点不稳定，不敢跨越第 1 栏	1. 起跑后上体直立或前倾过大 2. 消极起跑，蹬摆无力 3. 跑小步，步子不稳定 4. 攻栏消极	1. 明确概念，掌握正确的起跑练习方法 2. 固定步子，在地上做好标记，反复练习，踏准步点 3. 加快速度，积极攻栏
起跨腿收腿过早，摆动腿无压栏动作，栏上停顿	1. 动作顺序不清 2. 髋关节柔韧性太差 3. 蹬地攻栏不充分	1. 明确起跨腿充分蹬直 2. 栏侧慢跑多做摆动腿攻栏下压动作 3. 加强腿部力量练习
跑时蹦跳过栏	1. 起跨点太近，两腿配合不协调 2. 怕碰栏后摔倒跳栏 3. 起跨角太大，上体直立，直腿向上摆动，起跨腿过于向上，重心高抛	1. 反复练习后确定起跨点位置 2. 降低栏高或用教学栏，消除害怕心理，加快跑速 3. 反复练习过栏，领会动作要领
栏间跑第 1 步太小，第 2 步太大	1. 下栏落地时上体后仰，身体重心处在支撑点之后 2. 起跨腿足踝松软上翻，动作不正确	1. 多练习过栏摆动腿曲膝以足、以跟发力，大腿积极下压 2. 起跨腿的膝踝关节折叠，膝高于踝向前做侧提拉
栏间步不直	1. 摆动腿过栏不正，起跨腿未拉到身体正前方 2. 八字脚	1. 摆动腿正对栏，改进过栏技术 2. 栏间画一条白虚线沿直线跑进 3. 平跑时脚尖向前
下栏时身体后仰	1. 上体过早抬起，起跨腿未拉到身体正前方 2. 摆动腿下压时挺腹 3. 下栏消极，造成落地过远停顿	1. 加强踝关节力量练习 2. 过栏后上体直立，起跨腿和摆动腿“剪绞”动作注意协调 3. 积极下压，迅速落地

六、跨栏跑练习的注意事项

（1）在练习中应有目的地发展素质。

（2）在练习中不允许从反方向跨栏。

（3）根据具体情况采用不同高度的栏架和栏间距离。

（4）在练习中发现错误，应及时纠正。

（5）练习前充分做好准备活动，检查栏架，以防伤害事故的发生。

第七章　耐力性项目

定向运动之父

第一节　中、长距离跑

中长跑是耐力性运动项目，跑的技术与短跑基本相同，只是由于距离长，更注重跑的节奏和放松能力，要求合理分配体力。同时，中长跑的呼吸和比赛战术也十分重要。

一、中、长距离跑的过程

1. 起跑

中长跑必须采用站立式起跑技术，800 米及以上距离的起跑只有“各就位”和鸣枪两个信号。当听到“各就位”口令后，运动员迅速走到起跑线后，将有力腿放在起跑线后，前后脚相距约一脚长，左右间距约半脚长。两腿自然弯曲，上体前倾，身体重心在两腿之间，两臂自然下垂，或一臂在前，另一臂在后，颈部放松，身体保持稳定，集中注意听枪声。听到鸣枪后，两腿迅速用力蹬地，两臂积极摆动，使身体迅速向前冲去，如图 7-1-1 所示。

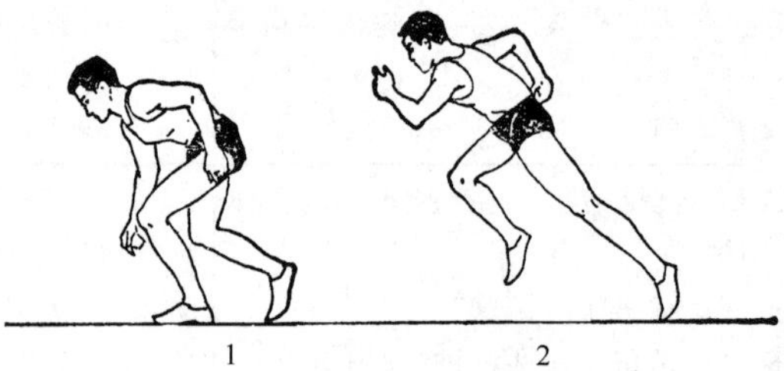

图 7-1-1　起跑

2. 起跑后的加速跑

摆臂和摆腿动作积极有力，上体前倾幅度比短跑稍小。加速跑的距离长短视项目、人数和训练水平而定。800 米一般应跑完一个弯道后切入有利位置；1500 米及以上距离应视情况适时转入途中跑。

3. 途中跑

中长跑中途中跑的技术原理与短跑一致，但由于距离和跑速不同，在技术上存在有一定差异。与短跑技术相比，中长跑的后蹬用力程度稍小，后蹬角度稍大，大腿前摆的高度较低，上体前倾角度和摆臂幅度稍小，弯道跑时技术动作变化程度也小一些。中长跑时脚的着地动作更柔和而有弹性，一般是用脚跟先着地，并迅速滚动至全脚掌。跑时要做到速度均匀，高步频，重心平稳，节奏性强，动作协调，如图 7-1-2 所示。

图 7-1-2　途中跑

4. 终点跑

终点跑是终点前一段的加速跑，此时人体已处于疲劳状态，在实力接近的情况下，终点跑将决定比赛的胜负。终点跑时应该加快摆臂速度，加快步频，以顽强的毅力冲过终点。终点跑的距离根据个人训练水平和战术规定，初学者一般为最后的 100 米～200 米。

二、中长跑的呼吸

中长跑以有氧供能为主，能量消耗大，肺通气量比安静时增加 10 倍以上。为保持机体对氧气的需求，呼吸必须有一定的频率和深度，并与跑的节奏相配合。一般是跑 2～3 步一呼气，跑 2～3 步一吸气，如图 7-1-3 所示。随着跑速的加快和疲劳的出现，呼吸频率会加快，此时应着重深呼气，只有充分呼出二氧化碳，才能吸入更多的氧气。跑时一般采用口鼻同时呼吸方法，但在冬季或逆风跑时，最好用鼻子吸气，用口呼气，避免冷空气刺激。在跑的途中，往往会出现呼吸困难、胸闷、四肢无力，有难以坚持下去的感觉，这种现象称为“极点”。这是一种正常的生理现象，只要加强呼吸，调整跑速，坚持跑下去，难受的感觉就会减轻，呼吸又会逐渐均匀。

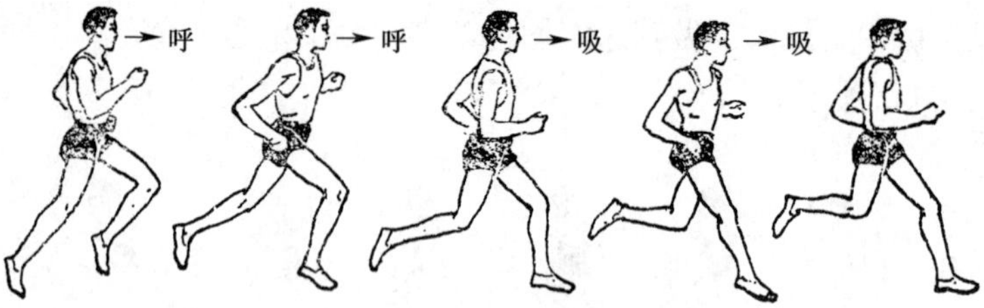

图 7-1-3　中长跑的呼吸示意图

三、中长跑练习方法

（1）40 米～60 米反复跑。主要体会脚掌的着地（脚跟不着地）方法。

（2）60 米～100 米加速跑。反复练习，体会蹬摆技术。

（3）100 米～200 米匀速跑。主要培养速度感和提高一般耐力。

（4）走跑交替。发展一般耐力和掌握跑的技术，随着耐力的提高，逐渐缩短走的距离。

（5）30 秒间歇跑。要求快跑 30 秒，使心率上升到每分钟 180 次左右，然后慢跑或走一段距离，直到心率恢复到每分钟 120 次左右即开始下一次快跑练习。

（6）200 米～600 米重复跑。发展速度和速度耐力。采用 50%～70%的力量，可逐步缩短间歇时间。

（7）变速跑。可分为速度快慢交替和变换跑的距离两种形式。中速跑一段距离再转为较长距离的慢跑，并互相交替，用来发展一般耐力；快跑与短距离慢跑互相交替，主要发展速度耐力，还可采用改变训练环境的训练方法，如利用自然条件的上坡快跑、下坡慢跑等。

（8）定时跑。一般有两种形式：一是规定跑的时间，而对跑速不作要求，主要是用来发展一般耐力和改进跑的技术；二是在规定的时间内要求跑完一定的距离，主要是发展专项耐力和培养跑的速度感。

（9）越野跑。利用野外各种自然地形进行练习，不受场地条件、跑的距离、时间的限制，是发展耐力、灵敏、弹跳力等身体素质，以及培养意志品质的有效方法。

四、中长跑练习中常见错误及纠正方法

中长跑练习中常见错误及纠正方法如表 7-1-1 所示。

表 7-1-1　中长跑练习中常见错误及纠正方法

常见错误	产生原因	纠正方法
摆臂不正确，肩部紧张	1．技术概念不清 2．耸肩	1．两肩下沉，直臂放松做前后摆动过渡到曲臂摆动 2．体会正确摆臂动作
后蹬无力，坐着跑	1．对后蹬和前摆的技术概念不清 2．蹬地腿离地过早 3．髋、膝关节的灵活性和柔韧性差 4．腿部力量差	1．讲解与示范，使学生了解蹬、摆结合的正确含义和髋部前送的意义 2．多做后蹬跑练习 3．多做髋、膝关节的灵活性、柔韧性练习 4．发展腿部力量练习，做上坡跑、台阶跑及各种跳跃练习
身体左右摇晃，重心起伏大，跑的直线性不好	1．对身体重心平稳性的重要性认识不够 2．摆臂不正确，两腿用力不均 3．八字脚	1．理解身体重心在跑时平稳的重要性 2．沿画好的直线跑进
呼吸方法不正确，跑时动作紧张、不协调	1．技术概念不清 2．身体姿势不正确 3．跑的速度感差	1．反复体会正确的呼吸方法 2．多做柔韧练习 3．上体保持正直的慢跑、中速跑 4．通过分段报时的方法，逐渐培养跑的速度感

五、中长跑练习注意事项

（1）开始练习前，应了解自己的健康状况，是否存在不宜参加中长跑训练的疾病。

（2）练习应尽量在碎渣跑道上进行。越野跑可在土质小道或草地、树林中进行，在柏油马路上练习不宜过多，应穿有海绵鞋底的胶鞋，避免腿部运动性扭伤。

（3）应充分做好准备活动，特别是在冬季练习中长跑，练习中或练习后应注意保暖，以防感冒。

（4）跑的技术练习应先在直道上进行，然后再学习弯道跑的技术。

（5）为了体会中长跑技术的各个环节或纠正错误动作，可采用专门练习，如高抬腿、小步跑、后蹬跑等。

（6）做中长跑完整技术练习时，要注意合理分配体力，以及跑步节奏与呼吸的配合。

（7）在练习中，应根据自己实际情况和生理反应来掌握运动量，循序渐进，量力而行，并逐渐摸索出适合于自己情况的练习节奏。

“无敌”——郭晶晶

第二节 中、长距离游泳

一、游泳运动的竞赛与发展

现代游泳竞赛的历史是与奥运会的发展紧密联系在一起的。在 1896 年的第 1 届奥运会上，游泳就被列为正式的竞赛项目之一，当时就只有自由泳这一种泳姿。但随着游泳运动突飞猛进的演变和发展，又相继出现了仰泳、潜泳、蛙泳和接力（4×50 米）等项目。1908 年在英国举行的第 4 届奥运会时成立了国际业余游泳联合会，审定了各项游泳世界纪录，并制定了国际游泳比赛规则。在第 15 届奥运会上，国际游泳规则把蛙泳和蝶泳分为两个单项比赛，从这以后，蝶泳作为一个正式比赛项目出现。同时被排挤了已久的蛙泳技术也得到了恢复和发展。但运动员为了寻求速度快，把蛙泳技术逐渐演变成潜水蛙泳，直到第 16 届的墨尔本奥运会以后，国际泳联决定禁止采用潜水蛙泳技术，从那届之后，潜水蛙泳技术便消失了，取而代之的是现在的蛙泳技术。从此，竞技游泳发展成 4 种泳姿，即自由泳（又称爬泳）、仰泳、蛙泳和蝶泳，本节仅对蛙泳、自由泳、仰泳进行介绍。

二、蛙泳

（一）身体姿势

蛙泳在游进过程中，身体不是固定在一个位置上，而是随着手、腿的动作在不断地变化。当一个动作周期结束后，身体应展胸、稍收腹、微塌腰，两腿并拢，两臂尽量伸直，颈部稍紧张，头置于两臂之间，眼睛注视前下方。整个身体应以身体的横轴为轴做上下起伏的动作，如图 7-2-1 所示。

（二）腿部动作

1. 收腿

收腿是为翻脚、蹬水创造有利的位置，同时既要减少阻力，又要考虑到手腿配合因素的需要。开始收腿时，两腿随着吸气的动作，自然放下，同时两膝自然逐渐分开，小腿向前回收，回收时两脚放松，脚跟向臀部靠拢，边收边分。收腿时力量要小，两脚和小腿回收时要收在大腿的投影截面内，以减少回收时的阻力，如图 7-2-2 所示。

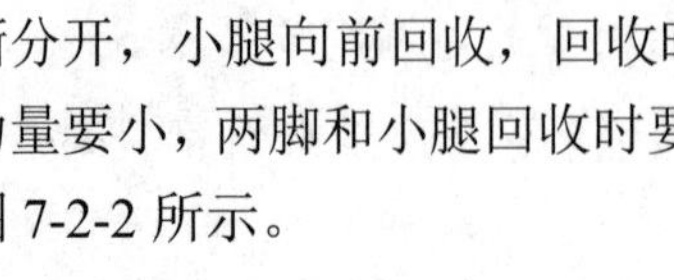

图 7-2-1 蛙泳

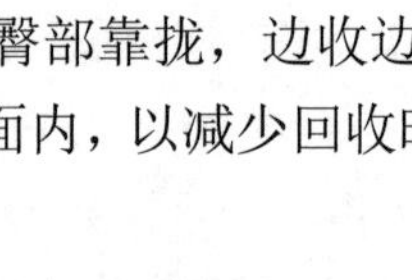

图 7-2-2 收腿

收腿结束后，大腿与躯干约成 120°～140°角，如图 7-2-3 所示，两膝内侧大约与髋关节同宽。大腿与小腿之间的角度约为 40°～45°，并使小腿尽量成垂直姿势，这样能为翻脚、蹬水做好有利的准备。

2. 翻脚

在蛙泳收腿的技术中，翻脚动作很重要，它直接影响到蹬水的效果。收腿即将结束时，脚仍向臀部靠近，这时膝关节向内扣，同时两脚向外侧翻开，脚和小腿内侧对好蹬水方向，使蹬水面加大，并为大腿发挥更大力量做好积极准备。收腿与翻脚、蹬水是一个连续的完整动作。正确的翻脚动作，是在收腿未结束前就已开始，此时蹬水开始完成。如果翻脚后，腿稍有停滞，则会破坏动作的连贯性并增大阻力，如图 7-2-4 所示。

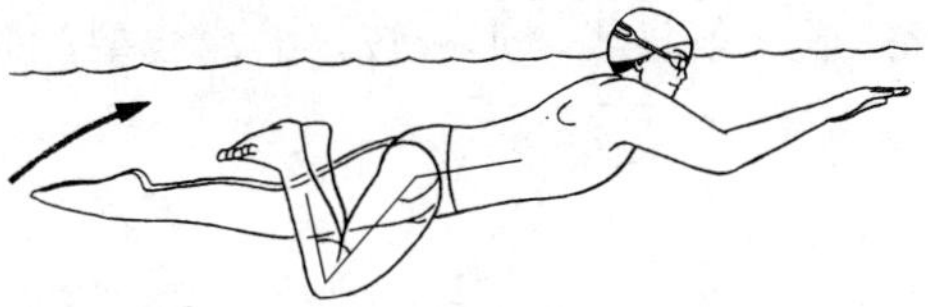

图 7-2-3　大腿与躯干成 120°～140° 角

图 7-2-4　翻脚

3. 蹬夹水

蛙泳腿部动作效果的好坏，完全取决于蹬夹水技术的正确与否。首先，蹬水应由大腿发力，先伸髋关节，这样使小腿保持尽量垂直且对水有利的部位，向后做蹬夹水的动作。其次是伸膝关节和踝关节，如图 7-2-5 所示。

图 7-2-5　蹬夹水

蹬夹水的动作实际是一个连续的完整动作，只是蹬水在先，夹水在后。实际上在翻脚的动作中，两膝向内，两脚向外已经为蹬夹水固定住唯一的方向。

蹬夹水效果的好坏不但取决于腿部关节移动的路线和方向，以及蹬夹水动作击打水面积的大小，最主要的是取决于两腿蹬夹水的速度和力量的变化。蹬夹水的速度是从慢到快，力量是从小到大的。

4. 滑行

蹬夹水结束后，脚处于水平面的最低点，这时身体随着蹬水的动力向前滑行，腰部下压，双脚接近水面，准备做下一个循环动作，如图 7-2-6 所示。

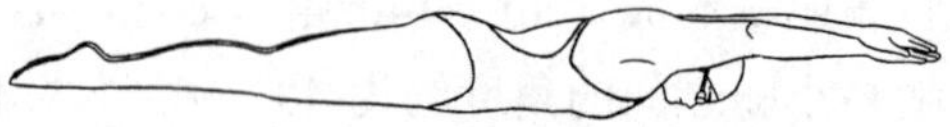

图 7-2-6 滑行

（三）手臂动作

蛙泳手臂划水动作可以产生很大的推动力，掌握合理的手臂划水技术，并且使之与腿和呼吸动作协调配合，能有效地提高游进速度。它的主要动作可分为开始姿势、滑下（也可叫做“抱水”或“抓水”）、划水、收手和向前伸臂几个阶段。这几个阶段也是紧密相连的完整动作。

1. 开始姿势

当蹬水动作结束时，两臂应保持一定的紧张状态，自然向前伸直，并与水面平行，掌心向下，手指自然并拢，使身体成一条直线，形成较好的流线型，如图 7-2-7 所示。

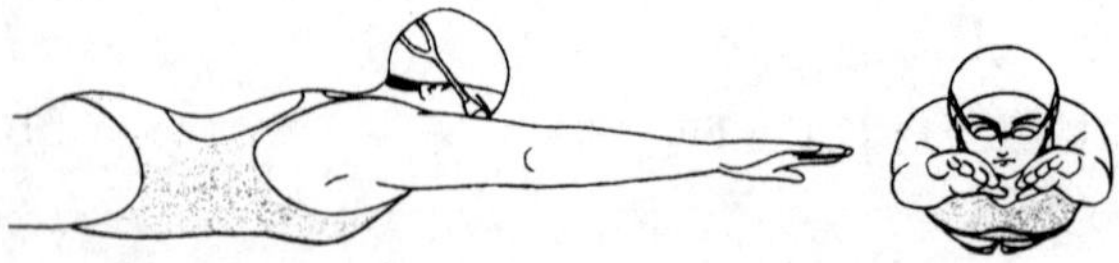

图 7-2-7 开始姿势

2. 滑下（抓水）

从开始姿势起，手臂先前伸，并使重心向前，同时肩关节略内旋，两手掌心略转向外斜下方，并稍屈手腕，两手分开向侧斜下方压水，当手掌和前臂感到有压力时，就开始划水。

抓水动作一方面能给划水创造有利条件，另一方面还能造成身体上浮和前进的作用。抓水的速度，根据个人的水平不同而不同，水平较高者抓水较快，反之则较慢，如图 7-2-8 所示。

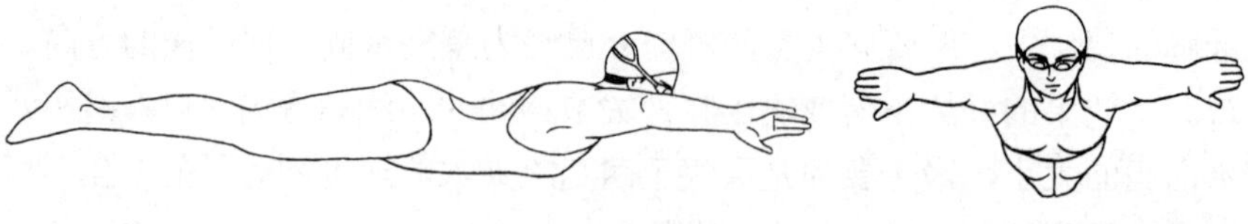

图 7-2-8 滑下

3. 划水

当两手做好抓水动作成大约 40°～45° 角时，手腕开始逐渐弯曲，这时两臂、两手逐渐积极地做向侧、下、后方的屈臂划水动作。

划水时，手的运动应该分为两个部分，前一部分：手向外－向下－向后运动，水流从大拇指流向小拇指一边；后一部分：手向内－向下－向后运动，水流从小拇指流向大拇指一边。

在划水中，前臂和上臂弯曲的角度是在不断的变化的，其标准是以能发挥出最大的力量为准则。在整个划水过程中肘关节的位置都比手高。手运动的路线，不应到肩的后下方，而应在肩的前下方。其速度是从慢到快，至收手时应达到最快速度，如图 7-2-9 所示。

图 7-2-9　划水

4. 收手

收手是划水阶段的继续。收手时，收的运动方向为向内、向上、向前。手的迎角大约为 45°。由于前臂外旋，掌心逐渐转向内。收手动作应有利于做快速向前的伸手动作，并且肘关节要有意识地做向内夹的动作。当手收至头前下方时，两手掌心是由后转向内－向上的姿势，这时大臂不应超过两肩的横向延长线。在整个收手动作过程中，手的动作应积极、快速、圆滑，收手结束时，肘关节应低于手，大、小臂的角度小于 90°，如图 7-2-10 所示。

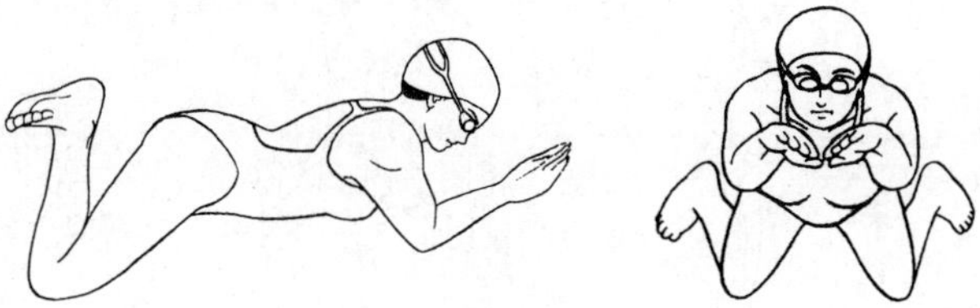

图 7-2-10　收手

5. 向前伸臂

向前伸臂是由伸直肘关节、肩关节来完成的，掌心由开始的向上逐渐转向内，双掌合在一起向前伸出，在最后结束前逐渐转向下方。蛙泳整个臂部的动作路线无论是俯视或仰视都是椭圆形的，并且是一个连贯的力量从小到大，速度从慢到快的完整过程。

（四）呼吸及完整配合技术

蛙泳一般在一次动作周期中吸一次气。臂、腿、呼吸多采用 1:1:1 来配合。

蛙泳采用抬头吸气，相对于划水来说，有早吸气和晚吸气两种配合方式。早吸气是指手臂刚开始划水时抬头吸气，吸气时间相对较长，收手和移臂时低头呼气。这种配合易于掌握，可以利用划水时的下压产生升力，有助于上身浮起，抬头吸气；晚吸气是指划水结束收手时吸气，吸气时间较短，移臂时低头呼气。这种技术有一定难度，但由于抬头时间短，身体重心和浮心失去平衡的时间短，因而阻力小，一般被高水平运动员采用，如图 7-2-11 所示。

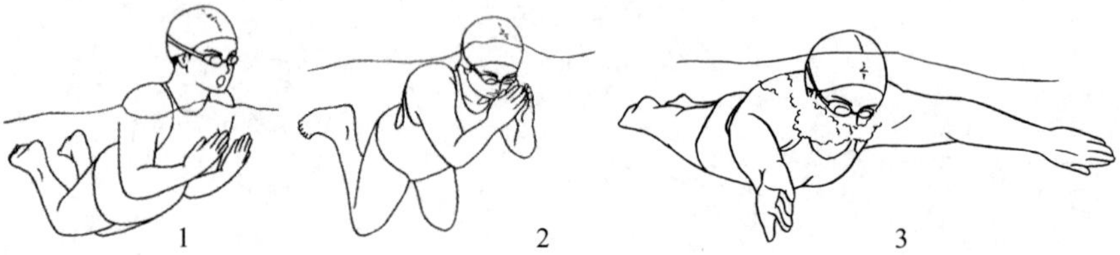

图 7-2-11　呼吸

蛙泳臂腿配合技术较为复杂。为了保持游进速度的均匀性，臂腿的配合应尽量使游进过程中每个动作周期内的每个阶段都有推进力产生。正确的配合技术是手臂划水时，腿自然放松伸直；收手时腿自然屈膝；开始移臂时收腿，并快速蹬腿，如图 7-2-12 所示。

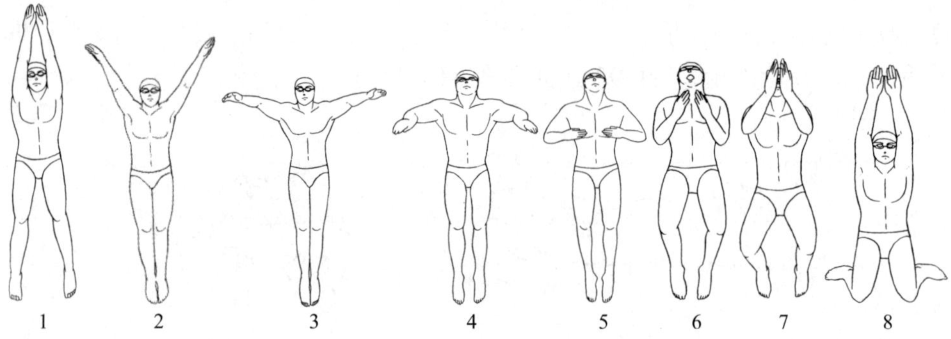

图 7-2-12　蛙泳臂腿配合

（五）蛙泳的练习方法

1. 学习腿部动作

（1）坐在地上或凳上，躯干后仰，双手撑地（凳）。双腿并拢伸直，稍抬起双腿，深吸一口气，屏息。将双腿慢慢收回，膝关节同时外分，收腿开始时脚掌稍外翻。屈髋、屈膝，双腿收紧靠近臀部，接着不停顿地向后方蹬腿、并拢，同时口、鼻呼气，蹬水时用力点落在分开的双脚脚掌上。蹬水前半部脚掌与身体纵轴垂直，结束时两脚掌像鞭打一样快速伸直，双腿伸直后间歇一下，此时呼气要快，动作要连续。

（2）入水、水深齐腰，深吸一口气，俯卧于水中，脸入水，臂前伸。收腿同时两膝分开与肩同宽，脚掌沿水面回收。接着双脚应对称有力地向后下方做半圆形的加速蹬水至动作结束，两腿并拢。做这个动作时，脚掌和脚内侧向后蹬夹水，蹬水结束后，双腿动作稍停，身体靠加速度在水面滑行。

（3）俯卧在长凳上，中速和慢速模仿蛙泳腿部动作。

（4）抬头出水学习腿部动作。蹬池壁或池底滑行，双臂前伸，抬头使口露出水面，做蛙泳腿部动作。注意双臂前伸不要过深，腿部动作除并拢外，还要做得平稳。

（5）池边抓扶手或扶同伴做蛙泳腿动作。

（6）双臂前伸扶板做腿部练习。

2. 学习臂部动作

（1）陆上站立，体前屈，双脚分开与肩同宽，抬头，双臂前伸。两臂对称外分，稍向下划水，手掌外转，手腕微屈，这便于手掌更早入水。双臂一开始划水，头便顺势抬出水面。深吸气。抬头动作不要过猛，划臂动作不要超过肩线。屈肘，双手做一圆形经胸下前伸，呈预备姿势，伸手同时用口、鼻做深呼气。

（2）站立在齐腰深的水中，俯卧，臂前伸。吸气后屏气。稍屈腕，手掌向外、向下用力划水，应对水有支撑感。屈肘继续划水，双臂划至胸前逐渐接近，手掌转向躯干，然后双臂前伸，呈划水开始姿势。注意划水过程中双臂不要露出水面。

（3）头在水面上学习臂部动作。蹬边滑行，屏息抬头前视。连续做几次划臂动作，注意不要屈腿。

（4）蹬边滑行，进一步改进臂部动作。

3. 学习蛙泳臂腿与呼吸的配合

（1）水中臂腿配合动作。蹬边滑行，脸入水，屏息，臂划水，开始划水时收腿，然后双臂前伸、并拢、脚蹬水。臂、腿伸直后在水面滑行 3～4 秒后再重复上述动作。做 2～3 次后，休息片刻，继续练习。

（2）重复上一练习，但头要抬出水面。

（3）重复上一练习，要交替做抬、低头动作。划水时头抬出水面，收手、蹬腿时头入水。

（4）臂的动作与呼吸配合。双臂前伸滑行，头略抬出水面。臂前伸时脸入水，口、鼻均匀、用力吐气，之后慢抬头，开始划臂，利用划臂产生的作用力抬头，大张嘴，快吸气。注意吸气不要太晚，在划臂阶段完成吸气。

（5）蛙泳完整动作配合游。滑行，双腿伸直，双臂前伸，呼气入水之后开始向后下方划水，抬头快速吸气，双臂接近肩线时开始收腿。臂前伸，蹬水时屏息，双臂结束前伸，腿并拢时呼气入水。连续练习，尽量远游。

三、爬泳

爬泳，俗称自由泳。游爬泳时，人在水中成俯卧姿势，两腿交替上下打水，两臂轮流划水，动作很像爬行，所以人们称之为“爬泳”。

（一）身体姿势

游爬泳时，身体要尽量保持俯卧的水平姿势。但是为了取得更好的动作效果，头部应自然稍抬，两眼注视前下方，头的 1/3 部分露出水面，水平面接近发际，双腿处于最低点，身体纵轴与水平面约成 3°～5°的仰角，如图 7-2-13 所示。

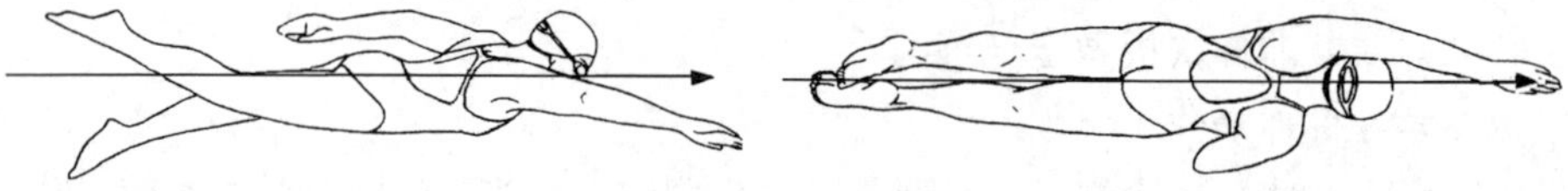

图 7-2-13　身体姿势

爬泳游进中，身体可以围绕身体纵轴做有节奏的转动，转动的角度一般为 35°～45°之间，如图 7-2-14 所示。如果速度加快，角度就会相对减少。

图 7-2-14　转动

（二）腿部动作

爬泳腿部动作虽有一定的推进力，但主要起平衡作用，保持身体的稳定和协调，双臂做有力地划水。要求两腿自然并拢，脚稍内旋，踝关节关松，以髋关节为轴，由大腿带动小腿和脚掌，两腿交替做鞭打动作，两脚尖上下最大幅度约 30 厘米～40 厘米，膝关节最大屈度约 160°，如图 7-2-15 所示。

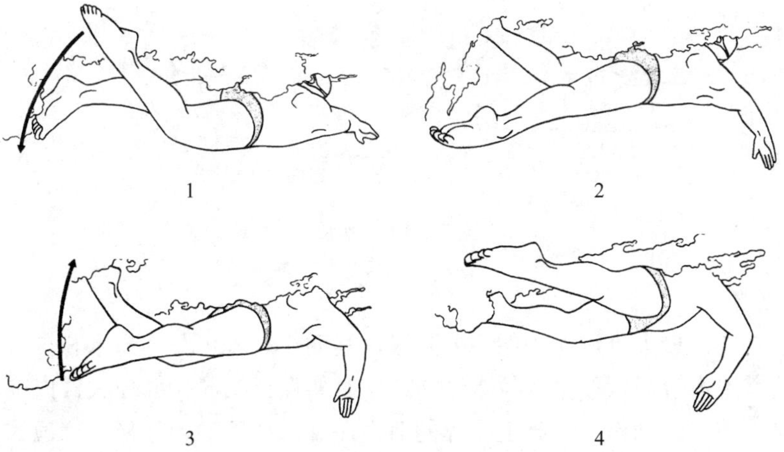

图 7-2-15　腿部动作

（三）臂部动作

爬泳中臂部动作是推动身体前进的主要动力。某一个周期分为入水、抱水、划水、出水和空中移臂 5 个不可分割的阶段。

1. 入水

完成空中移臂后，手在控制下自然放松入水。手的入水点一般在身体纵轴和肩关节的前后延长线之间。入水时手指自然伸直并拢，两臂内旋使肘关节抬高处于最高点，手掌斜向外下方，使手指首先触水，然后是小臂，最后是大臂自然插入水中，如图 7-2-16 所示。

图 7-2-16　入水

2. 抱水

臂入水后，在积极向下方插入的过程中，手掌从向斜外下方转向斜内后方并开始屈腕、屈肘，此时肘高于手，以便能迅速过渡到较好的划水位置。抱水结束后，手掌已经接近于水，肘关节屈至 150° 左右，整个手臂像抱着一个大圆球似的为划水做准备，如图 7-2-17 所示。

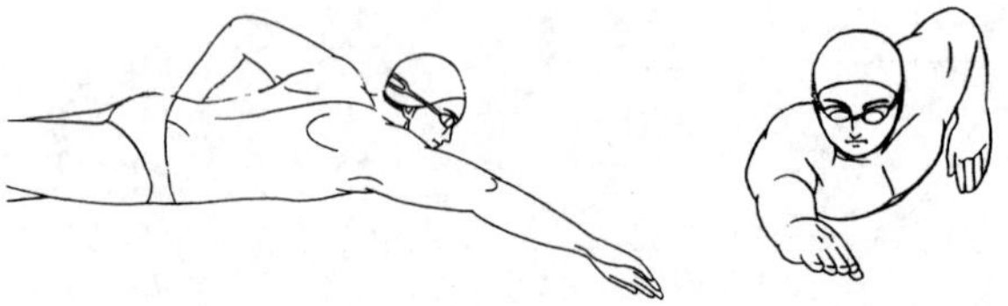

图 7-2-17　抱水

3. 划水

划水是发挥最大推进作用的主要阶段，其动作过程可分为拉水和推水两个部分。紧接着抱水阶段后便进入拉水动作，这时要保持抬肘，并使大臂内旋。同时继续屈肘，使手的动作迅速赶上身体的前进速度，使手的动作形成合理的动作方向和路线，同时，也使主要肌肉群在良好的工作条件下进入推水动作。拉水至肩的垂直平面（如图 7-2-18 所示）后，即进入推水部分，这时肘的屈度约 100° 左右。大臂保持内旋姿势，带动小臂，用力向后推水。同时，使肩部后移，以加长有效的划水路线。向后推水有一个从屈臂到伸臂的加速过程，手掌由从内向上，从下向上的动作路线加速划至大腿旁，如图 7-2-19 所示。整个划水动作，手的轨迹始于肩前，继而到腹下，最后到大腿旁，呈“s”形，如图 7-2-20 所示。

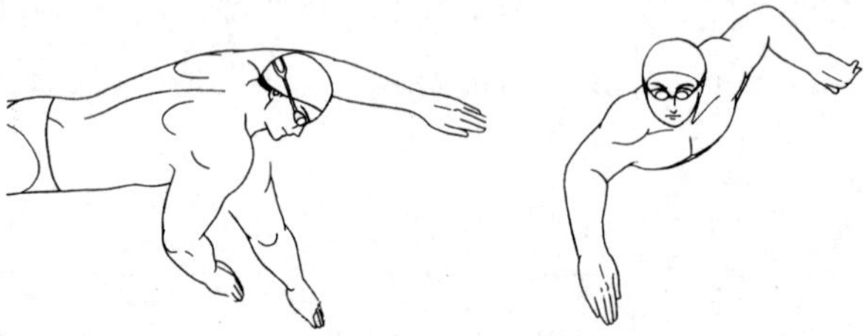

图 7-2-18　划水 1

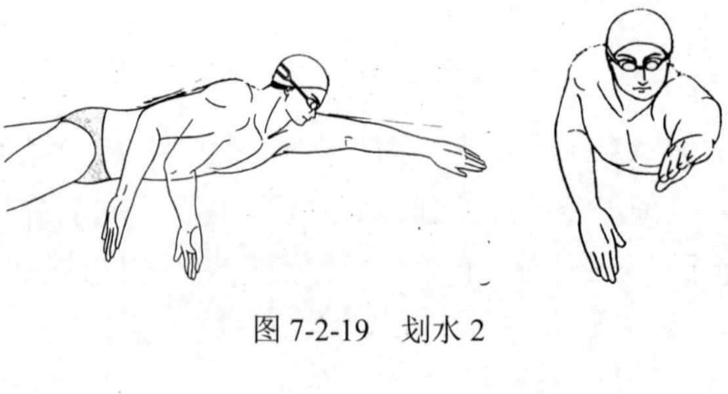

图 7-2-19　划水 2

图 7-2-20　手的轨迹

4. 出水

划水结束时，掌心转向大腿，出水时小指向上，手臂放松，微屈肘。由上臂带动，肘部向外上方提拉带动前臂和手出水面，掌心转向后上方。出水动作必须迅速而不停顿，同时应该柔和、放松，如图 7-2-21 所示。

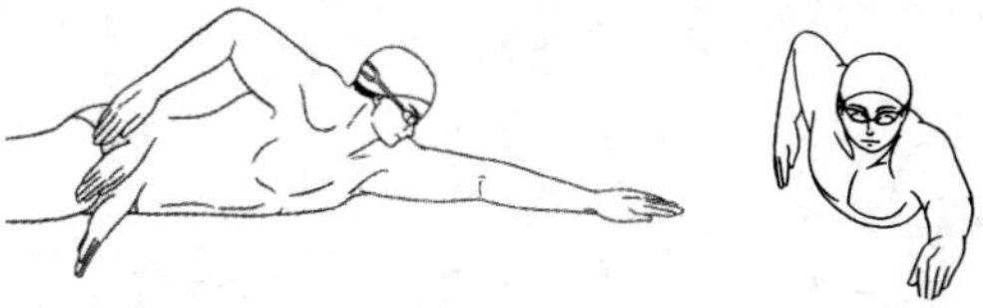

图 7-2-21 出水

5. 空中移臂

紧接出水动作不停顿地进入空中移臂，移臂时，肘高于手，如图 7-2-22 所示。

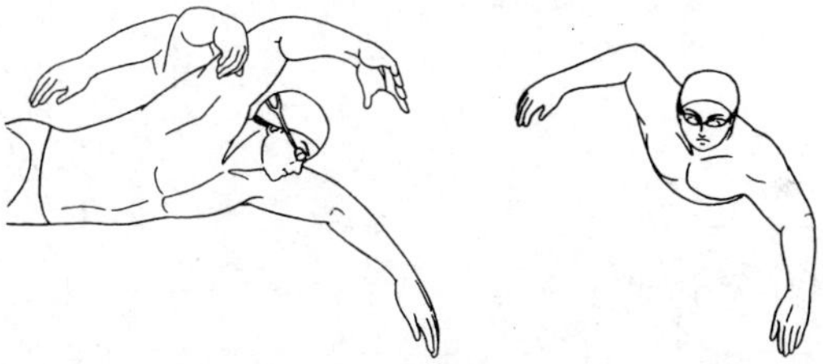

图 7-2-22 空中移臂

6. 两臂配合

爬泳时两臂划水发生的交叉位置有前交叉、中交叉和后交叉三种类型。前交叉是指一臂入水时，另一臂已前摆至肩前方与平面成 30°左右。前交叉有利于初学者掌握爬泳动作和呼吸。中交叉是指一臂入水时，另一臂处在向内划水阶段与水平面成 90°。后交叉是指一臂入水时，另一臂划至腹下，手与水平面成 150°左右，如图 7-2-23 所示。

（四）臂、腿与呼吸的配合技术

爬泳时，一般是在两臂各划水一次的过程中进行一次呼吸。以向右边吸气为例，右手入水后，嘴和鼻开始慢慢呼气。右臂划水至肩下，开始向右侧转头和增大呼气量。右臂推水即将结束时，则用力呼气。右臂出水时，张嘴吸气，至空中移臂的前半部为止，并开始转头还原。然后，直至臂入水结束，其中有一个短暂的闭气过程，脸部转向前下。头部稳定时，右臂入水，再开始下一个慢慢呼气的过程，如图 7-2-24 所示。

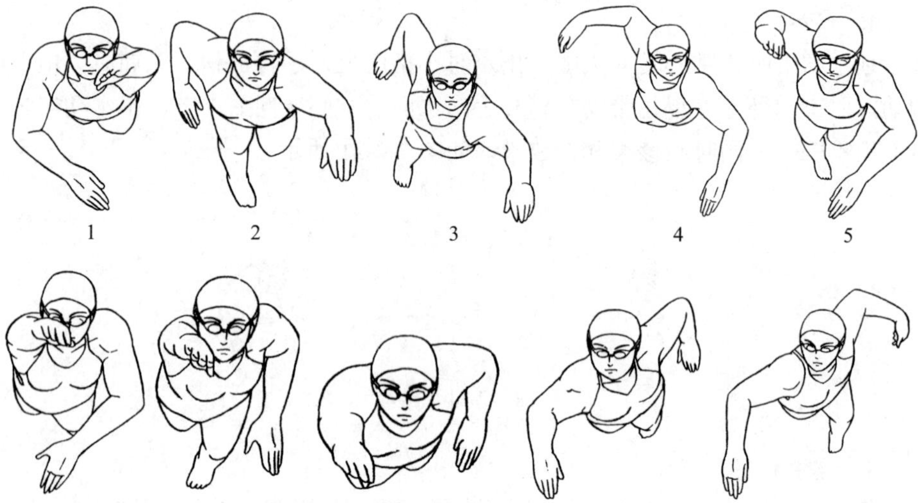

1 2 3 4 5

6 7 8 9 10

图 7-2-23　两臂配合

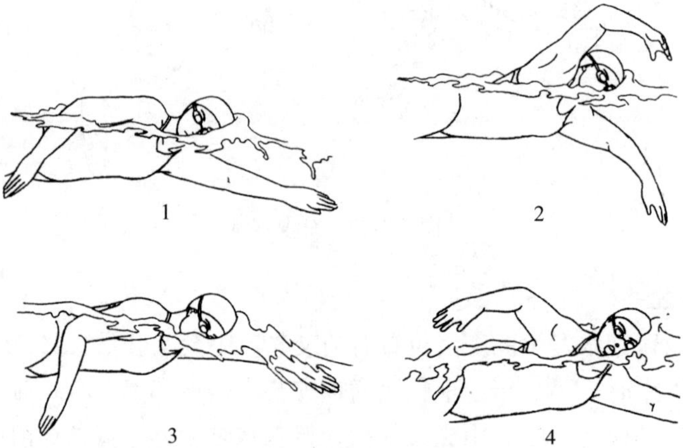

1 2 3 4

图 7-2-24　臂、腿与呼吸的配合

爬泳的呼吸与臂、腿配合，初学者一般采用 6:2:1 的方法，即呼吸一次、臂划两次、腿打六次，这种配合方法易保持平衡和协调，从而较快掌握爬泳技术。

（五）爬泳的练习方法

1. 学习腿部动作

（1）陆上模仿。

1）俯卧在池台（或其他地方），两腿伸直，脚尖稍内旋，做直腿上下打的练习。

2）俯卧在池边，腿放在水中做以上练习。

3）膝关节和小腿放松，大腿用力带小腿，做屈腿下打、直腿上抬的“鞭状”打水动作。

（2）水上练习。

1）手扶池（岸）边或浅水底，身体成水平姿势，两腿上下交替打水。注意两腿上下的幅度不宜过大。

2）同上练习，配合低头和转头吸气的动作。

3）滑行打水，由蹬边或蹬水底开始，重复憋一口气的距离进行练习。

4）扶板打水，两手扶住扶板的近端进行打水练习，并逐渐配合低头呼气、转头吸气的技术。

2. 学习臂的动作及臂与呼吸的配合技术

（1）陆上模仿。

1）单臂模仿，上体前倾，两腿前后成弓步，同侧臂扶住膝关节，另一臂做直臂的划水练习。重点注意空中移臂的技术。

2）同上练习，要求注意划水路线。

3）同上练习，配合转头呼吸的动作。

4）双臂模仿，两脚开立，上体前倾，先做分解动作，即一臂前伸，另一臂做划水动作。逐渐缩短两臂之间的停留时间进行练习。

5）双臂与呼吸的配合，同侧臂开始划水时呼气，移臂的前半部转头吸气。

（2）水上练习。

1）站在浅水中，模仿陆上1）～5）的练习。

2）在水中一边走动，一边模仿陆上1）～5）的练习。

3. 学习完整的配合技术

1）由滑行打腿开始，等身体平稳后做一臂划水，另一臂前伸的动作。无须注意屈臂和曲线划水，以推水为重点，不配合转头吸气。做一次或两次以上的划水动作，中间滑行打腿的时间较长。

2）重复以上练习。注意屈臂和曲线划水，缩短中间滑行打腿的时间，增加划臂的次数。

3）重复以上练习。双臂配合用“前交叉”的技术进行分解练习。

4）重复以上练习。配合呼吸进行练习，可采用一次划臂一次呼吸的练习，如果不习惯两边转头，也可采用两次划臂一次呼吸的技术。注意为了能顺利地完成呼吸动作，在转头吸气时，身体可适当地加大转动的幅度。

5）重复以上练习。由“前交叉”技术逐渐过渡到“中前交叉”的技术，反复练习，直至动作熟练为止。

四、仰泳

仰泳是人体仰卧在水中进行游泳的一种姿势。仰泳技术由于头部露出水面，从而呼吸方便；躺在水面上，比较省力，而且学习起来比较容易。

（一）身体姿势

游仰泳时，身体要自然伸展，仰卧在水面，头和肩部稍高，腰部和腿部保持水平，身体纵轴在水平面上构成的迎角约为 10°，腰部和两腿均处在水面下，如图 7-2-25 所示。

1. 头部姿势

在仰泳技术中头起着“舵”的作用，并可以控制身体左右转动。头应保持相对稳定，不要上下左右晃动，但颈部肌肉不要过分紧张，后脑处在水中，水位在耳际附近，两眼看腿部的上方。

2. 腰部姿势

仰泳游进中，腰部肌肉要保持适度的紧张，以不至于使身体过分平直和屈髋成坐卧姿势为前提。肋上提，不要含胸。快速游进时，身体的迎角能使体位升高，水平较高的运动员不仅肩和胸部露出水面，而且腹部也经常会露出水面。

3. 身体的转动动作

游仰泳时，身体的纵轴应随着两臂划水动作而自然滚动，滚动的角度根据个人的情况不同而稍有差别，肩关节灵活性较好的人滚动小，反之则滚动大。一般为 45°角左右，如图 7-2-26 所示。

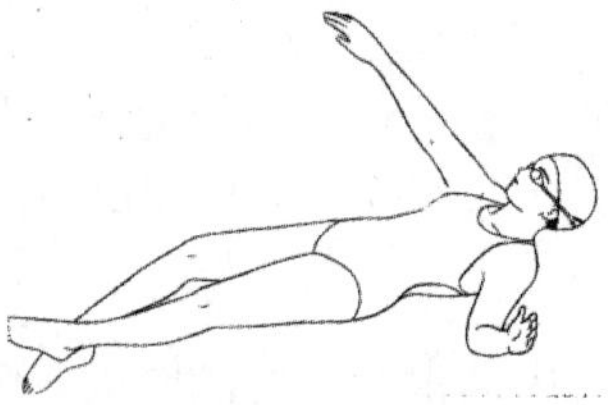

图 7-2-25　身体姿势

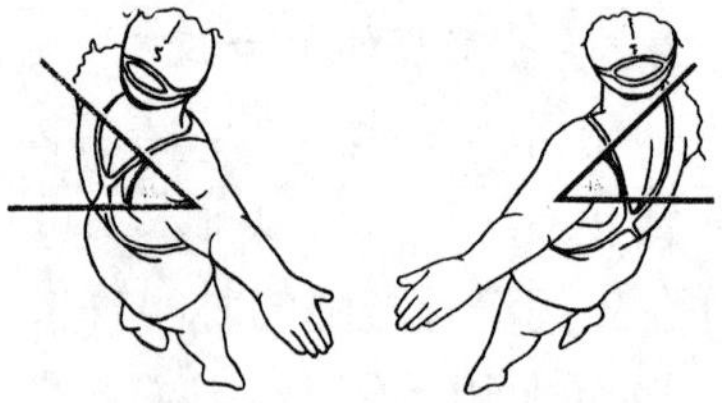

图 7-2-26　转动动作

在仰泳技术中，腿部动作是保持身体处于较好角度、水平姿势的因素之一，踢水动作不但可以控制身体的摆动，而且能产生一定的推进力。

（二）腿部动作

1. 下压动作

腿向下压的动作是借助于臀部肌群的收缩来完成的。在整个腿下压动作中，前 2/3 部分由于水的阻力，使膝关节充分展开，腿部肌肉放松。当大腿下压到一定程度时，由于腹肌和腰肌的控制，停止向下，而过渡到向上移动，此时由于惯性的作用，小腿仍然继续向下，从而造成膝关节弯曲，所以在腿下压的后 1/3 部分是屈腿的，如图 7-2-27 所示。

随着惯性的逐渐减弱和大腿的带动，小腿也开始向上移动，但此时脚仍然继续向下，直到惯性消失。大腿、小腿和脚一次结束向下的动作，构成向下“鞭打”的动作。

下压的动作因为不产生推进力，因此相对地要求速度不要太快，并且腿部各关节要自然放松。

2. 上踢动作

当腿部动作下压结束时，由于水对小腿的阻力和大腿肌肉的牵制，大腿与小腿构成约 135°～140° 角，小腿与水平面构成约 40°～45° 角，如图 7-2-28 所示。

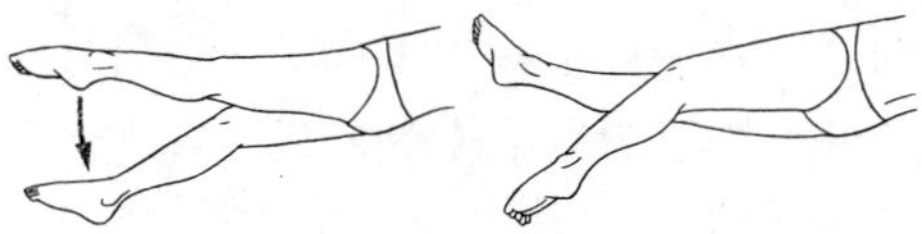

图 7-2-27 下压动作

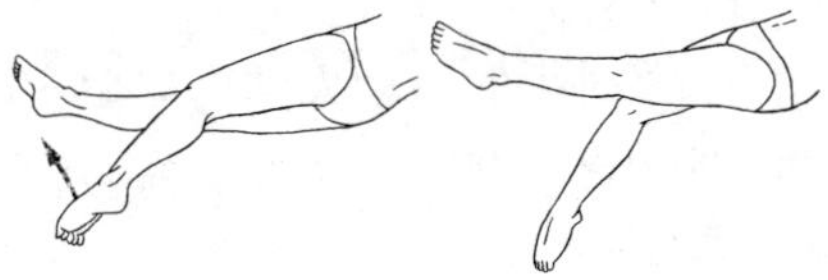

图 7-2-28 上踢动作

此时的小腿弯曲到最大程度。上踢动作的开始，就需要用脚打水的力量和速度来进行，并逐渐加大到最大力量和速度。当大腿向上移动超过水平面时就结束向上的动作，此时膝关节接近水面。随后小腿和脚也依次结束向上，膝关节充分伸展，构成向下“鞭打”的动作。

上踢动作是以大腿带动小腿，小腿带动脚来完成的，并且在任何情况下，尽量不要使膝关节或脚尖露出水面。上踢时，脚尖应内旋以加大触水面积。

（三）手臂动作

1. 入水

臂入水时，应借助于移臂动作的惯性，臂部自然放松，入水点应在身体纵轴与肩的延长线之间，或在肩的延长线上。过宽和过窄都会影响速度。臂入水时应保持直臂，肘部不要弯曲，入水时小指向下，拇指向上，掌心向侧后方。手掌与小臂约成 150°～160° 角，如图 7-2-29 所示。

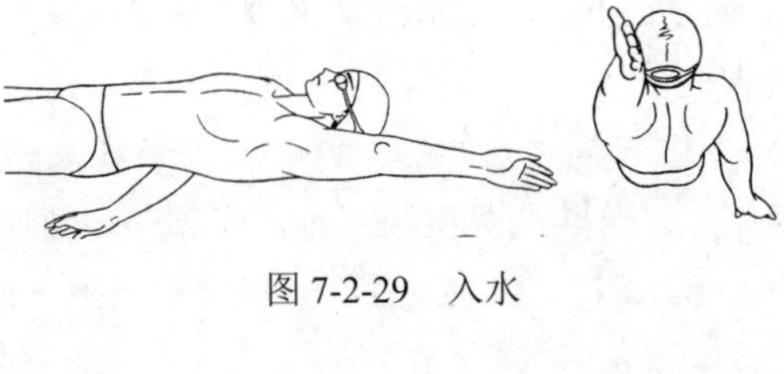

图 7-2-29 入水

2. 抱水

抱水是为划推水创造有利的条件。臂入水后要利用移臂时所产生的动量积极下滑到一定的深度，手掌向下、向侧移动，通过伸肩、屈肘、上臂内旋和屈腕的动作，配合身体的滚动，使手掌和前臂对准水并有压力的感觉。当完成抱水动作时，肘部微屈约成 150°～160° 角，手掌据水面约 30 厘米～40 厘米，肩保持较高的位置，如图 7-2-30 所示。

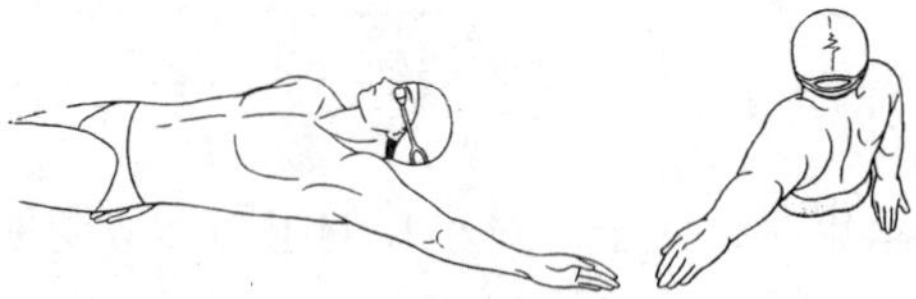

图 7-2-30 抱水

抱水时手的运动方向为向后－向下－向外，水流由小指尖流向第一掌骨底，紧接着通过前臂外旋，改变掌心朝向，由向外－向下－向后变为向后－向上－向外侧的方向。

3. 划推水

仰泳的划水动作是推动身体前进的主要动力。整个动作是由屈臂抱水开始，以肩为中心，直到划至大腿外侧下方为止。划水动作包含拉水和推水两个阶段。

1）拉水是在臂前伸抱水的基础上进行的。开始时前臂内旋，手掌上移，肘部下降，使屈肘程度加大，手掌和小臂要保持与前进方向垂直。当手掌划至肩侧时，屈臂程度最大，约为 70°～110° 角，手掌接近水面，如图 7-2-31 所示。

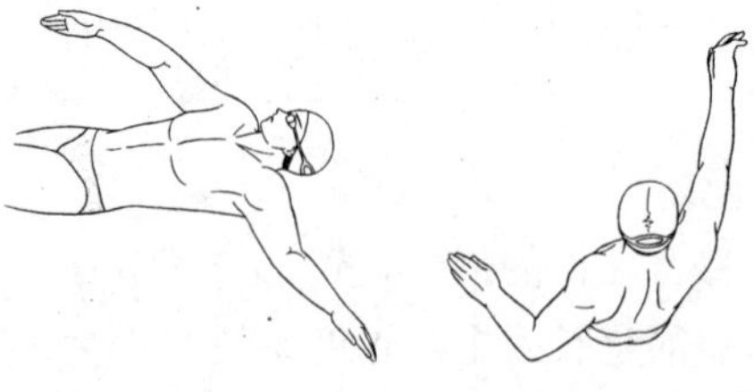

图 7-2-31 拉水

拉水的前半部分，手的运动为向上－向外－向后的三个分运动；后半部分则是向上－向内－向后的三个分运动。水流从大拇指流向小指。这个阶段也是身体向划水臂同侧转动最大的阶段。

2）推水是在手臂划过肩侧时开始的，这时肘关节和大臂应逐渐向身体靠近，同时用力向脚的方向推水。当推水即将结束时，小臂内旋做加速转腕下压的动作，掌心游向后转向向下。推水时，手的运动是由向内－向下－向后的运动，逐渐转变为向内一向下一向前的运动。水流从小指流向大拇指一边。推水结束时，手臂要伸直，手掌在大腿侧下方，如图 7-2-32 所示。

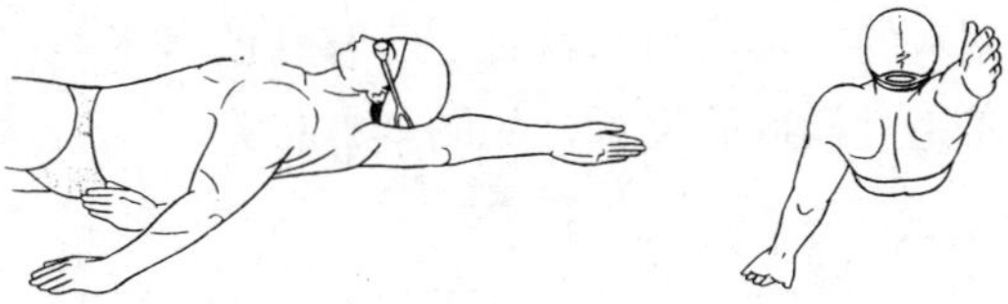

图 7-2-32　推水

4. 出水

推水结束后，借助于手掌压水的反弹力迅速提臂出水。出水时手型有多种：其一，手背先出水；其二，大拇指先出水；其三，小拇指先出水。这三种手型各有利弊，相对来说最后一种较好。

无论采用哪种手型出水，都要注意使手臂自然、放松、迅速，并且要先压水后提肩，肩部露出水面后，由肩带动大臂、小臂和手依次出水，如图 7-2-33 所示。

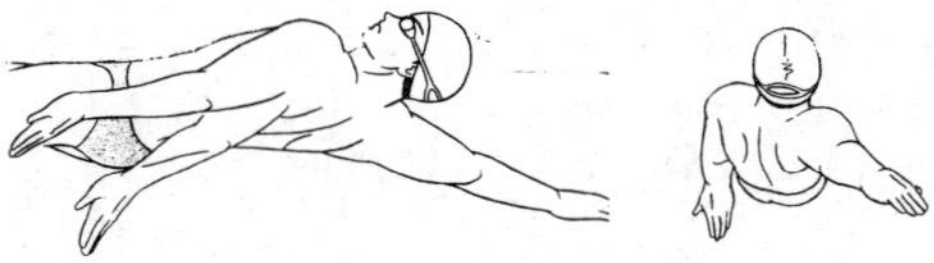

图 7-2-33　出水

5. 空中移臂

提臂出水后，手应迅速从大腿外侧垂直于水面移至肩前。当手臂移至肩上方时，手掌要内旋，使掌心向外翻转（采用小拇指先出水的技术动作）。空中移臂时，必须伸直放松，移臂的后阶段要注意肩关节充分伸展，为入水和划水做好准备，如图 7-2-34 所示。

图 7-2-34　空中移臂

（四）臂、腿和呼吸的配合技术

1. 两臂配合技术

仰泳两臂的配合是“连接式”的，即当一臂划水结束时，另一臂已入水并开始划水；一臂处于划水的中部，另一臂正处于移臂的一半。在整个臂的动作过程中，两臂几乎都处在完全相反的位置，如图 7-2-35 所示。

图 7-2-35 两臂的配合

2. 臂和呼吸的配合

仰泳的呼吸相对来说比较简单，一般是两次划水一次呼吸。即一臂移臂时开始吸气，然后做短暂的憋气，当另一臂移臂时进行呼气，如图 7-2-36 所示。在高速游进时也有一次划水一次呼吸的技术，但是呼吸不能过于频繁，否则会引起呼吸不充分，造成动作紊乱。

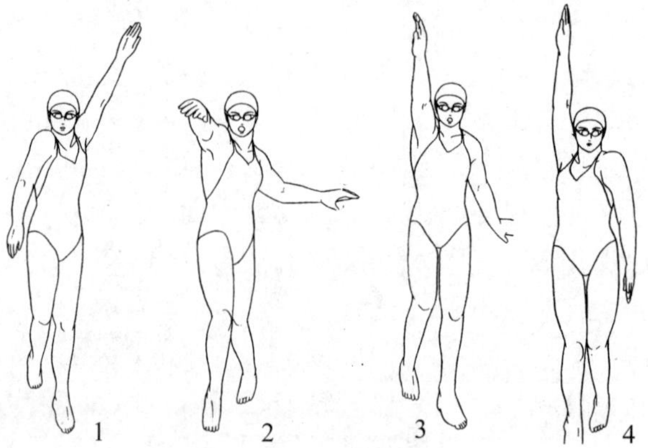

图 7-2-36 臂和呼吸的配合

3. 臂、腿配合技术

臂、腿配合是否合理，将影响整个动作的平衡和协调自然。臂在划水过程中，腿的上踢、下压动作要避免身体的过分转动，以保持身体的平衡、协调为原则，如图 7-2-37 所示。

图 7-2-37 臂、腿配合

现代仰泳技术中一般都采用六次打腿两次划水的配合技术，也有少数人采用四次打腿的技术。

（五）仰泳的练习方法

1. 学习腿部动作

（1）陆上模仿。

1）坐撑直腿练习：坐在池台（或其他地方）上，上体稍后仰，双手在身体后侧支撑，双腿绷直，即膝关节、踝关节均伸直，双脚稍内扣，以髋关节为支点，进行仰泳腿的练习。此练习重点体会大腿用力，直腿下压。

2）坐撑屈腿练习：在上面练习的基础上，进行直腿下压，屈腿上踢的练习。注意以大腿带动小腿发力，踝关节放松，重点体会上踢的“鞭打”动作。

3）仰卧踢腿练习：同上练习，将身体水平仰卧，双臂置于体侧，踢腿的动作要离开自己的视力范围，靠肌肉的感觉进行练习。

（2）水上练习。

1）坐在池边，小腿在水中分别进行直腿、屈腿的练习。

2）支撑仰卧踢腿练习，两手扶住池边或支撑在浅水底做以上练习。

3）仰卧扶板踢腿练习，双手扶板，头枕在扶板的后缘上进行踢腿练习。

4）双臂置于体侧，双手掌向下压水，身体平躺做仰泳腿的练习。

2. 学习手臂动作

（1）陆上模仿。

1）站立模仿：两脚稍分开站立，先从单臂直臂划水，过渡到双臂轮流划水；再从单臂屈臂划水过渡到双臂屈臂划水。要求在做双臂划水时，身体要绕纵轴滚动。

2）仰卧模仿：同上练习，仰卧在池台（或其他地方）进行双臂的屈臂划水练习。

（2）水上练习。

1）单臂练习：一臂扶住支撑物（池边、同伴或水线），另一臂进行从直臂到屈臂的划水练习。

2）双臂练习：把腿置于水线上或由同伴抱住，进行双臂的划水练习。

3. 学习完整配合技术

（1）陆上模仿。双脚稍分开站立做臂腿配合的模仿练习。

（2）水上练习。

1）水上仰卧踢腿，一臂置于体侧，另一臂划水。注意不要局限于踢腿的次数，随意自然。

2）双臂练习，从双臂置于体侧，从踢腿开始，一臂做划水，另一臂在体侧做压水的动作，反之亦然。每个动作做完都可以做稍微的停顿休息，但腿始终在做踢水的动作。

3）缩短手臂在体侧停留的时间来进行练习，逐渐加长游进的距离。在做完整练习时，一定要注意挺髋与手臂和呼吸的配合。

五、游泳卫生知识与急救

（一）游泳的卫生知识

1. 游泳前的准备

下水游泳前，要做好充分的热身准备。要使机体适应水的温度，使关节、肌肉得到充分的预热，最好在教练的带领下进行系统的准备活动。大部分泳池都有喷淋设备，下水前，身体要用水淋湿。不然也要用手轻轻向身上撩水，双脚也要浸入水中，在适应水温后再下水。切忌以向同伴身上撩水来开玩笑，因为在没有准备的情况下，突然受到冷水刺激，轻的可能由于避闪而滑倒、摔伤，严重时也许会引起瞬间的休克和过敏，这都是会进一步导致急性症状的危害扩大。因此，不能在游泳时开玩笑。

2. 入水后的准备

入水后，要从熟悉水性开始，即便是经常游泳者初入水时也必须循序渐进地进行活动。水中行走是每次入水后的练习科目，俗话说，小心无大岔。况且水中行走对于脚部细小关节的活动极为有益，可以减少抽筋等现象的发生。初学者在水中行走的过程中，要了解水温，体会水感，熟悉水性。

3. 运动量的控制

游泳的运动量与陆上运动有很大差别。首先，陆上运动可以凭出汗量判断疲劳状态，但是水中看不出出汗情况；其次，水的压力就可以造成游泳者较深地喘气，这和陆上运动的喘气有本质的差别；再者，陆上运动出现休克外在表现明显，也容易及时救助，而水中出现休克时，由于有水的折射现象的干扰，容易延误救助时机，造成危险扩大化。

游泳运动量的自我控制最好以每分钟脉搏为标准，及时经常地测量，发现超出合理范围时，就要立即减少运动量，或上岸休息。标准游泳场所都有大型时钟供人们计时，可以对照计量脉搏。计量脉搏时，最简单的方法是在岸边手摸触桡动脉或颈动脉，以 10 秒钟至半分钟为宜，换算为一分钟的值。大学生一般锻炼的脉搏值不超过（200−年龄）×（65%～85%），在此范围内的锻炼效果较为明显。

4. 出水后的放松与清洁

游泳锻炼结束后，应该同陆上运动一样做好放松活动，这是一般游泳者容易忽略的环节。放松活动一般包括：四肢的主动抖动、大肌肉群的被动抖动和放松体操等。然后再用清洁水冲洗，用浴液洗净。特别是头发，一定要洗干净，并做一些养护，防止发质毁损。耳朵是清洁的重点部位，要倒尽耳朵中的水滴，必要时用干棉签沾干余水，再滴些滴耳油，保护耳道和内耳。眼睛虽然有泳镜的保护，但也要注意清洁，用清水洗净，必要时点一些眼药水，保护眼睛不被细菌感染。最后不要忘记鞋要穿好，鞋带要系好，因为游泳后，腿脚特别疲乏，感觉也很迟钝，装束好后再离开，走得也会轻松。

（二）游泳救援

游泳救援最重要的一点就是不要使自己处于危险之中。

原则：除非绝对必要，不要下水，即使必要也不应与出事者接触。

1. 岸边救援

一开始要使出事者意识到救援者的存在，吸引他的注意力。尽快选择将什么东西伸给他，最好是硬的东西，如树枝或竹竿，实在没有，皮带亦可。趴在岸边，双腿稍微分开，以防被拖进水中。同时扔给出事者能漂浮的东西，如救生圈、球或木板，使他保持镇静。

2. 涉水救援

必须脱掉鞋和笨重衣物，使自己灵活。将浮板或衣物抛给他，在他身边游侧泳，拖着他走。记住始终保持适当距离。不断给他鼓励，告诉他要踢腿，以帮助他前进。

3. 苏醒急救

首先保持镇定，判断被救者是否停止呼吸，脸和嘴唇变紫是明显的缺氧迹象。使他仰卧，抬其下巴和头，用手指除去嘴里的堵塞物，并用手指捏住其鼻子，嘴对嘴做四五次呼吸，然后观察胸部的自然起伏，直到呼吸重新开始为止。

第四部分　技能主导类项目

第八章　难美性项目

第一节　体　　操

体育名人刘璇的故事

一、体操概述

（一）体操的内容和分类

体操是根据人体解剖和生理特征，通过徒手或借助于器械进行身体练习，并具有相应艺术要求的一种运动。体操的内容十分丰富，按照练习的形式分为徒手、持器械和在器械上练习 3 种；按其具体内容又可分为：基本体操，包括队列队形练习、徒手操、健美体操、轻器械体操、实用性体操和专门器械体操等；竞技体操，通常称为体操比赛，男子有 6 项（自由体操、鞍马、吊环、纵跳马、双杠、单杠），女子有 4 项（横跳马、高低杠、平衡木、自由体操）；艺术体操，是女子特有的比赛项目，比赛器械有绳、圈、球、棒、带 5 种，分团体比赛（6 人）和单人比赛。团体操有徒手操、持器械体操，技巧动作、队列队形变化、舞蹈等配以音乐、服装、道具、背景、造型、组字和图案等艺术装饰，反映预定主题思想的群众性表演项目，一般在大型体育比赛的开幕式和重大活动中采用。

进行体操练习或比赛，无论是单个动作或成套动作，都要求动作准确、协调、舒展，节奏感强，姿势优美。有的体操项目并配有音乐伴奏，使体操所具有的健、力、美的艺术特色充分得以展现。由于体操动作难度、风格、质量和成套动作编排等的不断创新，推动了体操运动的发展。

（二）体操的锻炼价值

体操包括回环、翻腾、旋转、倒立、支撑、跳跃等动作。它通过人体的屈、伸、摆、振、绕环、腾越及身体造型等活动形式，对植物性神经系统的机能有特殊的影响，特别是心肺系统机能的控制；对神经系统的调节提出了更高要求。从事体操练习，能促进骨骼和肌肉的健全发育，健美体态，改善中枢神经系统和内脏器官的功能，强化身体的应变能力，发展灵敏、力量和速度等素质，提高身体协调性、空间平衡能力及身体柔韧性等。同时，对培养机智果断和坚韧不拔的精神都有良好的作用。

二、技巧

技巧是体操运动中的一个独立项目，其与跳跃、平衡、力量、舞蹈等动作组合形成自由体操。技巧内容丰富，表现形式多样，既有竞赛性、表演性又有广泛的群众性特点，是青少年喜爱而又易于开展的运动项目。经常从事技巧动作练习对发展灵敏、柔韧、协调等素质，增强关节、韧带和提高平衡器官能力有显著的作用。同时，通过技巧动作练习，可培养勇敢、果断、互助等品质。

（一）前滚翻分腿起

动作过程：由蹲撑开始，提臀，两脚蹬地（腿蹬直），同时屈臂，低头，团身。由后脑、肩至背部着垫时，迅速向两侧分腿，上体尽量前压，两手在两腿内侧垫（手指向前），上体迅速前屈，成分腿开立，如图 8-1-1 所示。

图 8-1-1　前滚翻分腿起

重点：分腿时腹部紧张，保持身体与垫的角度，双手用力后撑。

保护与帮助：保护者半跪立于练习者起立时的侧后位置。当其分腿推手时帮助练习者托送臀部。

易犯错误及其原因：

（1）分腿太窄容易造成屈腿；

（2）推手方向不对，上体则向后倒。

（二）鱼跃前滚翻

动作过程：半蹲姿势，两臂呈斜后举，重心前移，两臂前摆；同时两脚用力蹬地向前上方跃起。腾空后，保持含胸、稍屈髋的弧形姿势；接着两手撑垫，顺势有控制地屈臂，低头，做团身前滚翻起立（或蹲撑），如图 8-1-2 所示。

重点：蹬地、摆臂的协调用力，两手着垫后的有效控制。

保护与帮助：保护者半跪立于练习者的侧面。当其腾空时，一手托其腹部，一手托其腿部，顺势前送，以帮助其缓冲落地及向前翻滚。

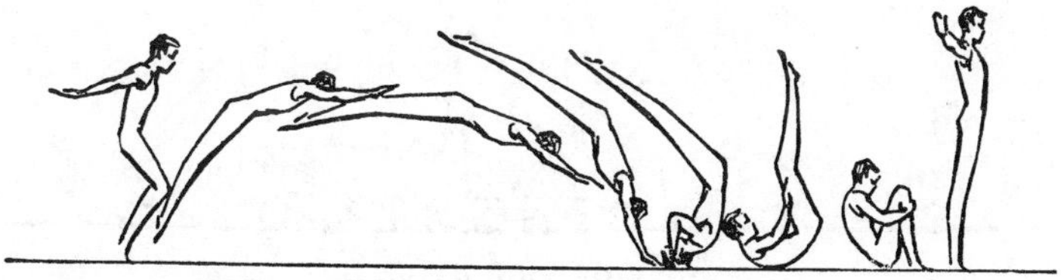

图 8-1-2 鱼跃前滚翻

易犯错误及其原因：屈肘缓冲与低头含胸不协调，做团身滚翻时收小腿不及时，造成腿打面部。

（三）头手倒立及其变化

动作过程：由蹲撑开始，以前额上部与两手成等边三角形撑垫，颈部紧张。然后两腿相并，蹬伸提臀；当臀部接近垂直部位时打开，并伸髋关节成倒立，如图 8-1-3 所示。

图 8-1-3 头手倒立

变化：头手倒立前也可采取单腿蹬伸提臀或分腿慢起提臀的方法。当完成头手倒立后做推手低头向前滚翻成蹲撑。

重点：提臀到位，打开髋关节不应过猛，向回“挤”髋，双手与前额用力保持平衡。

保护与帮助：保护者立于练习者侧前方，两手扶其小腿帮助其立稳。

易犯错误及其原因：头手位置不正确，提臀不到位，头颈不够紧张，造成倒立不稳。

（四）肩肘倒立经单肩后滚翻至单腿跪撑

动作过程：以直腿坐开始，两臂于体侧撑垫，后倒成屈身折叠；而后两臂屈肘，两手撑于腰背部，展髋，两腿并拢上举，脚尖绷直，成肩肘倒立。左腿伸向后上方（以经右肩滚翻为例），右腿向后伸直，脚背着垫，头向左偏，右臂侧伸，左手推垫经右肩滚翻；接着屈右膝并成跪撑，两手撑垫抬头挺胸，成右单腿跪撑平衡，如图 8-1-4 所示。

图 8-1-4 肩肘倒立经单肩后滚翻至单腿跪撑

重点：单肩后滚翻的转头、伸臂、推手动作要协调连贯，滚翻方向要正，后举腿应始终保持高举。

保护与帮助：保护者单腿跪立于练习者左（右）侧，两手分托其肩与后腿。

易犯错误及其原因：转头不到位，滚翻方向不正。

（五）侧手翻

动作过程：身体侧立（以向左为例），左腿侧举，两臂侧平举，头左转；上体向左侧屈，左脚落地同时脚尖向右，接着右腿向侧上方摆起，左手指稍向上左后方撑地，左脚用力蹬地；然后右手撑地成分鹿倒立的姿势，紧接着左、右手依次推地，右、左脚依次着地，上体随势侧抬起成分腿站立（右脚靠拢左脚成直立），如图 8-1-5 所示。

图 8-1-5 侧手翻

重点：左腿蹬地后须成分腿倒立，髋关节不可弯曲，腿的蹬摆与手的撑顶要协调。

保护与帮助：保护者立于练习者的背后，两手交叉扶其腰部，随其动作身体侧移腰势提拨，帮助其侧翻。

易犯错误及其原因：摆腿方向不正确，有屈髋或塌腰现象；分腿倒立时顶肩不够，造成侧翻不直，手脚触地点不在一条线上。

（六）头手翻

动作过程：身体直立，两臂上举，上体迅速前屈，两手向前撑地，两腿稍蹬地；用两手和头的前上额撑垫（头手成三角形），经短暂的屈体则成头手倒立。当身体重心超过支撑垂直面时，两腿猛力向前上方伸髋，同时两手用力向后推垫，使身体腾起；空中抬头，挺胸，保持向后屈体，直至落地成站立姿势，如图 8-1-6 所示。

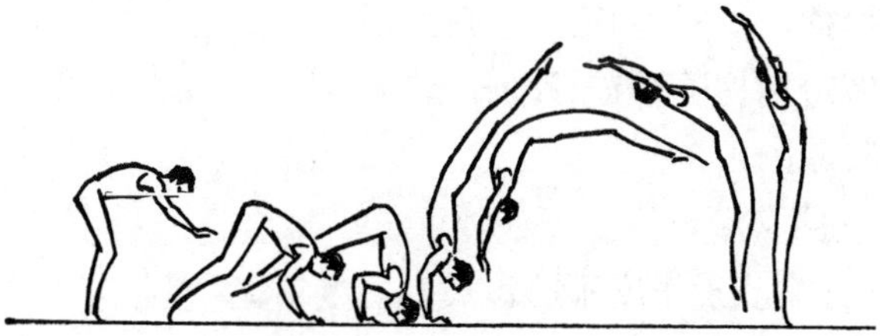

图 8-1-6　头手翻

重点：头手位置准确，伸髋推手要迅速、协调、有力。

保护与帮助：保护者以单膝跪地立于练习者前侧，一手托其肩部，另一手托其腰部帮助前翻。

易犯错误及其原因：屈体移臂不够，伸髋过早或过迟，臂力不足，推手无力，造成落地不稳或屈髋屈膝。

三、单杠

单杠是器械体操项目之一，主要由上法、下法、摆动、屈伸、绕环、转体、换握等动作以身体绕杠的形式完成。经常从事单杠练习，能发展上肢、肩带及腹背肌力量和身体的柔韧性、协调性，提高脑前庭分析器官的机能，培养勇敢顽强的毅力和品质。

（一）引体向上

动作过程：跳起双手正握杠，与肩同宽，身体呈直臂悬垂后，用力屈臂上拉，引体至下颌过杠成屈臂悬垂，而后两臂慢慢放还原成直臂悬垂。引体时，不可借助蹬腿和急振的力量。

练习方法：在杠上做屈臂悬垂及有助力的引体向上练习。

（二）单脚蹬地翻上成正撑

动作过程（以右脚蹬地为例）：右脚向前一步蹬地，左腿经前向后上方用力摆起，右脚蹬地后迅速摆起并与左脚并拢；同时倒肩曲臂引体，使腹部贴杠翻转；当上体翻至杠水平面时，制动双腿，翻腕，抬头，挺胸，成正撑姿势，如图 8-1-7 所示。

图 8-1-7　单脚蹬地翻上成正撑

重点：积极蹬摆，及时并腿，腹部贴杠快。

练习方法：做蹬地摆腿和连续动作练习。

易犯错误及其原因：

（1）摆腿方向不对；

（2）倒肩时肘关节紧张度不够，关节屈度增大；

（3）动作临近结束时，双腿制动不及时，致使双腿摆过杠面而造成落杠。

（三）骑撑后倒挂膝上（以挂右膝为例）

动作过程：右腿骑撑，直臂撑杠，身体重心后移，左腿稍后摆，右腿屈膝挂杠；上体后倒挂膝悬垂前摆，左腿由后伸直前摆至前上方制动。当身体回摆至臀部过杠下垂直部位时，左腿加速后摆；同时两臂和右腿用力快速压杠，急振上体，扣腕右腿前伸成骑撑，如图 8-1-8 所示。

图 8-1-8　骑撑后倒挂膝上

重点：身体重心后移和左腿后举要充分，当身体回摆到杠下垂直部位时，摆动腿用力下压，并及时两臂用力压杠。

保护与帮助：保护者站在杠前左侧方。练习者后倒时，一手托其肩部，另一手托其臀部前送。当练习者做挂膝上时，一手托其背部，另一手压拨其大腿，帮助其挂上成骑撑。

易犯错误及其原因：左腿弯曲后摆或后摆不充分，致使上杠动量不足而过早地运用膀臂力量。

（四）骑撑后腿摆越转体 180° 成正撑

动作过程（以右腿骑撑为例）：右手反握，距身体一拳左右；左手臂顶杠，重心移至右臂；左手松杠，上体积极向右后倒体，展髋；左腿后举，同时以右臂为轴向右转体 180°，身体左侧尽量伸展，转体时以上体带动左腿摆越过杠，然后左手正握杠成正撑，如图 8-1-9 所示。

重点：上体敢于侧后倒，紧靠支撑臂；转体时臂部不能掉杠，应在同一水平面上转动。

保护与帮助：保护者站在练习者前面，以右手握其右脚，顺势帮助其转体。

易犯错误及其原因：转体时失去重心而落杠。

图 8-1-9　骑撑后腿摆越转体 180° 成正撑

（五）起撑前回环

动作过程（以右腿在前为例）：骑撑，两手成反握，直臂顶肩撑杠，前腿上举，重心前移，右腿迅速向前跨出，上体前倒，左大腿贴杠，当上体回环至杠后水平部位时，右腿向前下积极压杠，左腿后摆，两臂伸直压杠，挺胸抬头，翻腕制动腿成骑撑，如图 8-1-10 所示。

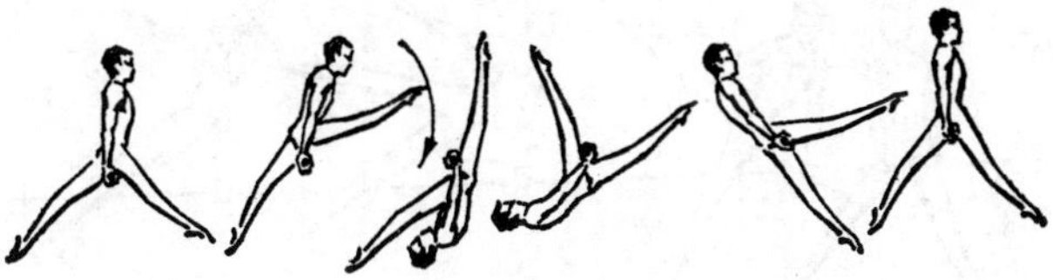

图 8-1-10　起撑前回环

重点：重心前移，前腿远跨，同时挺胸，跨摆协调及两腿制动。

保护与帮助：保护者立于杠后左侧，左手从杠下翻握练习者手腕帮助其回环。当回环上体过杠后，右手托其背，左手扶其腿。

易犯错误及其原因：心理害怕，重心在回环前没上提前移，右腿压杠不积极。

（六）支撑后回环

动作过程：以正撑开始，两腿先前摆，肩稍前倾，接着后摆，直臂顶肩撑杠，身体稍前倾，使身体后摆高于肩水平；接着身体下落腹部贴近杠时，迅速踢腿倒肩，两腿前摆，直体回环；当腿回环至杠前水平部位时，立即制动两腿，猛抬上体，抬头翻腕，挺胸成正撑，如图 8-1-11 所示。

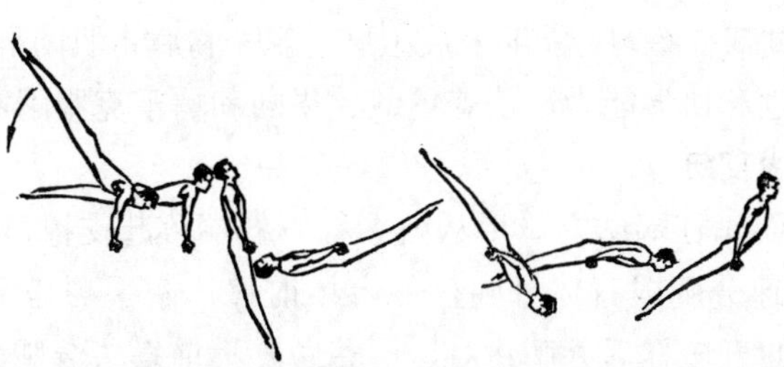

图 8-1-11　支撑后回环

重点：积极倒体，回环时腹部不能离杠，直体回环。

保护与帮助：保护者立于杠前侧方，一手由杠下翻握练习者手腕部位，另一手当其后倒时托其臀部帮助其腹部贴杠。当练习者回环过杠下垂直部位时，一手扶其腿帮助制动，另一手托其腹帮助抬上体。

易犯错误及其原因：支撑后摆不高，倒肩慢，腹部没贴杠，翻腕、抬头、挺胸不及时。

（七）骑撑单腿摆越转体 90° 下

动作过程（以右腿在前骑撑为例）：右手稍离右腿反握杠，左手推杠，上体向右侧倒，身体重心移在右臂上；同时右腿压杠，两腿向左侧摆起，以右臂为轴，用头和肩带动身体向右转体 90°；同时挺身展髋，两腿并拢挺身跳下，如图 8-1-12 所示。

图 8-1-12　骑撑单腿摆越转体 90° 下

重点：主动推杠，向右倒肩，以头和上体带动下肢挺身转体。

保护与帮助：保护者立于杠前右侧方，防止练习者转体时脱杠。

易犯错误及其原因：下杠无挺身动作。主要是因为左腿摆越力量不足，致使摆越高度不够。

四、双杠

双杠是器械体操中的一个项目，动作丰富多彩，它是以支撑为主，是动力性动作和静力性动作相结合的运动。通过悬垂、摆动、摆越、屈伸、倒立、转体、空翻、回环和静止等动作，使人体不断改变形态。可单个动作进行，也可编成整套动作练习。通过双杠练习，能够发展上肢、躯干和肩带肌肉群的力量与柔韧性，提高身体的灵敏性和协调能力，培养勇敢、果断和勇于克服困难的精神。

（一）分腿坐前进

动作过程：面对杠端站立。手从内握杠，杠端跳起支撑，两腿顺势向前举，当超过杠面后迅速分腿成直体分腿坐；上体前移，两手顺势于体前稍远处用力撑杠，同时两腿伸直压杠后并腿进杠，接着做支撑前摆成分腿坐杠，如图 8-1-13 所示。

图 8-1-13　分腿坐前进

重点：行进时要借两腿压杠的力量提高重心，同时挺身向前倒体，使两腿顺势后摆，便于并腿进杠。

保护与帮助：保护者立于练习者侧前方，练习者换握后，可一手握其上臂，一手托其膝帮助并腿入杠，前摆托其臀部帮助成分腿坐。

易犯错误及其原因：无直腿、压杠动作，缺乏滑杠后摆动，行进中两手换握位置时身体过近，无挺身前倒动作。

（二）分腿坐前滚翻成分腿坐

动作过程：由分腿坐开始，两手在体前大腿处撑杠，肘稍内夹，上体前倒，顺势低头、提臀、屈臂；当肩触杠时，两肘外张，以肩或上臂撑杠，并腿前滚翻。当臀部前移过垂直部位时，两手迅速向前换握杠；臀部接近杠面时，两腿分开压杠，两臂用力撑杠抬上体成分腿坐，如图 8-1-14 所示。

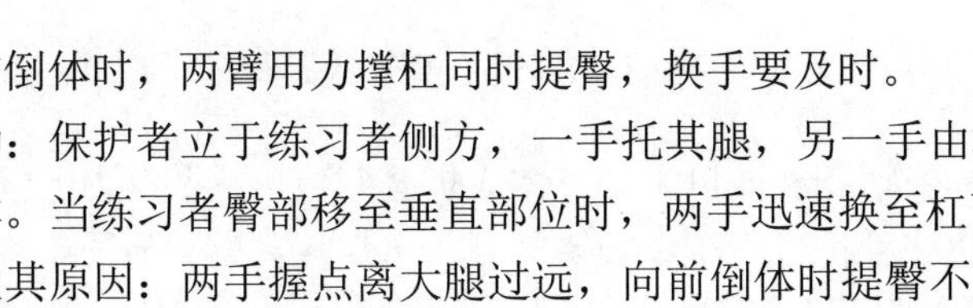

图 8-1-14　分腿坐前滚翻成分腿坐

重点：向前倒体时，两臂用力撑杠同时提臀，换手要及时。

保护与帮助：保护者立于练习者侧方，一手托其腿，另一手由杠下托其肩，帮助其提臀屈体。当练习者臀部移至垂直部位时，两手迅速换至杠下托其背部。

易犯错误及其原因：两手握点离大腿过远，向前倒体时提臀不及时，向前换手慢，屈膝堕臀。

（三）分腿坐慢起肩倒立

动作过程：由分腿坐开始，两手于腿前握杠，上体前倒位，屈臂提臀；屈体，两肩于两手前约 20 厘米～30 厘米处顶杠，两肘向外展开。当臀部提至垂直部位时，伸展髋关节，两腿匀速由两侧上举并拢，抬头紧腰，身体充分伸直成肩倒立，如图 8-1-15 所示。

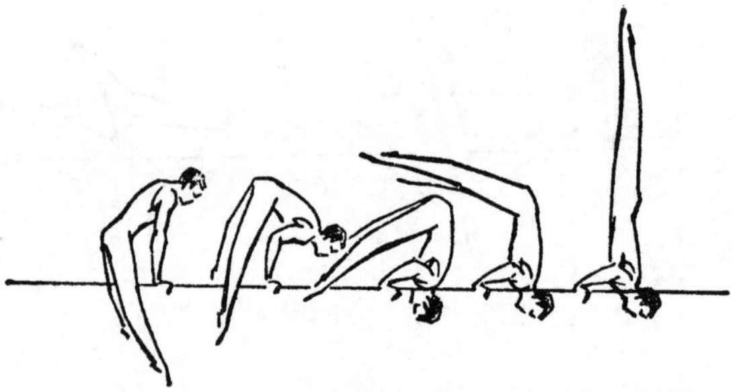

图 8-1-15　分腿坐慢起肩倒立

重点：倒体、撑杠与提臀密切配合，重心控制要稳。

保护与帮助：保护者立于练习者体侧，一手从杠下托其肩，另一手托其腿，帮助其完成动作。

易犯错误及其原因：倒立不稳，主要是肩手距离太近，腰腹肌弱，立腰不够，肩打开得不够，支撑面小，重心控制不稳，髋关节打开过快，抬头不够。

（四）挂臂屈伸上

动作过程：由挂臂摆动开始，当身体前摆接近杠面时，收腹屈髋成屈体挂臂撑；紧接着利用收直屈体的反弹力，两腿迅速向前上方伸出，送髋展体，立即制动双腿；同时两臂用力压杠，上体急振起成支撑，如图 8-1-16 所示。

图 8-1-16　挂臂屈伸上

重点：臀部要摆到杠面以上，身体成折叠到位，再做有力的前伸及制动动作。

保护与帮助：保护者立于练习者体侧，单手握其臂，另一手由杠下托其背部，帮助其上杠成支撑。

易犯错误及其原因：摆起方向不对，上体急振，压臂不及时。

（五）支撑前摆下及变化

动作过程：由支撑后摆开始，身体前摆过杠下垂直部位后，迅速向前上方摆腿，同时身体向左移动。当身体摆出杠外最高点时，向前下展体挺髋，两手用力推杠，异侧手于下杠前侧换握杠，挺身落下，如图 8-1-17 所示。

图 8-1-17　支撑前摆下及变化

变化：①支撑前摆，当身体高于肩的水平部位时，移向杠外，两脚并拢做前伸内旋，同时向内转髋 90° 下；下杠时两手依次推杠，落地时可单手扶杠。②上述动作熟练后按同样的动作顺序做向内转体 180° 下，以靠近杠的手扶杠落地。

重点：向前上方摆腿时要同时移重心。做向内转体下法时，伸腿迅速，注重以脚尖带动转髋。

保护与帮助：保护者立于练习者落地侧，左手握其左上臂，右手从杠上托送其背或臀部帮助前摆下。

易犯错误及其原因：推手无力，移重心不积极，转体迟，速度慢，落地不缓冲，摆动幅度不够，以致落地不到位。

五、支撑跳跃

支撑跳跃是现代竞技体操中男女所共有的项目。整个动作是由助跑、上板、踏跳、第一腾空、推手、第二腾空和落地等不可分割的整体构成。要求练习者在腾空时做出不同形式的动作，其中有效的踏跳、推手和第二腾空时动作的高、飘、远、美及稳定的落地是整个动作质量的关键环节。因此，对人的体能素质要求极高。它对增强人体各器官的功能，发展速度、爆发力、弹跳力、协调性、灵活性及空间平衡能力都有良好的作用，对增强下肢和肩带肌肉的力量有显著效果。同时，它对培养练习者勇敢顽强的意志品质，以及掌握超越障碍的本领都有积极的作用。

（一）分腿腾越山羊（横箱）

动作过程：有节奏地快速助跑，积极上踏板，用前脚掌踏跳（单跳双落），身体向前上方腾起，两臂积极前伸，空中紧腰，髓关节伸展，两手向前下方顶肩推手，稍提臀，分腿；推离时，肩不超过支点，并立即制动腿，上体向后上方急振，抬上体，两臂斜上举，展髋挺身落地，如图 8-1-18 所示。

图 8-1-18　分腿腾越山羊（横箱）

重点：踏跳有力，推手积极，并制动双腿。

保护与帮助：保护者立于落地点侧面。练习者落地时，一手扶其上臂帮助提拉，另一手扶其腹部托送。

易犯错误及其原因：

（1）上踏板时屈膝过大，有踩板现象，造成第一腾空低；

（2）顶肩推手过迟，第二腾空无挺身屈体动作。

（二）分腿腾越纵马（纵箱）

动作过程：同山羊分腿腾越一样，但助跑的速度、上板、踏跳和推手都较积极有力。第一腾空时两臂主动前伸，两手撑点于马或箱的前 1/3 处，积极快推，空中紧腰，保持挺身姿势，如图 8-1-19 所示。

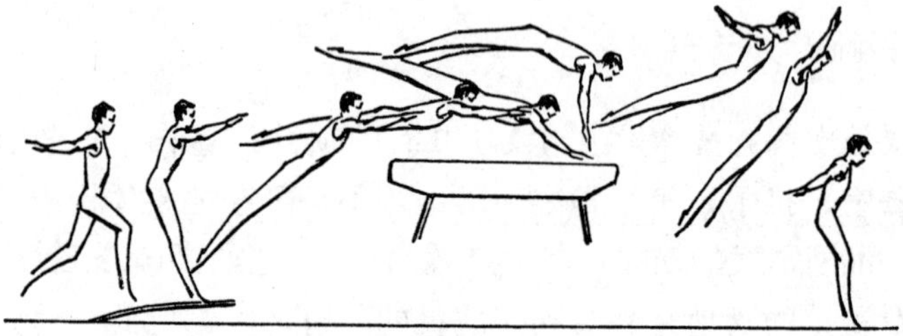

图 8-1-19　分腿腾越纵马（纵箱）

练习方法：可从低跳马（箱或山羊）短距离腾越，逐步过渡到高跳马（箱）及拉大腾越距离的练习，直到完整练习。

重点：纵马（箱）分腿腾越动作和练习中的保护与帮助，和分腿腾越山羊基本相同，可参照进行。

易犯错误及其原因：踏跳力量弱，两手触马不到位，尤其是心理的害怕，往往成为正确完成腾越动作的障碍。

（三）纵箱前滚翻

动作过程：助跑 3～5 步，双腿踏跳，两手撑箱近端的位置，提臂、收腹、含胸、低头，用头的后上部在手前接触箱面，依次以肩、背、臀着箱。当臀部翻过垂直部位后，立即展腹挺身落地，如图 8-1-20 所示。

图 8-1-20　纵箱前滚翻

重点：提臀、收腹与低头要协调连贯。

保护与帮助：保护者立于箱侧，一手扶其上臂，另一手托其腿，帮助提臀。

易犯错误及其原因：

（1）心理胆怯，提臀不高，不能完成动作；

（2）滚翻时不是双肩着箱，方向性差，中途落箱。

六、体操的练习方法

（一）保护与练习

1. 自我保护的几种方法

（1）根据实际情况，利用惯性顺势采取屈臂、团身、滚翻、下蹲等方法，减缓冲击地面的力量，避免头部直接触地。如在跳马落地后若前冲过大，站立不稳，应顺势做团身前滚翻。

（2）根据客观情况，及时改变动作的性质和身体姿势，避免剧烈的摔倒。如在做技巧向前翻腾动作力量不足时，应及时采取屈腿缩髋或分腿的姿势，以获得合理的保护性落地姿势。

（3）做动作出现手滑、护掌断裂、器械故障等意外情况时，应立即停止练习。

（4）采用紧握器械的方法。如在做单杠、双杠等练习，由于力量不足或发生错误时，应立即含胸、收腹、扣腕、紧握器械，延缓身体下落的速度，争取足够的做出自我保护动作的时间。

2. 体操运动练习的原则和要求

（1）体操对人体的力量、速度、柔韧、耐力等多项素质的要求较高，因此练习时应注重全面发展身体，提高整体的素质。

（2）练习时应遵循从实际出发、循序渐进、由易到难的原则，由在有人保护下练习到独立完成，由单个动作到成套动作，不断巩固提高。不能不切实际、急于求成。

（3）树立安全意识，练习前应充分进行准备活动，对场地器材、器械、服装、护具进行认真的检查。练习的负担量不能过重。练习后要进行放松整理活动。保护者要集中思想、认真负责、方法正确、助力适当，注意加强保护练习者易伤部位。

（4）体操专项身体素质练习，要注意动力性动作与静力性动作练习结合进行，并以动力性为主。在进行力量、柔韧性和弹跳力练习时，应注意强调动作的速度训练。

（二）发展身体素质的练习

1. 推撑力量练习

（1）俯卧撑。两臂伸直撑地，手指向前，肩部充分顶开，身体及头颈保持挺直姿势；屈臂时，两肘自然向后靠近体侧，胸部接近地面，然后快速发力推起至两臂伸直到原位止，也可做快速推手击掌后再速还原位。

（2）双杠支撑摆动。低双杠上支撑，摆动幅度由小逐渐加大。可连续做，并逐渐增加每组的摆动次数。

（3）双杠两臂屈伸。由支撑姿势屈臂下落至屈臂撑，肘高于肩，接着快速用力推直两臂成支撑，连续做，次数及组数逐渐增加。

（4）有人扶持的俯撑爬行。练习者俯撑，教练或扶持者握其脚踝，练习者稍含胸顶肩，身体伸直，然后移重心向前爬行。

（5）靠手倒立及反靠手倒立，如图 8-1-21 所示。

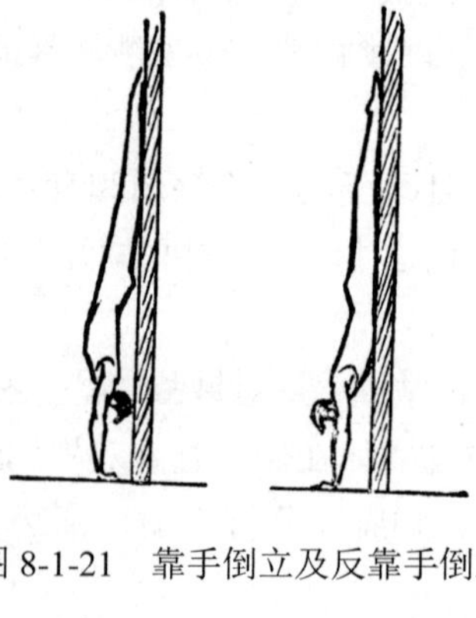

图 8-1-21　靠手倒立及反靠手倒立

（6）卧举。平躺在卧推架或体操凳上，进行卧推杠铃练习，杠铃落下接近胸部，然后发力迅速推起至两臂伸直，反复做。

2. 悬垂拉引力量练习

（1）单杠引体向上练习。

（2）爬竿和爬绳。①手脚并用法爬竿、爬绳；②两手交替握竿、绳来爬竿、爬绳。

（3）小杠铃和哑铃的练习。①分腿站立体前屈，上体与地面平行，两手略比肩宽，握小杠铃，上提至胸前，然后放下，反复做；②分腿站立，两手反握小杠铃或哑铃，两臂下垂，然后屈肘把杠铃提至胸前，反复做。

3. 腰腹力量练习

（1）仰卧起坐。仰卧在垫子上，两腿伸直或屈膝，两臂前举或抱于头后，上体迅速前屈到手扶脚背或头触及胫骨前部（屈膝时可用肘触及膝部）。也可在斜板上固定双脚踝做上述练习。

（2）仰卧举腿。仰卧于垫上，当腿举至垂直部位时，另一人把腿向下推。

（3）仰卧两头起。仰卧于垫上，两臂后举，随之立即收腹举腿，同时抬起上体，手在臀部的垂直上方与脚背相触，然后积极还原，重复进行。

（4）俯卧在横马上，两手握肋木，两腿伸直向后上方摆起（腿部可加重物）。

4. 弹跳力量练习

（1）原地双脚连续跳。也可模拟跳马起跳动作，两臂由下向上摆，起跳后梗头，稍含胸。

（2）原地双脚连续纵跳。也可在腾空时做团身动作，使大腿靠近胸部，上体保持正直，接着迅速伸展落地，连续做。

（3）在做单脚连续跳及双脚或单脚轮流换脚的跳绳时，应多进行双脚起跳的摇绳和两次的双摇跳。

（4）立定跳远练习。

（5）原地双脚起跳上低跳箱，跳上时两腿伸直，然后立即跳下，连续跳。

5. 柔韧练习

（1）肩部柔韧练习。

1）压肩带，分腿站立，体前屈，两手扶同髋高的肋木，搭肋架或两人互相搭肩，挺胸低头或抬头，上体向下振压，也可由同伴加助力压肩，使肩带充分拉开。

2）背对肋木站立，两臂上举，两手握肋木，抬头挺胸向前使肩拉开。

3）单杠悬垂，收腹举腿，两腿从双臂间穿过，落下后成悬垂，利用身体的重量拉肩。

（2）腰部柔韧练习。

1）甩腰。练习者一手握把杆，一臂上举，做体前屈和体后屈的甩腰动作。

2）仰卧起桥。由仰卧于垫子开始，两手翻掌于肩后撑垫，推起胸腹，两臂、两腿伸直，拉开肩成桥。

3）腿伸直并拢站立，前屈时上体与腿贴紧，两臂在两腿后抱拢，静止不动，保持一定时间。

（3）腿部柔韧练习。

1）正压腿。将一条腿正放在同髋高或更高的肋木上，上体前屈。

2）侧压腿。背部要挺直，稍收腹，上体尽量侧屈，不能前倾或后仰。

3）后压腿。支撑腿伸直或弯曲，后压腿时肩要正，挺胸、挺腹后仰。

4）踢腿。正踢腿，侧踢腿，后踢腿。

5）控腿。向前控脚，向侧控腿，向后控腿。

6）劈腿。前后劈腿及左右劈腿。

除上述各项素质练习外，速度素质（如跑的速度、完成动作的速度、翻转和转体动作的速度及承受大强度练习的耐久力等素质）也是不可缺少的。因此，也应注意加强这一方面的训练。

被体育改变的人生

第二节 武　术

一、武术概述

武术，起源于我国。是以踢、打、摔、拿、击、刺等攻防格斗动作为素材，按照攻守进退、动静疾徐、刚柔虚实等矛盾的相互变化的规律编成徒手和器械的各种套路。它是一种增强体质、培养意志、训练格斗技能的民族形式的体育运动。它历史悠久，有广泛的群众基础。

二、武术的特点和作用

（1）具有攻防技术的本质特点。武术动作以攻防性能为本质，兼容攻防再现性和表演性。攻防再现性体现在动作本能的格杀价值，在实践运用中发挥攻防效用。在现代武术运动中，这类动作主要运用于搏斗运动（如散打）及防身制胜等。攻防表演性体现在其本质动作的攻防意向，这类动作多借助于形体动作艺术和动作编排技巧来体现自身攻防含义，表现出独特的攻防技术艺术特点。

（2）具有内外合一、形神兼备、节奏鲜明的运动特色和民族风格。由于武术动作是从格斗攻防技术中提炼出来的，因此要求手到眼到，手眼紧密结合；手脚相随、上下协调；意领身随、以气催力；意识、呼吸、动作必须内外合一，形神兼备；动则快速有力，静则稳如盘石，动静有韵律，节奏非常鲜明。这就构成了武术所固有的运动特色，形成了人们喜爱的民族风格。

（3）具有广泛的适应性。由于武术内容丰富多彩，不同拳种和器械的动作结构、技术要求、运动风格和套路的运动量都有所不同，因此开展武术运动可以不受年龄、性别、体质、时间、季节、场地和器械的限制，人们可以根据自己的需要和条件，选择合适的项目进行锻炼。由此可见，武术有着广泛的适应性和群众性的特点。

三、武术的内容和分类

百拳之母——长拳

武术的分类方法很多，在过去有以流行地区分类的，有以技术特点分类的，也有以姓氏分类的。现在按其内容可分为以下 5 类。

（1）拳术：包括长拳、太极拳、南拳、形意拳、八卦拳、通臂拳等。

1）长拳：是查拳、华拳、洪拳、炮拳、花拳、戳脚、翻子等拳术的总称。它是一种姿势舒展、动作灵活、快速有力、节奏鲜明，并包括窜蹦跳跃、闪展腾挪和起伏转折等动作和技术的拳术。其中，各个拳种又各有不同的技术特点和风格。长拳的动作幅度舒展，关节活动范围较大，对肌肉和韧带的柔韧性、弹性都有较高的要求。

2）太极拳：一种柔和、缓慢、轻灵的拳术。

3）南拳：一种流行于广东、广西、福建、湖南、湖北、浙江、江苏、四川等南方各省的拳术的总称。南拳的特点是步稳、势烈，动作刚劲有力，并常以发声吐气来助长动作的发力。它特别能发展各主要肌群的力量。

4）形意拳：一种以三体式为基本姿势，以劈、崩、钻、炮、横五拳为基本拳法，并吸收了龙、虎、蛇、马、鹰、鹅等 12 种动物的技能专长所编制的拳术。它的特点是动作整齐、简练、发劲较刚。能发展人体力量、速度等素质。

5）八卦拳：一种以摆扣步走转为主，以掌法变换为内容的拳术。它的特点是沿圆走转、势势连绵、神灵步活、随走随变。可以锻炼下肢的力量及身体灵活、协调等机能能力。

6）通臂拳：有摔、拍、穿、劈、攒 5 种基本掌法。特点是放长击远，发力通达于臂。练习时由于胸背吞吐，双臂交换摔劈，拧腰切胯，连续不息，因此对发展协调、灵活、力量等素质有着良好的作用。

（2）器械：包括刀、剑等短器械；枪、棍、大刀等长器械；双刀、双剑、双勾、双枪等双器械；九节鞭、绳镖、流星锤等软器械。

1）刀术：以缠头裹脑为主要动作，加上劈、砍、挂、刺、撩等刀法所组成的套路练习。它的特点是勇猛、快速。

2）剑术：以击、刺、点、崩等剑法所组成的套路练习。它的特点是动作轻快、身法矫捷、富于韵律感。

3）枪术：以拦、拿、扎为主要动作，加上劈、摔、穿、缠、舞花等枪法所组成的套路练习。它的特点是枪扎一条线，脚为根，腰为轴，力达枪尖。

4）棍术：以抡、劈、戳、撩、舞花等棍法所组成的套路练习，它的特点是使用两端、横打一片。

（3）对练：是两人以上按照固定套路所进行的攻防技术练习，包括徒手对练、器械对练、徒手与器械的对练等。

（4）身体表演：是6人以上的徒手或器械的集体演练。可用音乐伴奏，使动作整齐划一。

（5）攻防技术：是两人按照一定的规则而进行的具有实战意义的搏斗形式的运动。目前正在整理研究的有散打、推手、短兵三项。

四、武术基本动作练习

（一）武术基本动作

武术基本功和基本动作内容很多，本节只选择重点加以介绍。

1. 手型、手法

手型、手法是上肢动作的基础。

（1）手型。

1）拳。四指并拢卷握，拇指紧扣食指和中指的第二指节，拳面要平，手腕要直。拳眼向上为立拳，拳心向下为平拳，如图8-2-1所示。

2）掌。四指并拢伸直，拇指弯曲紧扣于虎口处或外掌成八字掌，如图8-2-2所示。

3）勾。五指第一指节捏拢在一起，屈腕，如图8-2-3所示。

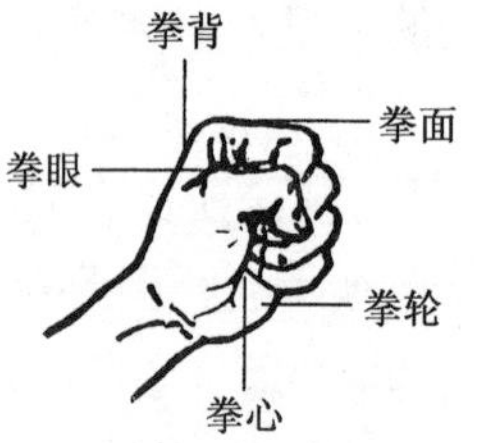

图8-2-1 拳的手型

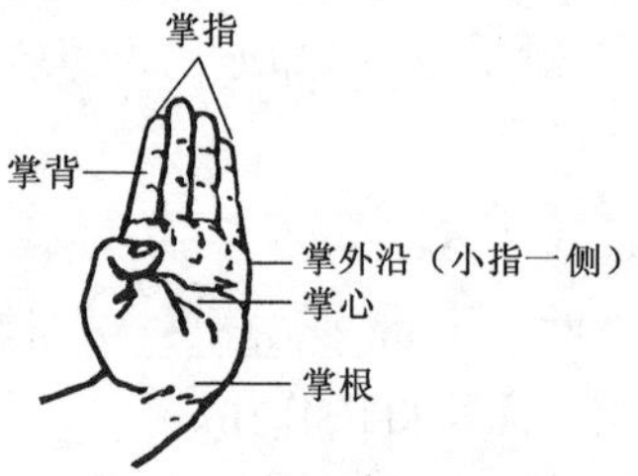

图8-2-2 掌的手型

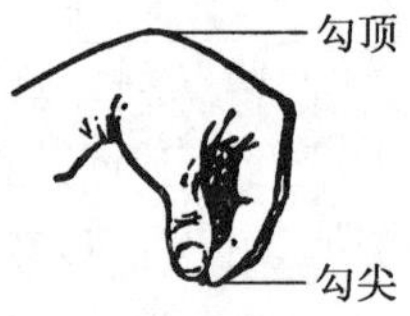

图8-2-3 勾的手型

（2）手法。

1）原地冲拳预备姿势：两脚左右开立，略宽于肩，两手握拳抱于腰间，掌心向上；肘关节向后，夹臂，挺胸，直腰，目平视前方，如图8-2-4之1所示。

动作说明：右拳向前冲出，拳心向下，高与肩平，眼视右拳，如图8-2-4之2所示。继而，左拳向前冲出，同时右拳收抱于腰。

动作过程要点：挺胸，收腹，拧腰，顺肩，急旋前臂，出拳快速有力，动作要有寸劲（即爆发力）。

2）原地推掌预备姿势：同原地冲拳相同。

动作说明：右拳变掌，指尖朝前，前臂内旋，并以掌根为力点向前猛力推击，推击时臂伸直，高于肩平，同时左肘向后引伸，如图 8-2-4 之 3 所示。

动作过程要点：挺胸，收腹，拧腰，顺肩，沉腕，翻掌，动作要有寸劲。

图 8-2-4　原地冲拳和原地推掌

2. 步型、步法

步型、步法是下肢动作的基础。

（1）步型。

1）弓步。

动作说明：左脚向前方跨出一大步（约四脚长），前脚型微内扣，左腿曲膝半蹲（大腿接近水平），膝与脚尖垂直。后腿挺，膝伸直，脚尖内扣，斜向前方。两脚全脚掌着地，两拳抱于腰间，上体正对前方，眼向前平视，如图 8-2-5 所示。

动作过程要点：前腿弓，后腿绷，挺胸，塌腰，沉髋。

2）马步。

动作说明：两脚平行开立（约本人脚长三倍），脚尖正再对前方，屈膝半蹲，大腿接近水平，全脚掌着地，脚尖微内扣，身体重心落于两腿之间，两拳抱于腰间，如图 8-2-6 所示。

动作过程要点：挺胸，塌腰，脚尖朝前，脚跟外蹬。

图 8-2-5　弓步

图 8-2-6　马步

3）虚步。

动作说明：两脚前后开立，后脚外展 45°，屈膝半蹲，重心落于后腿；前腿微屈，脚背绷紧，脚尖相内扣，虚点地面；两手扶腰或抱拳，如图 8-2-7 所示。左脚在前为左虚步，右脚在前为右虚步。

动作过程要点：挺胸，塌腰，动作虚实分明。

4）仆步。

动作说明：两脚左右开立，略宽于马步，一腿屈膝全蹲，全脚掌着地，脚尖内扣稍外展（约 45°）；另一腿伸直平铺，全脚掌着地，脚尖内扣；上体微向仆腿侧转并前倾，眼向仆腿方向平视，如图 8-2-8 所示。仆左腿为左仆步，仆右腿为右仆步。

动作过程要点：挺胸，塌腰，开胯，上体微前倾。

5）歇步。

动作说明：两腿交叉靠拢全蹲，前脚尖外展，全脚掌着地，后腿膝部贴近前腿外侧，前脚掌着地，臀部坐于后腿接近脚跟处，如图 8-2-9 所示。左脚在前为左歇步，右脚在前为右歇步。

动作过程要点：前脚尖外展，挺胸，塌腰，两腿靠拢并贴紧。

图 8-2-7 虚步

图 8-2-8 仆步

图 8-2-9 歇步

（2）步法。

1）垫步预备姿势：两脚前后开立，同肩宽；两手叉腰。如图 8-2-10 之 1 所示。

动作说明：后脚离地提起，用脚掌向前脚处落步，前脚立即以脚掌蹬地向上稍跳起，将步位让于后脚，然后再向前落步，如图 8-2-10 之 2 所示。

动作过程要点：起跳在空中时，上体正直，侧对前方。

2）弧形弓步预备姿势与垫步相同。

动作说明：两腿半蹲，两脚迅速交替向前方做弧形步，每步略比肩宽，眼向前平视，如图 8-2-11 所示。

动作过程要点：挺胸，塌腰，保持半蹲姿势，身体重心要稳，起伏落地时由脚跟迅速过渡到全脚掌，注意转腰。

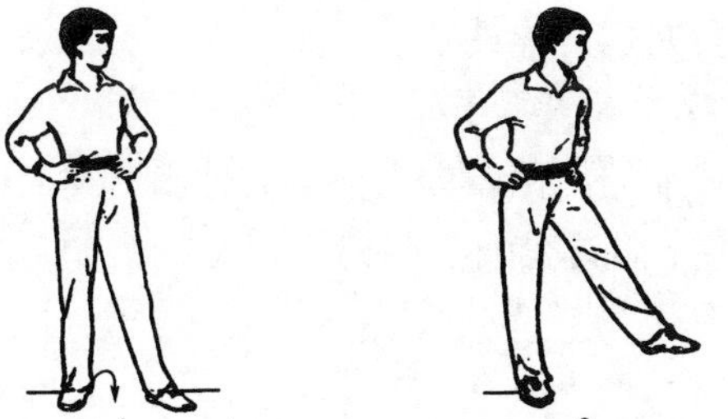

图 8-2-10　垫步

图 8-2-11　弧形弓步

（二）武术基本动作练习

1. 肩部、腰部练习

（1）肩臂练习。肩臂练习能增进肩关节韧带的柔韧性，加大肩关节的活动范围，发展提高上肢运动的敏捷、松长、转环等能力。

1）压肩。

动作说明：手扶肋木或墙壁，两臂伸直，上体前俯，低头，塌腰，收髋，或两人对面站立，互相扶肩部，直臂低头，做体前屈的下振压肩动作。

动作过程要点：两臂、两髋要伸直，逐步加大振幅，压点集中于肩部，增加助力时应由小到大。

2）单臂绕环。

动作说明：单臂由下向前、向上，向后、向下抡臂绕环；单臂由下向后、向上、向前、向下抡臂绕环。

动作过程要点：臂要直，肩放松，逐渐加速体侧划圆。

3）双臂绕环。

动作说明：两臂依次做向前、向后绕环。

动作过程要点：同单臂绕环相同。

（2）腰部练习。腰是贯通上下肢体的枢纽。俗话说“练拳不练腰，终究艺不高”，这里主要介绍俯腰、甩腰、涮腰 3 种方法。

1）俯腰。

动作说明：并步站立，两手手指交叉，直臂上举，手心朝上尽量贴地，然后两手松开，抱住两脚跟腱，逐渐使胸部贴近腿部再起立，还可以向左或向右倒转体，两手在脚外侧贴触地面。

动作过程要点：两膝伸直，收髋，尽量转体。

2）甩腰。

动作说明：开步站立，两臂上举；然后以腰髋关节为轴，上体做前后屈和甩腰动作，两臂也跟着甩动，两腿伸展。

动作过程要点：练习时，动作应有节奏并富有弹性。

3）涮腰。

动作说明：两脚开立，略宽于肩，上体前俯，两臂向左前下方伸出；继而以髋为轴，两臂带动上体，向前、向右、向后、向左绕环。

动作过程要点：尽量加大绕环幅度。

2. 腿部练习

腿部练习一般有压腿、扳腿、劈腿和踢腿等方法。通过腿部练习，可以有效地发展下肢的柔韧性、灵活性和力量等素质。

（1）压腿。

1）正压腿。

动作说明：面对肋木或一定高度的物体，将一腿抬起，脚跟放在肋木上，踝关节屈紧，两腿伸直，立腰，收髋，两手按扶膝部；上体前屈，向前、向下做振压动作，或两手抱住脚掌，尽量用前额、鼻尖或下颌触及脚尖。

动作过程要点：腿伸直，勾脚尖，直体向前、向下压振并逐渐加大振幅，逐步提高腿的放置高度。

2）侧压腿。

动作说明：身体侧对肋木或一定高度的物体，右腿支撑，脚尖稍外撇，左腿抬起，脚跟搁在肋木或其他物体上，脚尖勾起，右臂屈肘上举，两腿伸直，上体向左振压。左右腿交替练习。

动作过程要点：与正压腿相同。

3）后压腿。

动作说明：身体背对肋木或一定高度的物体，并步站立，两手叉腰或扶一定高度的物体；右腿支撑，左腿向后举起，脚背搁在肋木上，脚面绷直，上体后屈并做振压动作，左右腿交替练习。

动作过程要点：两腿挺膝，挺胸，展髋，腰后屈。

（2）踢腿。

1）正踢腿预备姿势：两脚并立，两手立掌侧平举，如图 8-2-12 之 1 所示。

动作说明：一脚向前上半步，直支撑，另一脚勾紧脚尖，向前额外踢起；两眼平视前方，如图 8-2-12 之 2 所示，练习时，可左右交替进行。

动作过程要点：头上抬，挺胸，立腰，踢腿时，勾脚尖，过腹后加速。

2）侧踢腿预备姿势：与正踢腿同。

动作说明：右脚向前上半步，脚尖外展；身体微右转。左脚尖勾紧，向左耳侧上踢；同时右臂上举亮掌，左臂屈肘立掌附于右肩前，如图 8-2-13 所示。踢左腿为左侧腿，踢右腿为右侧腿。

动作过程要点：立腰，开髋，侧身，勾脚尖。

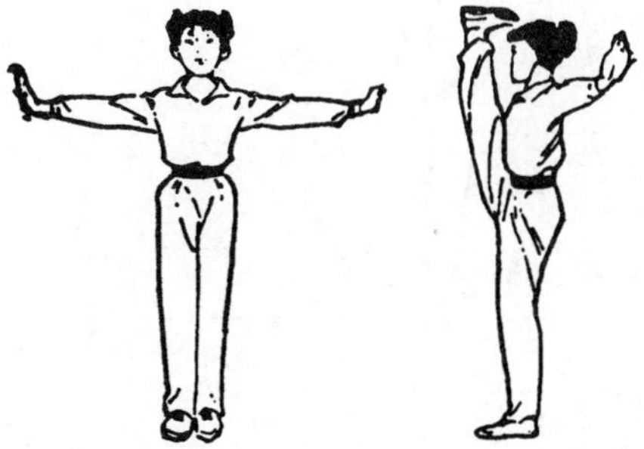

1 2

图 8-2-12 正踢腿

1 2

图 8-2-13 侧踢腿

3）外摆腿预备姿势：与正踢腿同。

动作说明：一腿向前上半步，另一脚脚尖勾紧，向身体异侧上方直腿踢起，经面前向同侧上方摆动，落在支撑脚旁，目平视前方，同侧掌在侧方与脚掌击响，也可不击响。练习时可左右交替进行，如图 8-2-14 所示。

动作过程要点：挺胸，立腰，松髋，速度要快，幅度要大。

1 2

图 8-2-14 外摆腿

4）里合腿。

动作说明：一脚向前上半步，另一脚脚尖勾紧，向同侧上方踢起，经面前向身体异侧上方（向内）作扇面直腿摆起，落于支撑脚外侧；目平视前方。异侧掌在异侧上方可迎击脚掌，可击响，也可不击响。练习时可左右交替进行，如图 8-2-15 所示。

动作过程要点：挺胸，立腰，松髋，里合速度要快，幅度要大。

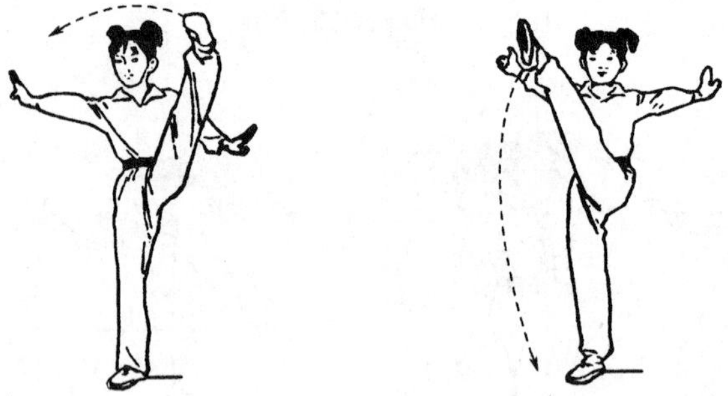

1　　2

图 8-2-15　里合腿

5）弹腿预备姿势：两腿并立，两手叉腰。

动作说明：右腿屈膝抬起，脚面绷直，如图 8-2-16 之 1 所示，大腿近水平时，迅速猛力挺膝，向前平踢弹出，大腿与小腿成一直线，高与腰平，力达脚尖，左腿伸直或微屈支撑，目平视前方，如图 8-2-16 之 2 所示。

动作过程要点：上体正直，脚面绷紧，弹击要猛发，力有寸劲（即爆发力）。

6）蹬腿。

蹬腿与弹腿动作相同，唯蹬腿时脚尖勾起，力点达于脚跟，如图 8-2-17 所示。

1　　2

图 8-2-16　弹腿

图 8-2-17　蹬腿

7）侧踹腿预备姿势：两脚并立，两手叉腰。

动作说明：两脚左右交叉，右腿在前，稍屈膝；随即右腿伸直支撑，左腿屈膝抬起，左脚内扣，脚跟用力向左侧上方踹出，高与肩平；上体向右侧倒，目视左侧方，如图 8-2-18 所示。

动作过程要点：挺膝开髋，脚外侧朝上，力达脚心。

3. 跳跃、平衡练习

（1）跳跃练习。跳跃是武术基本功练习中不可缺少的内容。这里仅介绍腾空飞脚。

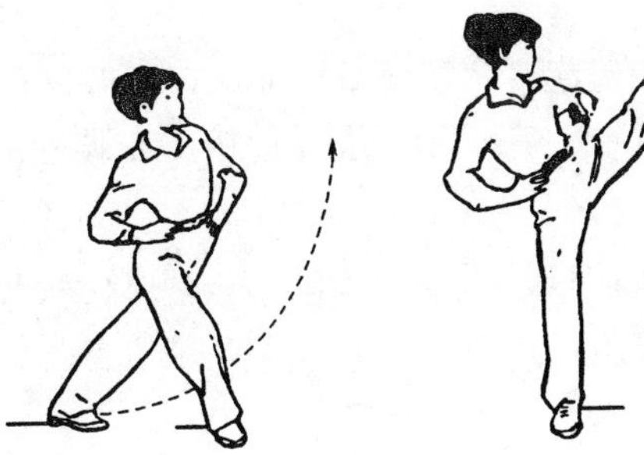
1　　2

图 8-2-18　侧踹腿

动作说明：两脚并步，右脚上步，左脚向前上方摆踢；右脚蹬地向上跳起，身体腾空，右臂由下向前、向头上挥摆，在额前右手背迎击左手掌，如图 8-2-19 之 1～2 所示。在空中，右脚面绷平，向前上方弹出，右掌击拍右脚面；左手在未响时摆至左侧方成勾手，略高于肩。同时左腿屈膝，手控于左腿侧，脚面绷平，脚尖向下，目平视前方，如图 8-2-19 之 3 所示。

1　　2　　3

图 8-2-19　腾空飞脚

动作过程要点：右腿在空中踢摆时，脚高必须过腰，在空中时，左腿屈膝，手控于左腿侧并须持续一定的时间，拍击动作要紧凑、准确、响亮，在腾空的最高点完成。

（2）平衡练习。平衡动作分为持久和非持久平衡两种。前者要求动作完成后，静止两秒钟以上，后者没有时间要求。

1）抬膝平衡动作。

动作说明：右腿直立，左腿屈膝提起，贴靠于胸前，脚面绷直内收，目向左平视，如图 8-2-20 之 1 所示。

动作过程要点：挺胸，立腰，脚趾抓地站稳，提膝过腰，脚内扣。

2）燕式平衡。

动作说明：右腿屈膝提起，两掌在身前交叉，掌心向内，如图 8-2-20 之 2 所示。然后，两掌向两侧直臂分开平举，上体前俯，右脚向后蹬伸，成燕式平衡，如图 8-2-20 之 3 所示。

动作过程要求：两腿伸直，后举腿要高于头顶水平部位，脚面绷直；上体前俯，略高于水平部位，挺胸，抬头。

图 8-2-20　平衡动作

五、武术锻炼的注意事项

（一）初学时注意由浅入深、循序渐进

初学基本功和基本动作要注意由易到难，循序渐进。如在做“踢腿”这个动作时，一般高度可先由低到高，速度由慢到快，用力也可由小到大，逐步提高要求。如果一开始就过于用力或踢腿过高、过快，那就容易使腿部肌肉韧带拉伤。所以要随着技术的掌握和体质的增强，逐渐地增加运动量和动作难度，不断地提高身体机能和技术水平。

在单个动作比较熟练的基础上，就可以过渡到组合练习了。在组合练习中要特别注意手、眼、身法和步法的紧密配合，还要注意动作与动作之间的衔接，为以后练习套路打下良好的基础。

（二）要坚持经常，持之以恒

人体内有这样一条规律：各组织器官在剧烈活动中要消耗能量物质，在一定的范围内，运动时能量物质消耗得越多，运动后的补偿作用就越明显。由于不间断地经常锻炼，这种“消耗”和“补偿”也一直在进行，久而久之，体内能量物质储备就会增多，各组织器官营养得到改善，人体的各种机能也相应地提高了。如果训练中断，那么身体各器官的机能和运动技能都会出现消退的现象。

（三）要树立不怕苦、不怕难的思想

初学基本功和基本动作，在剧烈运动后，特别是进行压腿、耗腿或做步型、步法练习之后，往往会感到肌肉酸痛。一般说来，这是正常的生理现象，对健康并无损害。因为在剧烈运动中，产生的大量乳酸在肌肉里堆积；压腿、耗腿还会牵拉肌肉和韧带，刺激其神经末梢，这两个刺激通过专门的“电话线”报告到大脑皮质，于是就产生了酸痛的感觉。

在练习时，首先要树立为革命而练和不怕苦、不怕难的思想，克服肌肉酸痛的过程，也就是练思想、练作风、练意志的过程。我们要发扬“世上无难事，只要肯登攀”的革命精神，克服锻炼中的困难。同时，还要掌握正确的方法。如在压腿、耗腿前，先跑跑步，做好充分的准备活动。做完马步、弓步等步型的静力练习后，要做些肌肉放松活动。此外，在肌肉酸痛部位还可进行热敷或按摩，以加快血液循环，减轻和消除酸痛的感觉。坚持一段训练之后，人体各器官机能就会产生适应性，肌肉韧带就不会再出现酸痛的现象了。当然也要防止一味蛮干。如做“劈叉”动作时，如果柔韧性较差，则可手扶地慢慢往下震压。在开始“劈”不下去时也不要勉强，等练习次数多了，就会由“量变”过渡到“质变”，达到正确的要求。

（四）要掌握正确的运动方法

初学基本功和基本动作，首先，要注意养成正确的姿势。如“正踢腿”，如果在开始踢不到前额处这个标准时，那么就可以放低高度，踢过腰即可，但对“直腿、直腰、挺胸”等基本要求必须做到。不然，如果怕肌肉酸痛，一开始就弯腿，弓腰踢腿，不仅姿势难看，同时还会影响锻炼效果，养成不良的动作习惯，妨碍技术水平的提高。其次，在练习时应注意用力要协调、顺畅，不要使拙力僵劲，因为拙力僵劲也会影响技术水平的提高。

六、武术竞赛规则与裁判法

（一）竞赛规则简介

1. 裁判员的组成及裁判员临场的位置

（1）裁判人员的组成

设总裁判员 1 人，副总裁判员 1～3 人。各裁判组设裁判长 1 人，裁判员 7～8 人。编排、记录长 1 人，编排、记录员 2～3 人。检录长 1 人，检录员 2～3 人。报告员 1～2 人。

（2）裁判员临场位置

裁判员临场位置示意图如图 8-2-21 所示。

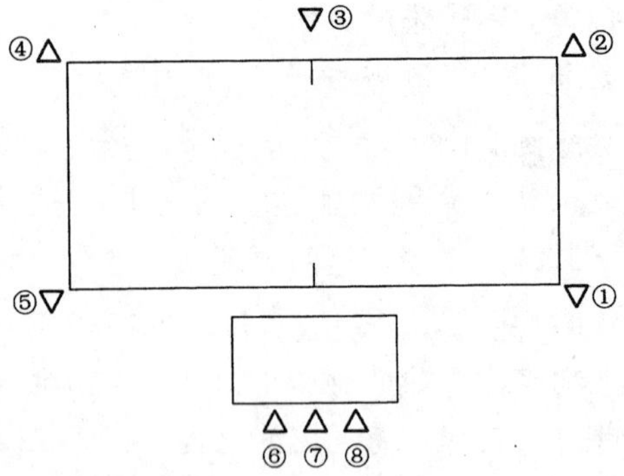

①～⑤为评分裁判员，⑥为计时员，⑦为裁判长，⑧为计分员

图 8-2-21　裁判员临场位置示意图

2. 竞赛通则

（1）竞赛性质。

由竞赛规程规定，分为：

1）个人竞赛；

2）团体竞赛；

3）个人及团体竞赛。

（2）竞赛项目。

1）拳术：长拳、南拳、太极拳。

2）器械：剑术、刀术、棍术、枪术。

3）其他拳术：除规则规定的自选拳术内容以外的拳术。

第一类，形意、八卦、八极；

第二类，通背、劈挂、翻子；

第三类，地躺、象形拳。

4）其他器械：除规则规定的自选器械项目内容以外的器械项目。

第一类，单器械；

第二类，双器械；

第三类，软器械。

5）对练项目：徒手对练、器械对练、徒手与器械对练。

6）集体项目。

（3）起、收势及配乐与套路的计时。

1）运动员应在右侧场地内完成相同方向的起势与收势。如有其他起、收势者，必须事先向裁判长申明。

2）运动员身体的任何部位开始动作即为起势，并开始计时。对练或集体项目在行进间开始动作者，须事先向裁判长申明。

运动员完成整套动作后，并步收势则计时结束。

3）除集体项目外，任何项目在比赛时均不得配乐。

3. 评分标准与方法

（1）评分标准。

1）各项目的评分和扣分标准有所不同，但比赛最高得分均为 10 分，如长拳、剑、刀、枪、棍的评分标准。

a．动作规格的分值为 6 分。

b．劲力、协调的分值为 2 分。

c．精神、节奏、风格、内容、结构、布局的分值为 2 分。

2）其他错误的扣分。运动员在演练中除按评分标准进行扣分外，对规则规定不允许出现的其他错误也应由裁判员与裁判长分别给予扣分。

由裁判员扣分的有：运动员在演练时出现遗忘、出界、不稳、附加支撑、倒地、助跑超出步数，刀彩、剑穗、服饰掉地，服装开钮，或刀彩、剑穗和软器械缠住身体任何部位影响了动作，器械碰身，脱把、掉地、变形、折断等错误。

由裁判长扣分的有：运动员在演练时出现起、收势方向不符，重做、动作组别不够，动作次数超出规定，时间不足或超出规定，比赛中随便发声喊叫等错误。

凡运动员没有完成套路而中途退场，均不予评分。

（2）评分方法。

1）裁判员评分。裁判员根据运动员现场发挥的技术水平，按照各竞赛项目的评分标准，从 10 分中减去各类分值中与技术要求不符的扣分和其他错误的扣分，即为运动员得分。

2）应得分的确定。根据评分裁判员的人数，将裁判员评出的最高的一个分与最低的一个分去掉后的有效分的平均值，即为运动员的应得分。4 个裁判员评分时，取中间 2 个有效分的平均数。5 个裁判员评分时，取中间 3 个有效分的平均数。如 5 个评分裁判员评出的分数分别为 9.4、9.3、9.3、9.0、9.1，去掉最高分 9.4 和最低分 9.0 分，9.3、9.3、9.1 为有效分，三者之和的平均数为 9.23 分，即为该运动员的应得分。

3）最后得分的确定。裁判长从运动员的应得分数中扣除裁判长所扣的分数后，即为运动员的最后得分。如运动员的应得分为 9.23，因完成套路时间不足 1 秒钟，由裁判长扣 0.1 分。因此，运动员的最后得分为 9.13 分。

4. 运动员完成套路的时间

（1）长拳、南拳和刀、枪、剑、棍的自选套路，少年组、成年组均不得少于 1 分 20 秒钟，儿童组不得少于 1 分钟。

（2）太极拳 5 分钟～6 分钟（到 5 分钟时，裁判长鸣哨示意）。

（3）其他项目：单练不得少于 1 分钟；对练不得少于 40 秒钟。

（4）集体项目不得少于 3 分钟。

5. 场地和器械

（1）场地：长 14 米、宽 8 米（包括 5 厘米的边线在内），在场地的两长边中间做两个中线标记。

（2）器械：武术器械对于长度、重量、材料有规定。例如，枪的全长的最短长度必须等于本人直立直臂上举时从脚底到指端的长度，棍的最短长度必须等于本人身高；枪杆和棍应由白腊杆制成，粗细按不同年龄组均有规定；剑的长度以直臂垂肘反手持剑的姿势为准，刀的长度以直臂垂肘抱刀的姿势为准，剑、刀尖不得低于本人的耳上端；剑、刀应由钢材料制成，重量按不同年龄组均有规定。凡不符合规定者不准参加该项比赛，如在比赛中发现运动员所用的器械违反规则，裁判长有权取消其该项成绩。

（二）竞赛裁判法简介

评判时，裁判员须独立进行评分，并应在评分记录表上用数字或符号做简明的扣分记录。由于武术竞赛主要依靠裁判员掌握规则的精神，根据运动员临场发挥的技术水平评定成绩。一个完整的套路有数十个动作，时间短而变化快，裁判员要在短时间内看清和记准每一个错误动作有一定的困难，特别是对于劲力、协调、风格、精神、节奏等的扣分没有一个定量的标准。所以，为了能较正确地评判，在评分时必须注意：动作规格错误随时记录，具体实扣；劲力、协调与精神、节奏、内容、风格、布局、结构等整体性错误综合比较，一次总扣；其他错误出现则扣。

第九章　隔网对抗项目

第一节　乒　乓　球

“独自上场”的李娜

一、乒乓球运动的发展

乒乓球运动起源于英国，是从网球运动中产生的。19 世纪后期，英国的一些大学生从网球中得到启示，在室内以餐桌作为球台，用书或两把高背椅子挂上一根线作为球网，采用软木或橡胶做成的球，手持羔皮纸贴成的长柄椭圆形空白球拍，在台子上将球打来打去。最初这种游戏不叫作“乒乓球”，而叫作“弗利姆-弗拉姆”（Flim-Flam），又称“高西马”（Goosima）。球台和球网的大小及高度均无统一规定，积分方法有 10 分、20 分、59 分或 100 分为一局的。发球的方法也无严格限制，既可以把球先击到本方台面再落到对方台面，也可以将球直接发到对方台面规定的地方或任何地方。

1890 年左右，英格兰一位退休的越野跑运动员詹姆斯·吉布（James Gibb），从美国带回了作为儿童玩具的赛璐珞球，产生了用这种小球来代替软木球和橡胶球的打乒乓球的想法。由于当时普遍使用的羔皮纸球拍击到球和球碰台后发出“乒乓”的声音，于是人们模拟其声音把它叫作“乒乓球”，其后也称“桌子上的网球”。

乒乓球是我国的“国球”。20 世纪 60 年代到 70 年代，我国的直板快攻型打法威震世界。特别是邀请美国乒乓球队访华之后，打开了中美建交的大门，被称为“小球转动大球”，为我国的外交关系作出了重大贡献。在 1999 年举行的世界乒乓球锦标赛（以下简称世乒赛）上，以蔡振华为主教练的中国队，一举囊括了全部五项冠军，使我国的乒乓球运动再次达到了全盛时期。

乒乓球运动的发展，可以说是随着科研和球技的发展而发展的，同时比赛规则也在不断修改和完善，对乒乓球技术的发展也起着非常积极的作用。乒乓球技术的发展，可以概括为以下几个阶段：

第一阶段（1926—1951 年）：欧洲全盛期，以削球打法为主；

第二阶段（1952—1959 年）：优势转向亚洲，日本长抽打法称霸乒坛；

第三阶段（1960—1969 年）：中国直拍近台快攻打法崛起；

第四阶段（1970 年—1978 年）：欧洲复兴与欧亚对抗；

第五阶段（1980 年至今）：进入奥运时代，欧亚竞争更为激烈。

当然，随着科学研究的不断深入，球台、球拍和比赛用球的质量和颜色也在不断改进，这也对乒乓球运动的发展起到了一定的推动作用。

二、乒乓球运动的特点及其锻炼价值

乒乓球运动是练习者手握球拍各站球台一侧，隔网轮流击球的一项球类运动。由于球是用赛璐珞或塑料制成，打时有“乒乓”声，故名乒乓球。乒乓球运动的特点是球小、速度快、旋转性强、变化多、趣味性强、设备比较简单，参加这项运动，不受年龄、性别和身体条件限制，易于普及开展。这项运动在我国是一项开展得比较广泛的球类运动，深为广大人民群众，特别是青少年喜爱。

经常从事乒乓球运动，不仅能发展人的灵敏和协调性，提高动作的速度和上、下肢协调活动能力，改善内脏器官的机能，而且还能培养勇敢、顽强、机智、果断的良好品质。

三、乒乓球运动基本技术

（一）握拍法

1. 直拍握法

直拍握法优点是正手攻球快速有力，变线时动作变化不大，对手不易判断。缺点是反手攻球时，受身体转动限制不易发力，攻、削结合比较困难，防守时照顾的范围较小。常见的直拍握法有以下两种。

（1）快攻型捏拍法（简称中钳式握拍法）。拍前以食指第二指关节和拇指第一关节扣拍，两指间的距离为 1 厘米～2 厘米，拍柄贴住虎口，拍后 3 指自然弯曲，贴于球拍的 1/3 上端，如图 9-1-1 所示。

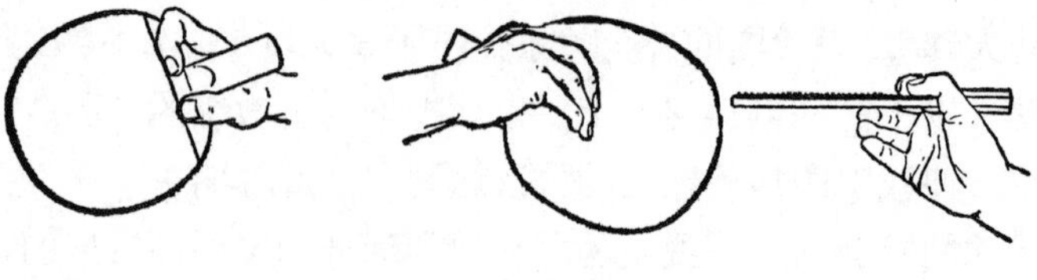

图 9-1-1　快攻型捏拍法

（2）弧圈型握拍法。拍前拇指紧贴拍柄左侧，实质扣住拍柄成环形，其余 3 指在拍后自然弯曲，抓住球拍中部，如图 9-1-2 所示。

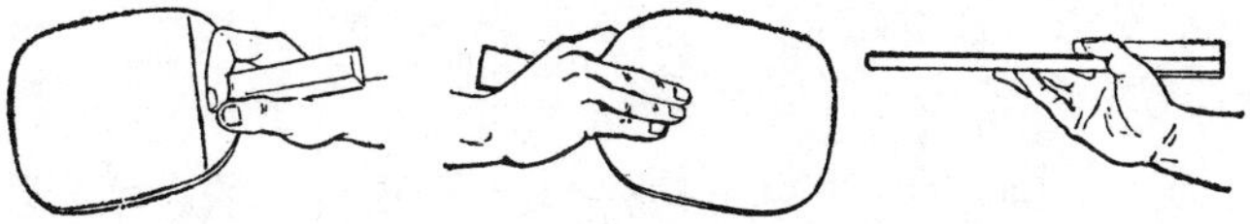

图 9-1-2　弧圈型握拍法

2. 横拍握法

横拍握法优点是照顾的范围比直拍大，攻、削、拉力量大，旋转性强，反手攻球便于发力。缺点是左右击球时动作偏大，影响速度。横拍直打技术较难掌握，中路球难以还击，台内正手攻球也较难掌握。

横拍握法是虎口贴拍，食指在拍前，拇指在拍后，如图 9-1-3 之 1 所示。正手攻球时，食指稍向上移动，反手攻球时，拇指稍向上移动，如图 9-1-3 之 2 所示。

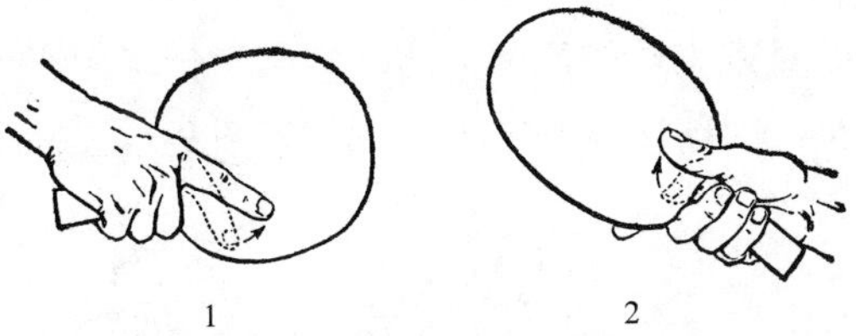

图 9-1-3　横拍握法

握拍时，注意不能太松、太紧或太深、太浅，以免影响手腕动作的灵活性。握拍过紧会使手腕、前臂僵硬；过松会使球拍抖动而影响击球的发力和击球的准确性。

（二）准备姿势与站住

1. 准备姿势

两脚平行站立与肩同宽或稍宽，两膝稍屈内扣，脚跟稍提起，前脚掌着地，保持身体平衡；稍含胸收腹，上体稍前倾。持拍手臂自然弯曲，球拍置于腹右侧面 20 厘米～30 厘米处，拍形近垂直状。

2. 站位

（1）快攻型、左推右攻打法，基本站位离球台 30 厘米～40 厘米，偏右；两面攻打法，基本站位离球台 50 厘米左右，在中间偏左。

（2）削球型。横拍攻削结合打法，站位在中台附近；以削为主配合反攻的站位在中远台。

（三）基本步法

1. 单步

一脚前脚掌为轴，另一脚向前后或左右移动一步。在来球角度不大的情况下击球，运动员常采用这种步法。

2. 跨步

与来球同方向的脚先向侧跨一大步，另一脚跟着移动。这一步法常用在回击速度快、角度大的来球。

3. 侧身步

一种是左脚先向左跨出一步，然后右脚随即向左方移动；另一种以左脚先向前插上，右脚向左后移动。当来球逼近身体时或侧身攻球时，采用这种步法。

4. 交叉步

以来球异侧的脚先向来球一侧移动，并超过另一脚，接着另一脚再向来球一侧移动。当在来球远离身体的情况下击球时，多采用这种步法。

（四）挡球与推挡球

1. 挡球

挡球主要是借助对方来球的反弹力将球挡回。挡球应在上升期击球的中部，拍形与台面接近垂直。回球速度慢、力量轻，如图 9-1-4 所示。

图 9-1-4 挡球（正手和反手）

2. 减力挡

挡球时，根据来球情况在触球的刹那间，把球拍瞬时稍后移，用以减弱来球的反弹力，使回球力量减弱，如图 9-1-5 所示。

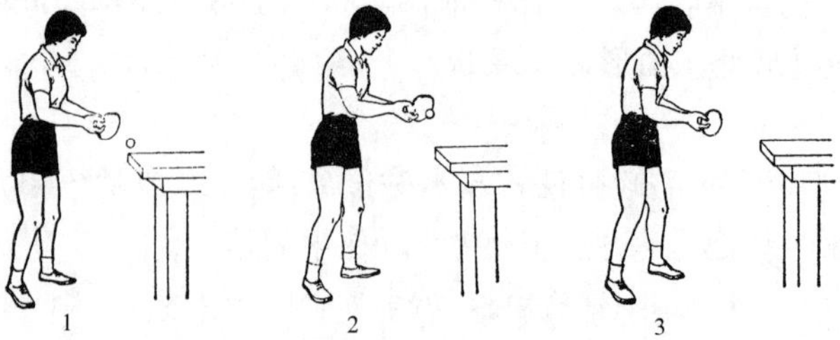

图 9-1-5 减力挡

3. 快推

借力还击，回球速度快，力量较轻，落点变化多而快。推挡时，持拍手的上臂和肘关节内收，前臂略向外旋；击球时，前臂开始向前推出，拍形前倾，在上升期击球中上部，如图 9-1-6 所示。

图 9-1-6　快推

4. 加力推

回球力量重、速度快，击球点较高。击球前，前臂后收，击球时主要靠前臂向前推压发力，在上升期后段或高点期击球中上部，如图 9-1-7 所示。

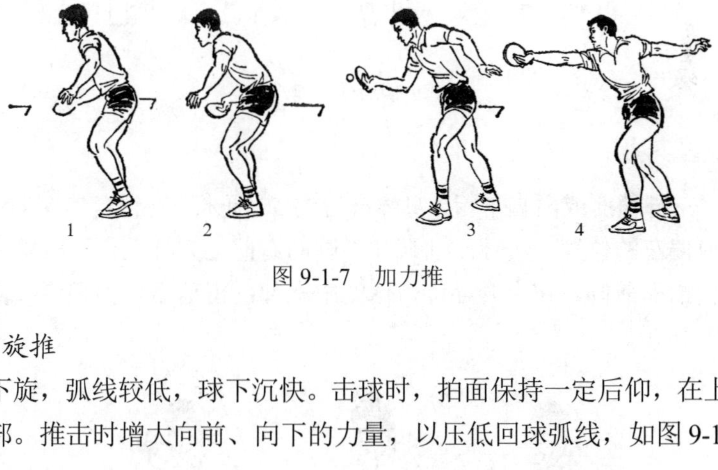

图 9-1-7　加力推

5. 下旋推

回球下旋，弧线较低，球下沉快。击球时，拍面保持一定后仰，在上升期后段击球中下部。推击时增大向前、向下的力量，以压低回球弧线，如图 9-1-8 所示。

图 9-1-8　下旋推

（五）攻球

攻球是比赛中争取主动和得分制胜的重要技术。它具有速度快、力量大的特点。攻球可分为正手攻球和反手攻球。它包括快攻、快点、快拉、突击、扣杀、中远台攻球等技术动作。

1. 正手攻球

站位，左脚稍前，身体离台约 50 厘米。击球前，引拍至身体右侧，上臂与身体成 35° 角，与前臂成 120° 角。击球时，手臂由右侧向左前上方迅速挥动，以前臂发力为主，食指放松，拇指压拍，使拍形前倾，配合手腕内转动作，在上升期击球的中上部。击球后，球拍顺势挥至头的前部，如图 9-1-9 所示。

图 9-1-9　正手攻球

2. 反手攻球

站位，左脚稍前或两脚平行，身体离台约 50 厘米，前臂自然弯曲。击球前球拍引至腰前偏左的位置，击球时前臂和手腕向右前上方挥动，同时配合外旋转腕的动作，使拍形前倾。在上升期，击球的中上部；击球后球拍顺势挥至右肩前，如图 9-1-10 所示。

图 9-1-10　反手攻球

（六）搓球

搓球分正手搓球、反手搓球、快搓、慢搓、搓转与不转球等。搓球时拍形略后仰，主要运用前臂和手腕的力量，擦击球的中下部。在上升期击球为快搓，在下降期击球为慢搓，都可以用相似的动作搓出转与不转的球以迷惑对方，用拍面摩擦球，则旋转；把球托出则不旋转，如图 9-1-11 所示。

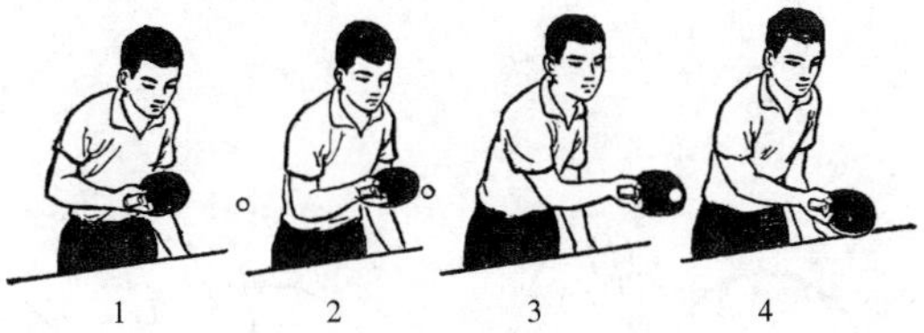

图 9-1-11　搓球

（七）发球

1. 正手发急球

抛球后，球下落时前臂迅速由后向前挥动，拍形稍前倾，击球的中上部，使击到的点与网同高，击出的球第一跳先落在本方台近端处，然后落到对方球台。

2. 反手发急球

右手握拍于身体左侧，抛球后，当球下落时前臂迅速由后向前挥动，拍形稍前倾，击球的中上部，击球点与第一跳同正手发急球，如图 9-1-12 所示。

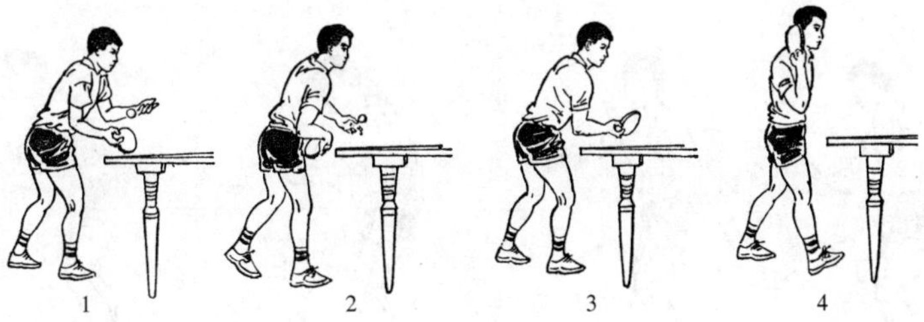

图 9-1-12　反手发急球

3. 发短球

动作与发急球相似，区别在于击球时拍形稍后仰，瞬时轻击球的中下部，第一跳在本方球台中段，球落到对方球台近网处，第二跳不出台，如图 9-1-13 所示。

图 9-1-13　发短球

4. 正手发转与不转球

抛球后，向上引拍同肩高，拍形后仰，用前臂向下挥动，同时手腕向外转动，撞击球的中下部为转球；如果拍与球接触瞬间撞击多而摩擦少，则为不转球，如图 9-1-14 所示。

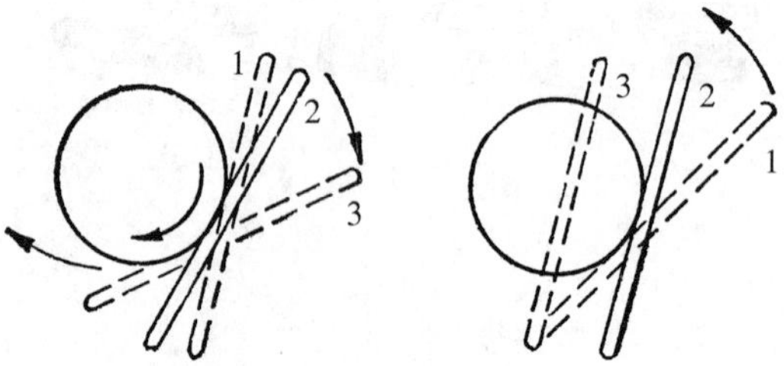

图 9-1-14　正手发转与不转球

5. 正手发左侧上（下）旋球

抛球时，向右上方引拍，手腕外展，击球时前臂迅速向左下方挥动。触球时手腕快速向左上方转动，从球的中部向左上方摩擦为左侧上旋球；如手腕快速向左下方转动，从球的中部向左下方摩擦，则为左侧下旋球，如图 9-1-15 所示。

图 9-1-15　正手发左侧上（下）旋球

6. 反手发右侧上（下）旋球

抛球后，引拍至右胸前，球下落时，手臂向右挥动。触球时手腕向右上方转动，使拍从球的中部上方摩擦为右侧上旋球；如手腕向右下方转动，使拍从球的中部向右下方摩擦，则为右侧下旋球。

（八）接发球

接发球技术的运用往往是被动的，但被动也可以转化为主动，只要在接发球时能够对对方发球的旋转、落点等变化作出准确的判断，并且果断、合理地运用接发球技术，就能摆脱被动，同时也可以把接球反攻变为主动。

四、乒乓球基本技术的练习方法

（一）乒乓球基本技术练习

1. 推挡球练习

（1）按照握拍法的动作要求，做推挡的徒手练习，有条件的可对着镜子练习，以便检查击球动作是否正确。

（2）两人一组，进行推挡练习，速度可由慢到快逐渐加速（落点要准、线路不变）。

（3）两人一组，进行快推、加力推、减力推交替练习。

2. 攻球练习

（1）徒手做正手快攻的模仿练习，熟悉动作路线，体会正手攻动作的用力部位和技巧。

（2）徒手做反手攻球的模仿练习，熟悉动作路线，体会反手攻球动作的用力部位和技巧。

（3）做正手快攻，正手攻台内球练习。

（4）做正手侧身攻球，反手快攻练习。

（5）做正手对攻练习（固定线路），各种攻球的混合练习（手法与步法协调配合练习）。

3. 搓球练习

（1）徒手模仿搓球动作。

（2）自己向球台抛球，待球弹起搓球过网。

（3）一人发下旋球，另一人搓球过网。

4. 发球练习

（1）徒手做发球前的准备姿势，模仿抛球和各种发球动作。

（2）进行各种发球练习。先练发斜线球，后练发直线球；先练发不定点球，再练发定点球。

（3）练习发各种具有旋转性能的球。

（4）练习用同一种手法发不同旋转和落点的球。

5. 接发球练习

（1）开始练习接发球时，最好固定用推挡、搓球或攻球中任何一种技术去接对方的单一发球（可用多球练习）。

（2）练习接各种旋转球的技术，以适应不同旋转性能的变化和提高判断旋转的能力。

（3）在学会接发球的基础上，要进一步提高接发球和回球的质量，避免在接球回球后给对方造成攻击机会。

（4）发球和接发球应密切结合起来练习，然后通过比赛来提高接发球的能力。

（二）乒乓球基本技术练习的注意事项

1. 推挡球

（1）准备推挡时，要保持合理的站位和预备姿势。不要离球台过远，以免造成在下降期击球，影响回球的速度和力量。

（2）推挡时，肘关节应靠近身体，以利于前臂向前发力。

（3）推挡时，应食指用力，拇指放松，手臂后引，前推幅度不宜过大。

2. 攻球

（1）攻球的徒手动作要反复多练。技术动作要定型，不要随便乱打，以免形成错误动作后难纠正。

（2）要循序渐进，先学练正手攻球，再学练反手攻球，先慢后快，先轻后重，先稳后凶。

（3）练习中，要注意步法移动，不能站死。

3. 搓球

（1）搓球动作不宜太大，要充分利用前臂和手腕的力量。

（2）搓转与不转球，关键在于球拍与球接触时的动作方法。搓转球时，要使球拍从上向下擦击球；搓不转球时，要使球拍从上向前下托球。

4. 发球

（1）必须掌握一两种技术精、质量高的发球技巧特长，它是常用以作为比赛中争取主动进攻或得分的一种主要手段。防止发球方法多、全而技术不精的偏向。

（2）发球要配套。在熟练掌握某一种发球的基础上，还要有一两种发球做配合，这样效果才更好。例如，如果发反手右侧下旋球好，就应该有右侧上旋球做配合；如果以发短球为主，还应有急球配合等。练习中，要防止单一化，同时还要防止只顾旋转不管落点的偏向。

（3）要善变，发球时应该把旋转、力量和落点很好地结合起来运用，发出的球要多变而发球的动作要尽量相似，以使对方不易判断。

5. 接发球

（1）根据对方球拍触球的角度判断来球方向。

（2）根据对方球拍挥动的方向判断来球的旋转性能。

（3）接发球时，必须反应快，要根据对方球拍触球的刹那间球拍移动的方向、手臂与手腕振幅的大小，球拍摩擦球时的力量，判断来球旋转的性质、旋转的强弱和落点，做好回球的准备。

（三）乒乓球练习中常见错误及纠正方法

（1）推挡球练习中常见错误及其纠正方法如表 9-1-1 所示。

表 9-1-1　推挡球练习中常见错误及其纠正方法

常见错误	现象	纠正方法
正手挡球时，手腕下垂，使球拍与小臂成垂直状	击球时动作僵硬、不协调	手腕向外展，使球拍拍柄向左些
挡球时，判断球的落点不准，拍形掌握不好	球不过网或出界	提高判断能力，增强手腕的灵活性和调节拍形的能力
推挡时，拍形前倾过大，击球时间过早	球不过网	迎球时间稍晚一点，球拍与球接触时离落点稍远一些
拍形前倾不够，击球时间过早或过晚	球出界	手腕外旋使拍形前倾，在上升期时击球
快推前，肘关节离开身体	动作不协调	击球前，上臂和肘关节靠近身体
加力推，手臂没有向前伸展出去	推挡力量不重	击球后，上臂和肘关节前送，并配合上体向左转动

（2）攻球练习中常见错误及其纠正方法如表 9-1-2 所示。

表 9-1-2　攻球练习中常见错误及其纠正方法

常见错误	现象	纠正方法
正手攻球时，手腕下垂，使球拍与小臂成垂直状	击球时，动作僵硬，不协调	右手握球拍，拍柄向左些，做徒手模仿练习
正手攻球时，手腕太僵硬，使球拍与小臂成一直线	击球时，动作僵硬，不协调	握拍时，手腕放松些，多做徒手模仿练习
正手攻球时，大臂和肘关节抬得过高	击球时，动作僵硬，不协调	手臂放松，肘关节下垂做近台快攻练习
判断球的落足不准，引拍动作不到位	击球落空	先做接平击球的练习，再做连续推挡球的练习
正手攻球引拍时，球拍没有直接向后引，有向前的多余动作	动作不协调，有时击球落空	多做练习改进动作
击球后球拍立即停止不前	动作不协调	用多球做抽半高球的练习
反手攻球时，拍形前倾过早	球不过网	使拍形稍后仰，徒手做引拍动作练习
反手攻球时，拍形前倾不够	球出界	击球时，手腕和前臂要配合外旋，拍形应保持向前倾斜；做接平击发球的练习，体会击球时的转腕动作

（3）搓球练习中常见错误及其纠正方法如表 9-1-3 所示。

表 9-1-3 搓球练习中常见错误及其纠正方法

常见错误	现象	纠正方法
球拍没有上引，击球时前臂由下向上动作不明显	球下旋力不强	持拍练习前臂和手腕先向上再下切的动作
击球时，拍形后仰不够	球出界下网	练习用慢搓接对方发来的下旋球，体会拍形后仰前送的动作
击球时，球拍与球接触的部位不准，没击到球的中下部	球不过网	做对搓练习，体会拍形后仰在下降期击球中下部的动作
击球时，前臂前送力量不够	球不过网	两人做慢搓练习，体会击球后前臂前送的动作

（4）发球练习中常见错误及其纠正方法如表 9-1-4 所示。

表 9-1-4 发球练习中常见错误及其纠正方法

常见错误	现象	纠正方法
未将球向上抛起	发球犯规	多做抛球动作练习
击球点过高或过低	球易出界和下网	按合适的球点发球
拍形前倾过多，击球时向前力量小，落点离网较远	球不过网	纠正击球拍形，在台面上划出第一落点的范围
拍形前倾不够，击球时向前力量大，落点离网过近	球不过网	同上

五、乒乓球竞赛主要规则简介

（一）球台

（1）球台的上层表面叫做比赛台面，应为与水平面平行的长方形，长 2.74 米，宽 1.525 米，离地面高 76 厘米。

（2）比赛台面不包括球台台面的垂直侧面。

（3）比赛台面可用任何材料制成，应具有一致的弹性，即当标准球从离台面 30 厘米高处落至台面时，弹起高度应约为 23 厘米。

（4）比赛台面应呈均匀的暗色，无光泽。沿每个 2.74 米的比赛台面边缘各有一条 2 厘米宽的白色边线，沿每个 1.525 米的比赛台面边缘各有一条 2 厘米宽的白色端线。

（5）比赛台面由一个与端线平行的垂直的球网划分为两个相等的台区，各台区的整个面积应是一个整体。

（6）双打时，各台区应由一条 3 毫米宽的白色中线，划分为两个相等的“半区”。中线与边线平行，并应视为右半区的一部分。

（二）球网装置

（1）球网装置包括球网、悬网绳、网柱及将它们固定在球台上的夹钳部分。

（2）球网应悬挂在一根绳子上，绳子两端系在高 15.25 厘米的直立网柱上，网柱外缘离开边线外缘的距离为 15.25 厘米。

（3）整个球网的顶端距离比赛台面 15.25 厘米。

（4）整个球网的底边应尽量贴近比赛台面，其两端应尽量贴近网柱。

（三）球

（1）球应为圆球体，直径为 40 毫米。

（2）球重 2.7 克。

（3）球应用赛璐珞或类似的塑料制成，呈白色或橙色，且无光泽。

（四）球拍

（1）球拍的大小、形状和重量不限。但底板应平整、坚硬。

（2）底板厚度至少应含有 85%的天然木料。加强底板的粘合层可用诸如碳纤维、玻璃纤维或压缩纸等纤维材料，每层粘合层不超过底板总厚度的 7.5%或 0.35 毫米。

（3）用来击球的拍面应用一层颗粒向外的普通颗粒胶覆盖，连同粘合剂，厚度不超过 2 毫米；或用颗粒向内或向外的海绵胶覆盖，连同粘合剂，厚度不超过 4 毫米。

1）普通颗粒胶是一层无泡沫的天然橡胶或合成橡胶，其颗粒必须以每平方厘米不少于 10 颗，不多于 30 颗的平均密度分布整个表面。

2）海绵胶即在一层泡沫橡胶上覆盖一层普通颗粒胶，普通颗粒胶的厚度不超过 2 毫米。

（4）覆盖物应覆盖整个拍面，但不得超过其边缘。靠近拍柄部分及手指执握部分可不予以覆盖，也不可用任何材料覆盖。

（5）底板、底板中的任何夹层，以及用来击球一面的任何覆盖物和粘合层均应为厚度均匀的一个整体。

（6）球拍两面无论是否有覆盖物，必须无光泽，且一面为鲜红色，另一面为黑色。

（7）由于意外的损坏、磨损或褪色，造成拍面的整体性和颜色上的一致性出现轻微的差异，只要未明显改变拍面的性能，可以允许使用。

（8）比赛开始时及比赛过程中运动员需要更换球拍时，必须向对方和裁判员展示他将要使用的球拍，并允许他们检查。

（五）定义

（1）回合：球处于比赛状态的一段时间。

（2）球处于比赛状态：从发球时球被有意向上抛起前静止在不执拍手手掌上的最后一瞬间开始，直到该回合被判得分或重发球。

（3）重发球：不予判分的回合。

（4）一分：判分的回合。

（5）执拍手：正握着球拍的手。

（6）不执拍手：未握着球拍的手。不执拍手臂为不执拍手的手臂。

（7）击球：用握在手中的球拍或执拍手手腕以下部分触球。

（8）阻挡：对方击球后，在比赛台面上方或向比赛台面方向运动的球，尚未触及本方台区，即触及本方运动员或其穿戴（带）的任何物品，即为阻挡。

（9）发球员：在一个回合中首先击球的运动员。

（10）接发球员：在一个回合中第二个击球的运动员。

（11）裁判员：被指定管理一场比赛的人。

（12）副裁判员：被指定在某些方面协助裁判员工作的人。

（13）动员穿或戴（带）的任何物品：包括他在一个回合开始时穿或戴（带）的任何物品，但不包括比赛用球。

（14）越过或绕过球网装置：除从球网和比赛台面之间通过，以及从球网和网架之间通过的情况外，球均应视作已“越过或绕过”球网装置。

（15）球台的“端线”：包括端线两端的无限延长线。

（六）发球

（1）发球开始时，球自然地置于不持拍手的手掌上，手掌张开，保持静止。

（2）发球员须用手将球几乎垂直地向上抛起，不得使球旋转，并使球在离开不执拍手的手掌之后上升不少于16厘米，球下降到被击出前不能碰到任何物体。

（3）当球从抛起的最高点下降时，发球员方可击球，使球首先触及本方台区，然后越过或绕过球网装置，再触及接发球员的台区。在双打中，球应先后触及发球员和接发球员的右半区。

（4）从发球开始，到球被击出，球要始终在比赛台面的水平面以上和发球员的端线以外，而且不能被发球员或其双打同伴的身体或他们所穿戴（带）的任何物品挡住。

（5）球一旦被抛起，发球员的不执拍手臂应立即从球和球网之间的区域移开。

（6）运动员发球时，应让裁判员或副裁判员看清他是否按照合法发球的规定发球。

1）如果裁判员对运动员发球的合法性有怀疑，在一场比赛中第一次出现时，判重罚球，并警告发球方。

2）此后，如果裁判员对该运动员或其双打同伴发球动作的合法性再次怀疑，将判接发球方得 1 分。

3）无论是否第一次或任何时候，只要发球员明显没有按照合法发球的规定发球，无须警告，裁判员应判接发球方得 1 分。

（7）运动员因身体伤病而不能严格遵守合法发球的某些规定时，可由裁判员做出决定免于执行。

（七）还击

对方发球或还击后，本方运动员必须击球，使球直接越过或绕过球网装置，或触及球网装置后，再触及对方台区。

（八）比赛次序

（1）在单打中，首先由发球员发球，再由接发球员还击，然后两者交替还击。

（2）在双打中，首先由发球员发球，再由接发球员还击，然后由发球员的同伴还击，再由接发球员的同伴还击，此后，运动员按此次序轮流还击。

（3）在两名由于身体伤残而坐轮椅的运动员配对进行的双打中，发球员应先发球，接发球员应还击，此后伤残双打中的任何一名运动员可还击。然而，运动员轮椅的任何部分不能超出球台中线的假定延长线。如果超出，裁判员将判对方得 1 分。

（九）重发球

（1）回合出现下列情况应判重发球。

1）如果发球员发出的球，在越过或绕过球网装置时，触及球网装置，此后成为合法发球或被接发球员或其同伴阻挡。

2）如果接发球员或接发球方未准备好时，球已发出，而且接发球员或接发球方没有企图击球。

3）由于发生了运动员无法控制的干扰，而使运动员未能发球、还击或遵守规则。

4）裁判员或副裁判员暂停比赛。

5）由于身体残疾而坐轮椅的运动员在接发球时，出现下列情况应判重发球：

①球在触及接发球员的台区后，朝着球网方向离开球台；

②球停在接发球员的台区上；

③在单打中，球在触及接发球员的台区后，从其任意一条边线离开球台。

（2）可以在下列情况下暂停比赛。

1）由于要纠正发球、接发球次序或方位错误。

2）由于要实行轮换发球法。

3）由于警告或处罚运动员。

4）由于比赛环境受到干扰，以致该回合结果有可能受到影响。

（十）1分

（1）除被判重发球的回合，下列情况运动员得1分。

1）对方运动员未能正确发球。

2）对方运动员未能正确还击。

3）运动员在发球和还击后，对方运动员在击球前，球触及了除球网装置以外的任何东西。

4）对方击球后，球没有触及本方台区而越过本方台区或其端线。

5）对方阻挡。

6）对方连击。

7）对方用不符合（四）中的（3）、（4）、（5）条款的拍面击球。

8）对方运动员或他穿或戴（带）的任何东西使球台移动。

9）对方运动员或他穿或戴（带）的任何东西触及球网装置。

10）对方运动员不执拍手触及比赛台面。

11）双打时，对方运动员击球次序错误。

12）执行轮换发球法时，出现（十五）中的（2）条款情况。

（十一）一局比赛

在一局比赛中，先得11分的一方为胜方。10平后，先多得2分的一方为胜方。

（十二）一场比赛

一场比赛由奇数局组成。

（十三）发球、接发球和方位的次序

（1）选择发球、接发球和方位的权力应由抽签来决定。中签者可以选择先发球或先接发球，或选择先在某一方位。

（2）当一方运动员选择了先发球或先接发球，或选择了先在某一方位后，另一方运动员必须有另一个选择。

（3）在获得每2分之后，接发球方即成为发球方，依此类推，直至该局比赛结束，或者直至双方比分都达到10分或实行轮换发球法，这时，发球和接发球次序仍然不变，但每人只轮发一分球。

（4）在双打的第一局比赛中，先发球方确定第一发球员，再由先接发球方确定第一接发球员。在以后的各局比赛中，第一发球员确定后，第一接发球员应是前一局发球给他的运动员。

（5）在双打中，每次换发球时，前面的接发球员应成为发球员，前面的发球员的同伴应成为接发球员。

（6）一局中首先发球的一方，在该场下一局应首先接发球。在双打决胜局中，当一方先得 5 分时，接发球方应交换接发球次序。

（7）一局中，在某一方位比赛的一方，在该场下一局应换到另一方位。在决胜局中，一方先得 5 分时，双方应交换方位。

（十四）发球、接发球次序和方位的错误

（1）裁判员一旦发现发球、接发球次序错误，应立即暂停比赛，并按该场比赛开始时确立的次序，按场上比分由应该发球或接发球的运动员发球或接发球；在双打中，则按发现错误时那一局中首先有发球权的一方所确立的次序进行纠正，再继续比赛。

（2）裁判员一旦发现运动员应交换方位而未交换时，应立即暂停比赛，并按该场比赛开始时确立的次序，按场上比分运动员应站的正确方位进行纠正，再继续比赛。

（3）在任何情况下，发现错误之前的所有得分均有效。

（十五）轮换发球法

（1）如果一局比赛进行到 10 分钟仍未结束，双方都已获得至少 9 分时除外，或者在此之前任何时间应双方运动员要求，实行轮换发球法。

1）当时限到时，球仍处于比赛状态，裁判员应立即暂停比赛。由被暂停回合的发球员发球，继续比赛。

2）当时限到时，球未处于比赛状态，应由前一回合的接发球员发球，继续比赛。

（2）此后，每位运动员都轮发 1 分球，直至该局结束。如果接发球方进行了 13 次还击，则判接发球方得 1 分。

（3）轮换发球法一经实行，将一直使用到该场比赛结束。

（十六）团体赛形式

1. 五场三胜制（五场单打）

（1）一个队由 3 名运动员组成（如 A、B、C 一队；X、Y、Z 一队）。

（2）比赛顺序是：

① A－X；

② B－Y；

③ C－Z；

④ A－Y；

⑤ B－X。

2. 五场三胜制（四场单打和一场双打）

（1）一个队由 2、3 或 4 名运动员组成。

（2）比赛顺序是：

① A－X；

② B－Y；

③ 双打；

④ A－Y；

⑤ B－X。

3. 七场四胜制（六场单打和一场双打）

（1）一个队由3、4或5名运动员组成。

（2）比赛顺序是：

① A－Y；

② B－X；

③ C－Z；

④ 双打；

⑤ A－X；

⑥ C－Y；

⑦ B－Z。

4. 九场五胜制（九场单打）

（1）一个队由3名运动员组成。

（2）比赛顺序是：

① A－X；

② B－Y；

③ C－Z；

④ B－X；

⑤ A－Z；

⑥ C－Y；

⑦ B－Z；

⑧ C－X；

⑨ A－Y。

（十七）团体比赛程序

（1）所有出场运动员应出示团体报名表。

（2）团体比赛前由抽签的中签者优先选择A、B、C或X、Y、Z。由队长提交该队名单给裁判长或其代理人，并对每一个单打运动员确定一个字母所代表的相应位置。

（3）双打比赛的配对不必立即提交，直到前一场单打比赛结束时才提交。

（4）需要连场的运动员有资格在连场的比赛之间有最多 5 分钟的休息。

（5）当一个队赢得足够多的场次时，为一次团体比赛结束。

（十八）成绩

主办协会在比赛结束后 7 天之内，应尽快将详细成绩和比分，包括国际比赛、洲和国际公开锦标赛的各轮成绩，以及全国锦标赛的最后几轮的成绩，寄给国际乒乓球联合会秘书处和有关洲联合会的秘书。

（十九）锦标赛永久性的奖杯

（1）男子团体斯韦思林杯。

（2）女子团体考比伦杯。

（3）男子单打圣·勃莱德杯。

（4）女子单打吉·盖斯特杯。

（5）男子双打伊朗杯。

（6）女子双打波普杯。

（7）混合双打兹·赫杜塞克杯。

第二节　羽　毛　球

一、羽毛球运动概述

（一）羽毛球运动的起源和发展

羽毛球运动是在规定的场地上，两名或两对球员隔网相对，用球拍往来击球过网，以球触对方场区或使对方击球失误得分（或得发球权）的运动项目。

相传最早出现于 14～15 世纪的日本，球拍是木制的，球用樱桃插上羽毛制成，两人相对站立，手持木板来回击球。现代羽毛球运动起源于英国，大约在 1800 年左右由网球派生而来。1870 年出现用羽毛、软木制成的球和穿弦的球拍，1893 年世界最早的羽毛球协会——英国羽毛球协会成立，并于 1899 年举办了全英羽毛球锦标赛。1920 年前后传入我国。1934 年由英国等十几个国家发起成立了国际羽毛球联合会（以下简称国际羽联）。1939 年国际羽联通过了《羽毛球规则》，从此羽毛球国际比赛日渐增多。

目前，国际羽联主办的重大羽毛球赛事有：汤姆斯杯赛（男子团体锦标赛）、尤伯杯赛（女子团体锦标赛）、世界杯锦标赛（单项比赛）、全英锦标赛等。中国羽毛球技术处于世界领先地位。在世界大赛中多次获得男子单打、男子双打、男子团体、女子单打、女子双打、女子团体冠军等称号。

（二）羽毛球运动的特点及其锻炼价值

羽毛球是一项双方隔网以拍、击、打特制的带羽毛的半圆球相对抗的球类运动。它具有器材简便、易于携带、所需活动面积小、娱乐性强、活动量可大可小、动作舒展美观、便于开展等特点，是广大群众喜爱的一项运动。经常参加羽毛球运动，能够提高人体基本活动能力，改善中枢神经系统和内脏器官的功能，达到发展身体、增强体质的目的；同时又能培养人们勇敢、顽强、机智灵活、沉着果断的优良品质和作风。

二、羽毛球基本技术

羽毛球运动是一项技术性较强的运动。为了更快、更好地提高羽毛球技术，必须从正确掌握基本技术着手，为技、战术的灵活运用打下良好基础。基本技术有握拍法、发球与接发球、击球法、步法等。以下技术介绍均以右手握拍为例。

（一）握拍法

掌握正确的握拍法有利于击球的准确性和技术水平的提高。握拍法可分为正手握拍法和反手握拍法两种。

1. 正手握拍法

以手掌的虎口对准拍柄内侧小棱边，以手掌握住拍柄，小指、无名指和中指并握，食指稍分开，大拇指与中指相近，拍柄端约与小鱼际肌齐，如图 9-2-1 所示。

2. 反手握拍法

在正手握拍法的基础上，将拍框稍向外转，大拇指向上伸起，用内侧面或指心抵住拍柄的宽面，食指略下移，使手心留有空隙，如图 9-2-2 所示。

图 9-2-1　正手握拍法

图 9-2-2　反手握拍法

（二）发球与接发球

1. 发球

发球是羽毛球运动的一项重要基本技术，发球质量的好坏，直接关系到运动员在比赛中能否赢得主动，避免被动。要想把球发好，选择合理站位，熟练运用发球技术是关键。

发球站位：单打在中线附近，离前发球线约 1 米左右，双打可稍站前些。

发球姿势：正手发球，身体侧对球网，两脚开立与肩同宽，身体重心放于右脚上；将球拍向右后侧举，肘部微屈，左手持球（拇指、食指、中指夹持球托和羽毛相接处），举在腹部侧前方；两眼注视对方的位置和准备接球的情况。如图 9-2-3 之 1 所示。反手发球，面对球网，身体重心放在右脚上；左手以拇指、食指和中指捏住羽毛置于腹前腰下；右手反手握拍，肘部略抬起，使拍框下垂于左腰侧；两眼注视对方动向。如图 9-2-3 之 2 所示。

图 9-2-3　正手发球和反手发球

发球方法按球在空中飞行的轨迹，分高远球、平高球、平快球、网前球 4 种，如图 9-2-4 所示。

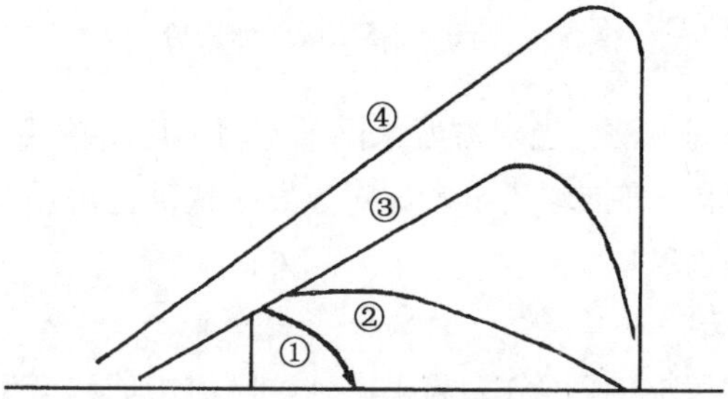

①网前球；②平快球；③平高球；④高远球

图 9-2-4　4 种发球方法

（1）发高远球。这种球要发得高而远，使球飞行到对方底线上空，几乎垂直下落，落点接近底线。发球时，左手自然松开使球下落，同时右臂以肩为轴自后向前，自下而上地朝前上方加速挥摆（拍面仰角大于 45°），自然伸腕。将触球时，前臂带动手腕向上前方闪动，以加大瞬间爆发力。用球拍将球“弹”击后，球拍顺势向异侧肩上方挥摆，身体重心随之前移，以保持住身体的平衡。

（2）发平高球。平高球飞行弧线比高远球低，在挥拍击球时，多利用前臂带动手腕发力，拍面稍微向前推进，其仰角小于 45°。

（3）发平快球。发平快球时，在规则允许的范围内尽可能地提高击球点，拍面仰角小于 30°，挥拍时要充分利用前臂带动手腕从而加大爆发力，快速向前击球。

（4）发网前球。击球时挥拍幅度较小，拍面稍后仰，用手腕和手指力量从右向左横切推送，使球落在对方前发球线附近。

2. 接发球

（1）接发球的站位和姿势。接发球时，一般左脚在前，右脚在后，侧身对网，重心在前脚，后脚跟稍离地，双膝微屈站在离前发球线 1.5 米处（单打）。在右发球区接球时应站在靠中线的位置；在左发球区接球时应站在中区偏左的位置。双打时因发网前球较多，接球时可稍向前站；球拍举至身前稍高的位置，肘关节微屈，左手自然抬起，如图 9-2-5 所示。

图 9-2-5　接发球姿势

（2）接发球的方法。当对方发来网前球时，可用拍挑平高球、高远球或放网前球形式，以搓球、平推球还击；如对方发平快球，可用拍以拦截，以吊球、平高球还击，以快制快。

（三）击球法

击球法依据其动作特点分为高手击球、网前击球和低手击球 3 种。

1. 高手击球

高手击球具有击球点高、速度快、变化多、主动性强、进攻威力大等优点，是快攻打法的最基本技术。

（1）高远球。将球击到对方底线附近垂直下落并呈较高抛物线飞行轨迹的球，称之为高远球。拍击高远球有正手、反手和头顶击球之分。

正手击高远球，是羽毛球的基本功。击球时，首先要看准来球的方向和高度，迅速移动脚步，使击球点尽量选择在右肩稍前的上空；身体侧向球网，右脚在前，左脚在后，身体重心放在右脚前掌上；同时屈臂举拍至肩上，左手自然抬起，拍面朝网准备挥拍击球；当球下落到接近击球点的高度时，自下而上协调用力，握拍前臂向后移动，转肩翻肘，使球拍后引到头后，自然伸腕，配合腰腹肌力量，大臂带动前臂向上，肘关节迅速上升，前臂、手腕鞭打式加速前甩，触球时手臂伸直。这时拍面若向前上方与球接触，则成高远球；拍面若稍向前上方与球接触，则成平高球。击球后，手臂应顺惯性往异侧肩前下方摆动，身体重心随之前移，如图 9-2-6 所示。

图 9-2-6 正手击高远球

（2）吊球。把对方击来的高远球，从后场还击到对方网前附近叫作吊球。

劈吊：击球动作前期和打高远球相似，但用力较轻。击球一刹那，前臂突然减速，利用手腕的快速闪动，向左下切削。打法着重于手腕、指力的运用，球拍触球打在球偏右部位。

拦截吊球：是将对方击来的飞行轨迹较平的球，在半空中拦截到对方球网较近区域。击球时，拍面正对来球，轻轻一挡，使球以较平的弧线和较慢的速度越过网后垂直下坠。

（3）扣杀球。可分正手、反手和头顶扣杀球。正手扣杀是最基本的技术。

正手扣杀球的准备姿势和击球动作大体和正手击高远球方法相同，不同的是击球的一刹那竭尽全力，使前臂快速带动手腕积极下压；触球时拍面前倾，向前下方用力，击球点要高，在右肩前上方，如图 9-2-7 所示。

图 9-2-7 正手扣杀球

2. 网前击球

网前技术是一项运用战术多变，可以调动对方的击球方法。网前技术包括搓球、推球、勾球、扑球和被动放网前球、挑高球等打法。网前技术动作的要求是：握拍要灵活，充分利用腕、指的力量来控制球路和落点；击球点要高，步法要快；搓、推、勾的动作一致性要强。下面主要介绍搓球、扑球、挑高球的技术。

（1）搓球。搓球的技术（以正手网前为例）要领是：上网步伐要快，左脚起蹬，右脚向网前跨步成弓箭步，侧身对网，重心在右脚；手臂微屈前伸，手腕略高于拍面，击球要快，出球点要高，握拍的腕部和手指自然放松。击球时注意用手指控制好拍面，用手指发力，使搓出的球翻转，尽可能贴网而过。

（2）扑球。扑球的动作要领是：蹬步上网，身体右侧扑向网前，迅速举拍向前，拍面前倾；击球时用腕部和手指的力量向前下方“闪”击；球拍触球后立即回收，以免拍子触网违例。

（3）挑高球。挑高球是把对方击来的吊球或网前球挑高回击到对方后场去，是在比较被动的情况下采取的一种防守技术。球要求挑得高、挑得远。其动作要领是：举拍在身前，前臂略微弯曲，正、反手挑高球都是右脚向网前跨出一大步，左脚在后，侧身向网，手臂向后摆，自然伸腕；击球时以肩为轴，自下而上地由前臂带动腕部和手指快速朝前上方挥拍。如来球离网较远，拍面可后仰向前上方击球；如来球较贴网，拍面应接近于朝上，击球时要带点向上的提拉。

3. 低手击球

低手击球属于防守性的技术，技术难度较大。但如果防守技术运用得当，将能起到防中有攻的作用。

（1）抽球。击球点在肩部以下，以躯干为竖轴，作半圆式的挥拍击球动作。抽球是应付对方长杀、半场球和平球对攻的反攻性技术。

1）正手抽底线球：正手握拍，右脚向正手底角跨出，侧身向网，上身向左后倾，重心移向右脚，上臂与前臂约成 120° 角，球拍后引，拍面稍后仰；击球时主要靠前臂带动手腕做抽鞭式的向前闪动。若向前上方用力与球接触，则成高远球；若向前用力与球接触，则成平球。

2）反手抽底线球：正手握拍，右脚向反手底角跨出，背朝网，身体前倾，重心在右脚，球拍举在左肩稍上方；击球时用上臂带动前臂沿水平方向，手腕用力向后方闪动挥拍。

（2）接杀球。接杀球有挡网前球、抽后场球、抽高球等几种回击技术。

1）挡网前球：接杀球时，起动要快，握拍要松，主要靠手腕和手指握拍；预摆动作要小，球拍摆在体侧；挡直线网前球时拍面稍后仰，正对网，身体重心移向接球的一侧；球拍触球时，一种是稍带向上提拉的动作触球；一种是稍向下削的动作触球。由于扣杀球的力量大、速度快，所以挡网前杀球主要是借来球的速度和力量反弹回去。

2）抽后场球：当对方杀球质量较差时，可用平抽还击。准备姿势和接球前的动作与挡网前球基本一样。击球瞬间要握紧拍子，以手腕为主发力向前稍上方甩腕。

3）抽高球：对方采取杀球上网战术时，可抽高球回击，以便伺机反攻。其准备姿势与挡网前球一样，击球动作与挑高球基本相似，不同的是对方来球速度较快，可以借力反弹。

（四）步法

步法是合理移动的方法，是准确击球的基础。如果没有快速而准确的步法，就会顾此失彼，疲于奔命。步法可分为上网、后退、两侧移动和起跳腾空等几种。下面主要介绍上网、后退、两侧移动步法。

1. 上网步法

无论正手或反手，根据来球的远近，可采用两步、三步或一步上网击球。

（1）跨步上网。站在球场中间稍靠后的位置，两脚开立，重心稍前倾，两眼注视对方的击球。当对方吊网前球时，提重轻跳，并迅速移动重心，以有利于步法的快速起动。然后，左脚先迈出一小步，用脚掌内侧起蹬，同时右脚向前跨大步，右脚先着地，迅速过渡到全脚掌着地时脚尖外展，左脚也随即向前跟进一小步，以协助右脚回蹬，上体侧身前倾，下肢成弓箭步；击球后用并步或交叉步退回中心位置。如对方来球较近时，可用左脚蹬地右脚跨一大步上网，如图 9-2-8 所示。

（2）垫步上网。准备姿势同上。右脚先迈一小步，左脚立即垫一小步靠近右脚跟，同时积极有力地蹬地（蹬跨结合技术要领与跨步上网的最后一步相同），如图 9-2-9 所示。

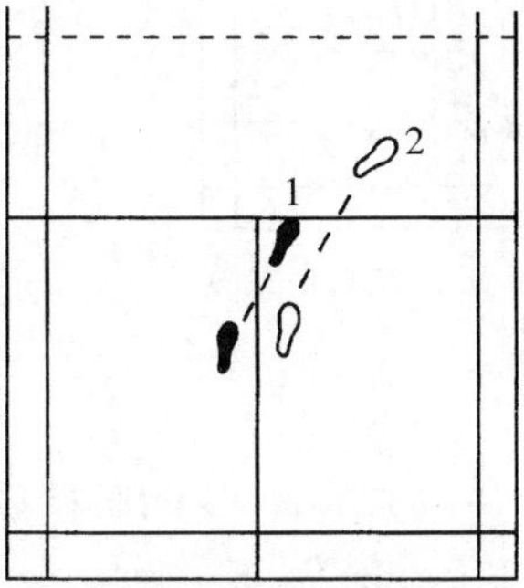

图 9-2-8　跨步上网

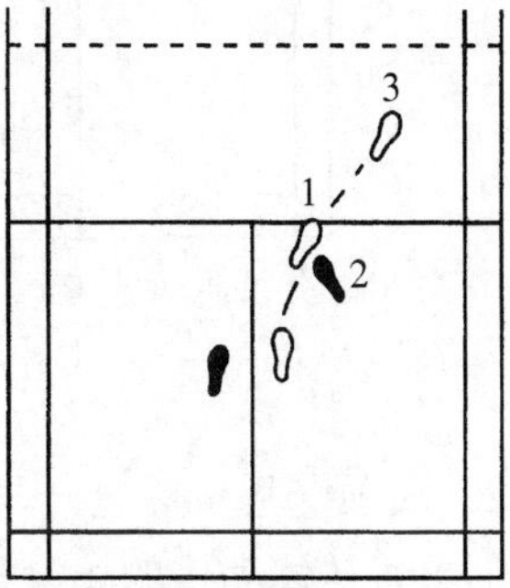

图 9-2-9　垫步上网

（3）蹬步上网。蹬步是为了争取击球点在网顶上方，可以起到突击的作用，常用于上网扑球。动作要领是：右脚稍向前，刚一点地便起蹬，侧身扑向网前（也可左脚蹬地扑向网前），球至网顶即行扑击，触球的同时右脚先着地，左脚随着身体的惯性在右脚后着地，并立即退回中心位置，如图 9-2-10 所示。

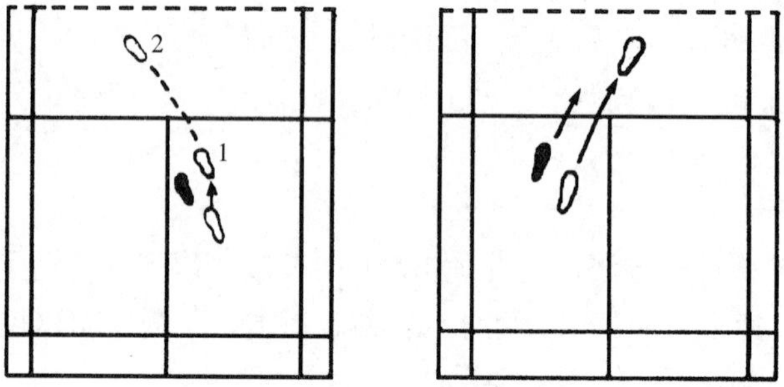

图 9-2-10　蹬步上网

2. 后退步法

（1）正手后退。有侧身并步后退和头顶交叉步后退两种。

侧身并步后退：在对方即将击球时，脚跟提起轻跳，迅速调整重心至右脚，然后右脚蹬地快速向右后撤一小步，髋关节随着带动上身转体侧身向网，接着左脚并步靠近右脚，右脚再向后移至来球位置，如图 9-2-11 之 1 所示。

交叉步后退：右脚撤后一小步后，左脚从体后交叉后退一步，右脚再移至来球位置，如图 9-2-11 之 2 所示。

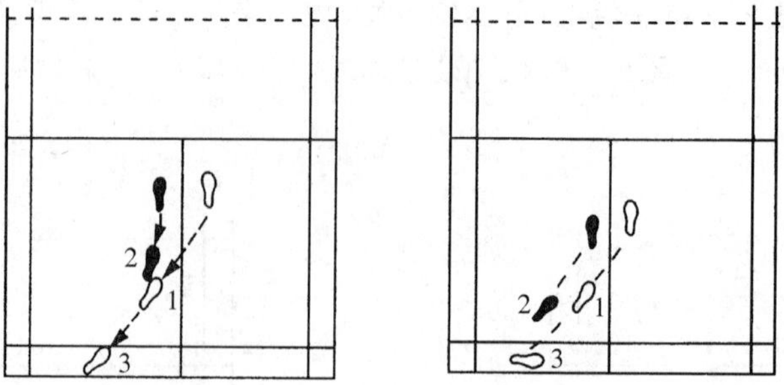

1　　2

图 9-2-11　侧身并步后退和交叉步后退

（2）头顶交叉步后退。与正手后退大致相同，只是迈第一步的右脚蹬地后，撤向左后方，转体动作的幅度较正手后退大（上体左后仰，倒向左后场区）；左脚交叉后退一步，右脚再移至来球位置，做头顶原地或起跳击球。

3. 两侧移动步法

（1）向右侧移动。两脚开立，脚跟稍提起，判断来球后，调整身体重心，上体稍倒向左侧，左脚掌内侧用力蹬地，右脚同时向右侧转跨大步。若距来球较远，左脚可向右垫一小步再起蹬右脚，同时向右转侧跨大步，如图 9-2-12 所示。

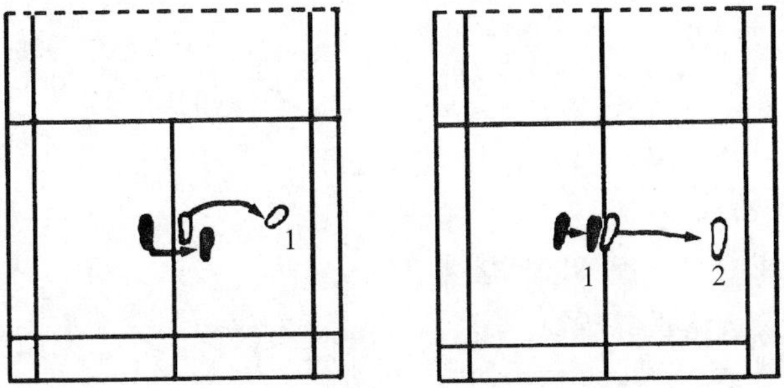

图 9-2-12　向右侧移动

（2）向左侧移动。调整身体重心，上体稍倒向右侧，右脚掌内侧用力起蹬，左脚同时向左侧转跨大步。来球较远时，左脚可先向左侧移半步，上体向左侧转身的同时，右脚向左（前交叉）跨大步，如图 9-2-13 所示。

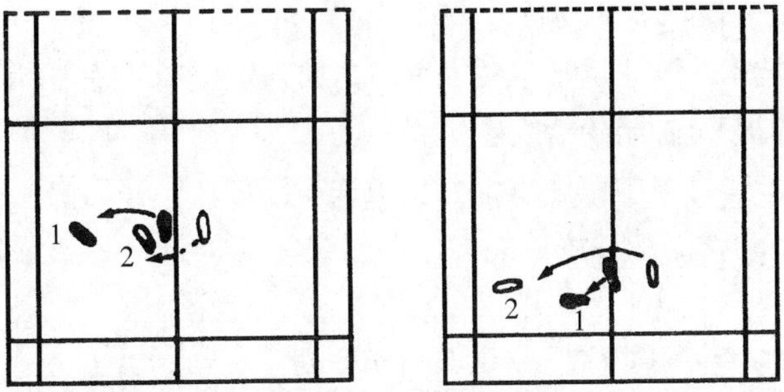

图 9-2-13　向左侧移动

（五）羽毛球基本技术的练习方法

1. 羽毛球的基本技术练习

（1）发球练习。

1）按发球的技术要领反复做各种挥拍练习。

2）准确性的练习。可在对方场区画上圆圈，连续将球发到预定区域内，要求动作协调、自然一致。

（2）接发球练习。

1）练习各种步法移动，提高动作的熟练程度。

2）加强素质练习，提高起动的速度。

3）在移动中做各种接球练习，提高还击球的质量（可采用多球练习来强化）。

（3）击球练习。

1）按动作要领反复做各种击球动作的徒手练习。

2）加强定点球的练习。

3）练习固定球路。

4）一打一、二打一、三打一定点、定线、定量的练习。

5）球路练习。

（4）步法练习。

1）通过多球练习，提高起动能力。

2）按照技术规格重复练习。

3）逐步加大难度，提高完成质量。

4）进行力量、速度、耐力、灵敏的练习，以加强移动的能力。

2. 羽毛球练习的注意事项

（1）握拍。握拍是为击球服务的，要有利于手腕、手指力量的发挥；握拍动作要规范，切不可握得太紧，手心要离开拍柄。

（2）发球。发球要做到：①质量高到位；②变幻莫测；③符合规则要求；④各种发球前动作要保持姿势一致。

（3）基本技术。要注重基本技术练习，加强定位球的练习，逐步提高技战术意识，注意培养提高临场的应变能力。

（4）多练。在练习中应注重培养反应快、出手快、移动快、步法到位、落点准、攻防兼备、动作隐蔽性好的能力，以“快、准、狠、活”为宗旨，全面提高技术水平。

3. 羽毛球技术练习中常见错误及纠正方法

羽毛球技术练习中常见错误及纠正方法如表 9-2-1 所示。

表 9-2-1 羽毛球技术练习中常见错误及纠正方法

动作内容	常见错误	纠正方法
发球	1．放球与挥拍配合不好 2．准确性差 3．动作坚硬	1．反复体会动作，多做发球练习 2．准备动作不充分，加强重复练习 3．注意放松协调用力
高手击球	1．打不到球 2．用不上力 3．击球无力	1．对准固定标志物，多做挥拍练习 2．进一步体会、理解技术要领 3．加强力量练习，加快击球出手速度

续表

动作内容	常见错误	纠正方法
网前球	1. 击球过网过高或不过网 2. 不翻转 3. 扑球球拍触网	1. 放松握拍，调整用力大小 2. 手指灵活控制拍面角度，加快拍的切削动作 3. 减小动作幅度，加强手腕闪动
手击球	1. 接吊球杀球反应慢，接不到球 2. 接杀球不过网	1. 准备充分，提高判断反应的能力，加快起动速度 2. 适当增加向前上方提拉的力量
步法	1. 移动慢 2. 步法不到位	1. 加强下肢力量，灵敏度练习，提高起动速度 2. 对照技术规格，加强准确性练习

三、羽毛球竞赛主要规则简介

羽毛球竞赛规则是进行竞赛的依据，必须严格执行。但在学校或基层开展比赛时，如果条件不具备，应从实际出发，因地制宜制定相应的补充规定，以利于群众性羽毛球运动的普及和提高。

（一）场地和器材

1. 球场

球场地面需平坦，是一个长方形（单打宽为 5.18 米，双打宽为 6.10 米；长度均为 13.40 米），如图 9-2-14 所示。根据图 9-2-14 所示的尺寸，用宽 40 毫米的线画出。

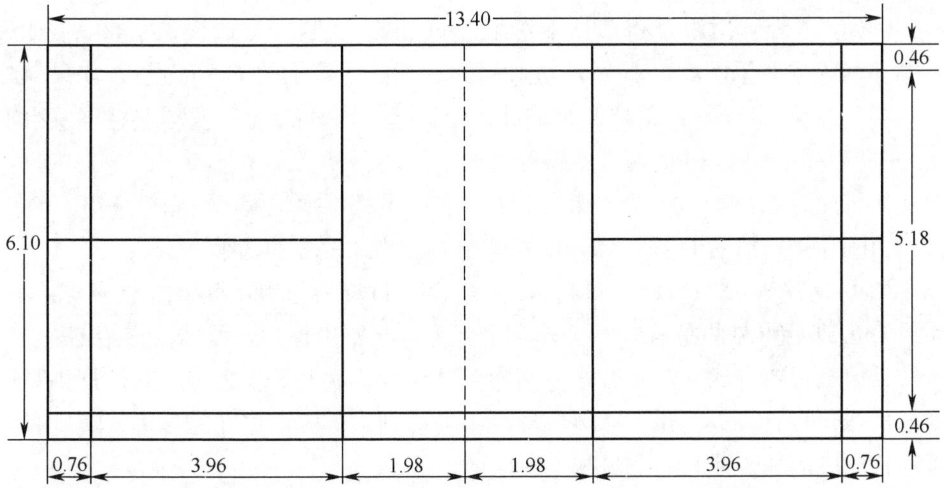

图 9-2-14 羽毛球场地（单位：米）

场地线的颜色最好为白色、黄色，所有场地线都是它所确定区域的组成部分。画在双方单打右发球区边线内沿距端线 530 毫米～990 毫米处的四个 40 毫米×40 毫米的标记是测试正常球速区域的标记。

2. 网柱

网柱高 1.55 米，无论单打还是双打，网柱均应放置在双打边线的中点上。

3. 球网

球网中央顶端离地面垂直高度 1.524 米，两端网高 1.55 米。

（二）比赛的进行

1. 单打比赛

（1）每场比赛采取三局两胜制。

（2）率先得到 21 分的一方赢得当局比赛。

（3）如果双方比分打成 20 比 20，则需超过对手 2 分的一方才算取胜。

（4）如果双方比分打成 29 比 29，则率先得到第 30 分的一方取胜。

（5）首局获胜的一方在接下来的一局比赛中率先发球。

（6）当一方在比赛中得到 11 分后，双方队员将休息 1 分钟。

（7）两局比赛之间的休息时间为 2 分钟。

2. 双打比赛特殊规则

（1）改双发球权为单发球权。

（2）后发球线保留，现行规则适用。

（3）比赛开始前，双方选手通过投掷硬币的方式确定由哪一方来选择是先发球或后发球。

例如，A/B 一对组合和 C/D 一对组合的比赛，A/B 一方选择先发球。假如说 A 站在两人的右手区域，那么 A 先发球给对角线位置上的 C（假设），如果 A/B 一方得分，那么 A 和 B 需要交换彼此的站位区，同时由 A 来发球，将球发给 D（A/B 一方得分，C 和 D 两人不换位置）。

如果此时 C/D 一方得分，那么双方 4 名队员都不换位置，发球权交给 C/D 一方，由刚才接发球的 D 来发球，D 发球给对方刚才发球的选手 A。

如果 D 发球后，C/D 一方得分，那么 C 和 D 交换位置，继续由 D 发球给 B；如果 D 发球后得分的是 A/B 一方，那么双方队员不用换位，发球权交给 B。

总地来说双打比赛除了改一方两次发球权为一次发球权之外，其他规则与原规则类似，没有较大变化，球迷看球时不会感到不适应，也许比赛进行速度和分数增长速度的加快才是观众最初不适应的。

3. 发球规则

（1）发球时任何一方都不允许非法延误发球。

（2）发球员和接发球员都必须站在斜对角发球区内发球和接发球，脚不能触及发球区的界线；两脚必须都有一部分与地面接触，不得移动，直至将球发出。

（3）发球员的球拍必须先击中球托，与此同时整个球要低于发球员的腰部。

（4）击球瞬间，球拍杆应指向下方，从而使整个拍框明显低于发球员的整个握拍手部。

（5）发球开始后，发球员的球拍必须连续向前挥动，直至将球发出。

（6）发出的球必须向上飞行过网，如果不受拦截，应落入接发球员的发球区内。

（7）一旦双方运动员站好位置，发球员的球拍头第一次向前挥动即为发球开始。

（8）发球员须在接发球员准备好后才能发球，如果接发球员已试图接发球则被认为已做好准备。

（9）一旦发球开始，球被发球员的球拍触及或落地即为发球结束。

（10）双打比赛，发球员或接发球员的同伴站位不限，但不得阻挡对方发球员或接发球员的视线。

4. 单打发球

（1）发球员的分数为 0 或双数时，双方运动员均应在各自的右发球区发球或接发球。

（2）发球员的分数为单数时，双方运动员均应在各自的左发球区发球或接发球。

（3）如有“再赛”，发球员应以该局的总得分来站位。

（4）球发出后，由发球员和接发球员交替对击直至“违例”或“死球”。

（5）接发球员违例或因球触及接发球员场区内的地面而成死球时，发球员就得一分。随后，发球员再从另一发球区发球。

（6）发球员违例或因球触及发球员场区内的地面而成死球时，发球员即失去发球权，对方得一分并获得发球权。

5. 双打发球

（1）一局比赛开始和每次获得发球权的一方，都应从右发球区发球。

（2）只有接发球员才能接发球；如果他的同伴去接球或被球触及，发球方得一分。

（3）自发球被回击后，由发球方的任何一人击球，然后由接发球方的任何一人击球，如此往返直至死球。

（4）自发球被回击后，运动员可以从网的各自一方的任何位置击球。

（5）接发球方违例或因球触及接发球方场区内的地面而成死球时，发球方得一分，原发球员继续发球。

（6）发球方违例或因球触及发球方场区内的地面而成死球时，原发球员即失去发球权，对方得一分并获得发球权。

（7）每局开始首先发球的运动员，在该局本方得分为0或双数时，都必须在右发球区发球或接发球；得分为单数时，则应在左发球区发球或接发球。

（8）每局开始首先接发球的运动员，在该局本方得分为0或双数时，都必须在右发球区接发球或发球；得分为单数时，则应在左发球区接发球或发球。

（9）上述两条相反形式的站位也适用于他们的同伴。

（10）如有再赛，则以该局本方的总得分来站位。

（11）发球必须从两个发球区交替发出。

（12）任何一局的首先发球员失去发球权后，由该局首先接发球员发球，然后由首先接发球员的同伴发球，接着由他们的对手之一发球，再由另一对手发球，如此传递发球权。

（13）运动员不得有发球顺序错误和接发球顺序错误，或在同一局比赛中连续两次接发球。

（14）一局胜方中的任一运动员可在下一局先发球，负方中的任一运动员可先接发球。

6. 重发球

由裁判员宣判“重发球”，用于中断比赛。“重发球”有以下几种情况。

（1）遇到不能预见或意外的情况，应重发球。

（2）除发球外，球过网后挂在网上或停在网顶，应重发球。

（3）发球时，发球员和接发球员同时违例，应重发球。

（4）发球员在接发球员未做好准备时发球，应重发球。

（5）比赛进行中，球托与球的其他部分完全分离，应重发球。

（6）司线员未看清，裁判员也不能作出决定时，应重发球。

（7）“重发球”时，最后一次发球无效，原发球员重新发球。

7. 死球

下列情况为死球。

（1）球撞网并挂在网上，或停在网顶。

（2）球撞网或撞网柱后开始在击球者一方落向地面。

（3）球触及地面。

（4）“违例”或“重发球”已被宣报。

8. 发球区错误

（1）以下情况为发球区错误。

1）发球顺序错误。

2）在错误的发球区发球。

3）在错误的发球区准备接发球，且球已发出。

（2）如果发球区错误在下一次发球击出或击出后发现，则错误不予纠正。

（3）如果发球区错误在下一次发球击出前发现：

1）双方都有错误，应“重发球”；

2）错误一方赢了这一回合，应“重发球”；

3）错误一方输了这一回合，则错误不予纠正。

（4）如果因发球区错误而“重发球”，则该回合无效，纠正错误并重发球。

（5）如果发球区错误未被纠正，比赛继续进行，并且不改变运动员的新发球区和新发球顺序。

（三）违例

凡属下列事项均为违例，按失发权或失分判处。

（1）发球时未站在合法发球区内、踏线、脚移动或离地。

（2）球与球拍接触的瞬间，球的任何部分高出发球员的腰部；整个拍框未明显低于握拍手；未先击中羽毛球球托，球拍未连续向前挥动。

（3）球从网孔或网下穿过；球碰到运动员的身体或衣服。

（4）运动员的球拍或身体侵入对方场区，球拍与球的接触点不在击球者网的这一方。

（5）运动员的球拍、身体或衣服触及网或网的支撑物。

（6）比赛时，运动员故意分散对方注意力的任何举动，如喊叫、故作姿态。

（7）同一运动员两次挥拍连续击中球两次或同方两名运动员连续各击中球一次。

第三节 排　球

“铁榔头”临危受命，再铸辉煌　　中国女排的奇迹

一、当代排球运动发展状况

（一）技术全面，各有专长

全面和专长是相辅相成、相互促进的辩证关系。技术全面是专长的基础，专长是取胜的武器。古巴、中国的女排，荷兰、巴西的男排，都既有全面扎实的基础，又有精湛的技术。目前，世界各强队都在狠抓技术全面，努力提高专长。

（二）高打快变，互相促进

世界排坛诸强，多年来形成了两种截然不同的战术风格，即以快速多变为主

体的亚洲风格和以高打强攻为主体的欧洲风格。近年来，实践证明，从排球运动的发展来看，单纯依靠高度和力量，或是只靠快速和技巧，都不适应排球运动的发展要求，难以取得胜利。所以，两种战术风格都在相互学习、取长补短、相取为用。以快速多变为主的队，在继续发挥自己技术特点的同时，努力提高强攻能力；具有高打强攻的队，也在努力采用快速多变的战术打法。两种风格趋于互相渗透、交叉运用，风格差别逐步缩小。各强队均从自己的条件出发，把高度和速度，强攻和快变巧妙地结合起来，这是当今世界排球的发展方向。

（三）随着运动员身高、弹跳不断增长，扣拦矛盾更加突出

在排球运动中，高度是扩大控制空间范围，提高进攻威力的首要条件，这一点已被世界排坛普遍重视。高度表现在两个方面：一是身高臂长；二是弹跳高度。现在世界各国都在重视对高大运动员的选拔和培养。从1996年奥运会排球赛看，世界女排各强队平均身高都在1.82米左右，各队一般都有几名1.90米以上的队员；男排平均身高都在1.96米左右，各队都有几名2米以上的队员。

各国在注重挑选高大队员的同时，也都非常重视提高运动员弹跳力的训练。当今优秀排球运动员，女排队员摸高一般都在3.10米以上，高者可达3.40米左右；男队摸高一般都在3.50米以上，甚至高达3.75米以上。

高度的增长促进了进攻能力和拦网能力的增强，从而使扣拦矛盾更加突出，网上扣拦对抗更加激烈。因此，为争取网上的优势，在高度不断增长的基础上，各国都在提高队员各项技术运用能力和提高整体战术质量上下工夫。

（四）高快多变的进攻战术

当前世界排球进攻战术正朝着高度加速度、强攻加快攻、力量加技巧、前沿加纵深的方向发展。具体表现为：在积极跑动中，在交叉换位掩护中和突然变化中进行战术配合，以期造成以多打少的有利局面；主攻、副攻相互掩护进行突破，以丰富进攻战术的内容；在反攻中运用快速多变战术，创造更多快攻突破的机会，组织近网高点强攻或远网进攻，以避开对方的拦阻；利用前排进攻作掩护，组织后排进攻，形成一套前、后排默契配套的立体进攻战术；在集体战术配合中，充分运用个人战术，以提高突破能力，运用“双快一跑动”的多点、活点进攻，以较多地避开对方拦网；运用时间差、高度差和位置差的“三差”进攻战术，以提高掩护进攻的作用；平拉开和短平快在同一弧度上保持两人进攻的战术配合，增加了进攻的突然性；快打、快吊相结合，以利于掌握进攻的主动权，调动对方，使进攻更加主动；快球和两次球相结合，可以改变进攻节奏，使对方防不胜防。

（五）灵活多样的防守战术

防守是进攻的基础，是随着进攻的提高而提高的。随着进攻战术的不断提高，防守已打破了清一色“边跟进”的布局。各队都从本队实际情况和对手进攻特点出发，合理、灵活地组织力量，部署防守阵形。主要表现为：根据扣拦争夺情况，加强中场的保护和底线区域的防守；利用不拦网队员后撤、内撤保护，以加强中后场的防守力量，根据对方进攻的特点，采用 6 号位队员灵活跟进；对付打吊结合的进攻，采用“双卡”保护中场；加强对平扣打手从端线出界球的保护；加强对快吊、快抹球的防守。

二、排球运动的特点及其锻炼价值

（一）排球运动的特点

1. 技术特点

排球运动中各种击球都具有冲击和攻守两重性。冲击性表现在各种击球动作都是在短暂的“一瞬间”内完成，球既不能在手中有稍长时间的停留，更不能将球抓住，给球的力量无论是加力或缓冲“减力”，都具有一定的冲击性。攻守两重性表现为多项技术在击球前为防守动作，击球的瞬间防守结束，即为进攻开始。所以排球技术，多数为一个动作具有既是防守又是进攻的两重性。

2. 战术特点

具有较高的技巧性和集体性。由于规则规定，击球必须在瞬间完成。这就要求队员对球的位置、时间、空间的判断和感知十分准确，控制球的能力非常强，一个队员不能连续触球两次（除拦网外），要求队员集体配合的意识特别强。排球战术的集体性和技巧性，在实际运用中是缺一不可的，战术离开集体配合是无法组成的，而队员缺乏高度的技巧性，即使有组成战术，也不会有好的战术效果。

3. 心理素质和身体素质特点

由于技术和战术特点，要求队员具有迅速和准确、全面观察感知信息、注意集中与转移、思维分析判断与快速反应等能力，以及顽强的意志品质等，具有快速起动、移动、制动、取位应有的突出弹跳力和合理完成击球动作等能力。显然，在短暂的瞬间，对于缺乏顽强的意志品质和果敢素质的队员，这一系列的行动是难以完成的。

由于排球比赛不受时间限制，一场势均力敌的激烈比赛，往往要进行 2～3 小时。所以队员除了应具备良好的身体素质外，还必须具备较强耐力素质，没有一定的耐力素质，就不能坚持长达 2～3 小时的比赛；没有突出的弹跳耐力和移动速度耐力，就无法发挥技术水平，也不可能在比赛中争取主动，从而战胜对方。

4. 规则、竞赛、场地器材特点

排球比赛的胜负是以比分和比局来决定的，而且采取每球得分制，比赛紧张、激烈又不受时间的限制，场地器材设备较简单，不同年龄、性别、体质和不同训练程度的人在不同场地上都可以参加活动，进行锻炼。

（二）排球运动的锻炼价值

从排球运动的特点可以看出，它具有增强人体的神经、呼吸、血液循环等系统的机能；发展机体的力量、弹跳、速度、灵敏等身体素质，培养人们在短暂时间内迅速集中与转移注意力，全面观察环境，促使思维敏捷，进行准确判断与增强反应能力；培养人们机智灵活、勇敢顽强、奋发向上的团结拼搏精神。

因此，排球运动深受广大群众，特别是青少年的喜爱，是人们广泛积极地参加活动、锻炼身体的体育项目之一。

三、排球基本技术

（一）准备姿势和移动

准备姿势和移动是排球运动中的基础。

1. *准备姿势*

准备姿势是练习者为了便于移动或完成某一技术动作而采取的合理的身体姿势。合理的身体姿势是指既要使身体重心处于相对稳定状态，又要便于迅速起动、移动、起跳，以完成击球和拦网动作。所以准备姿势与起动和移动的步法关系非常密切，要快速起动和移动身体，就必须要保持正确的准备姿势。

根据队员在比赛中所处的位置和担负的任务不同，准备姿势可分为稍蹲、半蹲和低蹲三种。

（1）稍蹲准备姿势。两脚左右开立，稍比肩宽，一脚在前，膝关节保持微屈，上体稍前倾，重心位于两脚之间，适当靠近前脚，脚跟稍提起；两臂放松，自然屈肘置于胸前近身处，全身肌肉适当放松，两眼注视球并兼顾场上各种情况，两脚保持微动状态。

（2）半蹲和低蹲准备姿势。半蹲准备姿势比稍蹲准备姿势的身体重心略低，上体前倾稍大；而低蹲准备姿势的身体部位比半蹲准备姿势更进一步。

2. *移动*

移动技术是由起动、移动步法和制动三个环节组成。起动是移动的开始，在准备姿势基础上变换身体重心的位置，使身体便于向某个方向移动；移动步法是在起动的基础上，移动脚步来改变队员在场上的位置，从而去完成技术动作和战术配合的行动；制动是移动的结束，要及时克服身体的惯性冲力，保持好击球前的准备姿势。由于排球运动移动的距离短，往往是起动和移动步法刚开始，紧接着就要进行制动，因此三个环节之间衔接是紧密的。

（1）滑步移动。滑步移动时，一脚向前或向侧方迈出一步，另一脚迅速滑行跟上成准备姿势。

（2）上步移动。上步时，一脚向前迈步，后脚蹬地迈步超过前脚成准备姿势。

（3）跨步移动。当来球较低，距身体 1 米左右时采用。一脚用力蹬地，另一脚向来球方向跨出一大步，膝部深蹲，重心移至并跨出腿上，上体前倾，胸部接近大腿，臀部下降，后腿自然伸直或随重心前移而跟着上步。

（4）交叉步移动。当来球距离较远或对方突然吊球时采用，移动方向，两脚交叉移动，步幅适中，最后一步制动应跨步较大，重心降低，前脚掌内侧用力蹬地控制冲力。

（5）跑步移动。当来球落点较远，采用其他步法不能接到球时，可采用跑步移动。起动后的第一、二步要适当小些，两脚用力蹬地，用力摆臂，降低重心。

（6）后退移动。当球来向后方时，身体应保持较低准备姿势，两脚交替快速向后退步，重心应在体前，要判断准确，取位恰当，脚步移动要迅速，并注视来球。

（二）传球

传球是在全身协调用力作用在手部并通过手指、手腕的弹力，将球传至一定目标的击球动作，是组织进攻的战术基础。传球技术分为正面传球、背传、侧传和跳传四种。

传球时，根据判断首先对准来球迅速移动、选位，并做好准备姿势，当来球接近额前时，两手在额前成半球形，两臂下垂，肘自然弯曲，手腕稍后仰，掌微向内倾，手心斜相对，十指稍屈，拇指相对接近“一”字形，触球时，主要以拇、食、中三指承受球的压力，无名指和小指帮助控制球。传球时，手腕、手指保持一定的紧张力，利用弹力及伸臂的迎击动作和身体协调用力配合，将球击出，传球手型和传球姿势分别如图 9-3-1 和图 9-3-2 所示。

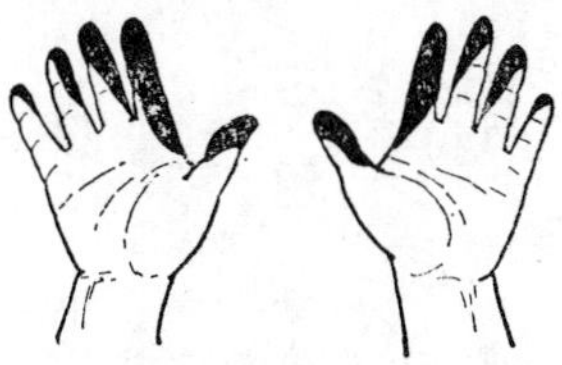

图 9-3-1　传球手型

图 9-3-2　传球姿势

1. 正面双手传球

移动后额正前上方对准来球，从传球前准备姿势开始，用两手斜相对，十指张开微屈所构成的半球状手型和蹬地、伸膝、展体的协调用力，在额正前上方 15 厘米处主动迎击球。触球时，小指、无名指末节触球两侧，控制球的方向，拇指相对成“一”字形，并以内侧部位与食指三指节、中指两指节部位托球后下部，承担球的压力，手心空出，并用手指、手腕缓冲控制球的反弹力，将球传出。同时，身体与手臂继续向前上方伸展。

2. 侧传球

移动后，准备姿势、人球关系、击球手型、击球点基本与正面传球相同，只是迎击球时上体和手臂向一侧上方用力，触球部位稍偏向出球方向异侧下方，两肘位置及其动作幅度和用力程度稍有一些高低大小之分。

3. 背传球

移动后，准备姿势、人球关系基本与正面传球相同，主要区别是击球点稍高，迎球时稍仰头挺胸，蹬地伸膝，上体向后伸展，利用抬臂、送肘动作和手指、手腕向后上方用力，以及拇指成反八形主动上挑动作，将球向后上方传出。

（三）垫球

垫球是排球的基本技术之一，是接发球和后排防守的主要技术动作，是组织进攻和反攻战术的基础，由于来球的方向、弧度、速度、落点的多样性，垫球动作也各不相同，主要有正面双手或侧面双手、前扑、鱼跃、滚动、背向的垫球。

双手下手垫球的动作：做好准备姿势，双手重叠互握，两拇指平行，两臂自然伸直，两小臂靠拢并稍外旋形成平面，如图 9-3-3 所示。垫球时，两臂迅速插入球下，并夹紧含胸提肩，手腕应下压，迎球进臂并向前上方抬起，同时蹬腿提腰，利用小臂的前半部在腹前把球垫起，如图 9-3-4 所示。

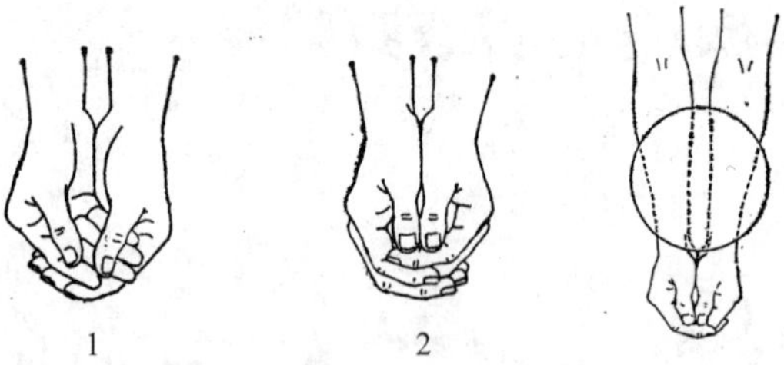

1 为叠掌式手型；2 为包拳式手型

图 9-3-3　双手下手垫球手型

图 9-3-4　双手下手垫球动作姿势

1. 正面垫球

移动后正面对准来球，从垫球前姿势开始，蹬地、提腰，身体重心向正前上方移，两手互握，小臂外翻，以小臂前 1/3 部位在腹前一臂距离处，用含胸收肩、顶肘压腕的协调送臂动作，垫球后下部。

2. 体侧垫球

移动后，重心移至来球同侧脚上。同侧脚屈膝，异侧肩稍下斜，同时两手互捏，小臂夹紧外翻，向来球一侧伸出，用向内转挺腰和转肩抬臂动作由侧后向前截击来球路线，以同上小臂部位，击球后下部。

3. 背垫球

移动手背对准出球方向，两手相握，小臂夹紧外翻伸直，抬头挺胸，展腹后仰，直臂向后上方摆动抬送动作，于肩前上方一臂距离处，用小臂同上部位，击球前底部。

（四）发球

发球是将球自抛起后，用一只手（或手臂的部分）将球击向对方场地从而进入比赛过程的一种技术动作。它是比赛的开始，也是一种不需要别人配合而能直接进攻的攻击性技术动作。这里主要介绍正面上手发球、正面下手发球与侧面下手发球。

1. 正面上手发球

正面对网，左脚稍前，两脚自然开立，左手持球于体前。发球时，左手垂直上抛球于右肩稍前上方高于击球点 2～3 个球的高度；同时，右臂抬起屈肘后应与肩平，手掌自然张开，上体稍右转，抬头，挺胸，展腹，重心稍偏后；击球时利用蹬地转体和快速收胸腹动作，依次带肩、大小臂与手腕、手指向前上做弧形挥摆，以全掌击球后中下部，手球用力推压，使球前旋飞行，如图 9-3-5 所示。

图 9-3-5 正面上手发球

2. 正面下手发球

正面对网，左脚稍前自然开立，左手持球于腹前。发球时，左手轻抛球于体前右侧离手高度约 20 厘米处，同时右臂以肩为轴直臂后摆。击球时，右脚蹬地，右臂以肩为轴前摆，身体重心随之前移；以手指并拢，手腕紧张构成勺形，吻合击球后下部，如图 9-3-6 所示。

图 9-3-6 正面下手发球

3. 侧面下手发球

左肩对网，两脚自然开立，左手持球。发球时，左手抛球于体前一臂远，离手高度约 30 厘米处，同时右手向右侧后下方摆。击球时，利用向左蹬转体的力量，带动右臂直摆至腹前，以手掌、虎口等部位击球后下部。

（五）扣球

扣球是利用助跑速度，用力蹬地制动起跳，在空中以身体的收腹、爆发力和快速挥臂，最后用全手掌击球的一种技术动作。它是各种技战术环节最后在球网上的集中体现，是最强有力的进攻和最有效的得分手段。

随着排球运动的发展，扣球技术也有了很大的提高。现在排球比赛中队员经常采用的有单双脚起跳扣球、向上起跳和向前上方冲跳扣球、主动改变起跳节奏的扣球，还有突然改变助跑路线和改变起跳点的扣球等。虽然扣球的技术方法很多，但是就扣球动作本身而言，都是由准备姿势、判断、助跑、起跳、空中击球和落地等动作组成。这里主要介绍正面扣球和单脚起跳扣球两种。

1. 正面扣球

由稍蹲准备姿势开始，助跑时右脚先向前迈出一步，接着左脚再迅速跨出一大步（落地时注意制动），同时两臂体侧划弧后摆，右脚同时并上与肩同宽，踏在左脚之前，脚跟过渡至前脚掌内侧右转踏地制动，随之双脚蹬地起跳，两臂由后经下向上积极挥摆；起跳后挺胸展腹，上体稍右转，右臂屈肘后上引，身体成反弓形；挥臂时，以迅速转体收腹动作，依次带动肩、肘、腕各关节成“鞭打”动作向前上方挥动。击球时，以全掌击球后中下部，同时手指、手腕前屈推压，使球加速前旋飞出。击球后，落地缓冲，稳定重心，准备做其他动作，如图 9-3-7 所示。

图 9-3-7 正面扣球

2. 单脚起跳扣球

助跑后，左脚最后跨出一大步，身体重心后倾，右腿跟上迅速向上屈膝摆，同时左脚积极蹬地起跳，两臂配合向上摆动帮助起跳。起跳后击球前空中动作基本同正面扣球相同。挥臂击球宜采用左转体扣球动作。

（六）拦网

拦网是排球技术中一项重要的防守技术。但随着拦网规则的重大修改，大大改变了拦网的作用，使得拦网由单纯的被动性防御，转化成为具有强烈攻击性的积极防御。拦网是通过队员跳在空中用手和手臂部分在网上沿附近拦击对方打过来球的一种防中有攻的技术动作。拦网不仅是与扣球相抗争的第一道防线，而且已成为得分的重要手段，具有进攻与防守的双重性。

拦网可分为单人拦网和两三人相配合的集体拦网。单人拦网和集体拦网运动的技术相同，都由准备姿势、移动、起跳、空中动作、落地等动作组成。本节主要介绍单人拦网技术和双人拦网配合方法。

1. 准备姿势

队员两脚左右开立，约与肩同宽（或略宽于肩）；两膝弯曲，上体稍前倾，重心落在两脚之间和两前脚掌上；两臂放松屈于胸前（或两肩前方），眼睛注视对方进攻队员，如图 9-3-8 所示。

2. 移动

常见的移动步法有一步、并步、交叉步和跑步等。移动结束后要做好制动动作，以免触网或冲撞同队队员。

3. 起跳

起跳时，两腿屈膝降低重心，随即两脚用力蹬地。两臂以肩发力，以大臂为半径，在体侧做屈膝下振的小弧形摆动，使身体充分伸展，迅速向上跳起，如图 9-3-9 所示。

图 9-3-8　拦网准备姿势

图 9-3-9　起跳

两膝弯曲下蹲的幅度因人而异。腿部力量强的下蹲幅度可以大些，否则则小些。在比赛中根据对方进攻情况，下蹲幅度也不相同。拦强攻时要下蹲多些，拦快球时就要幅度小而踏跳快。

4. 空中动作

（1）手臂动作。随着身体向上腾起，两手经由脸前向上伸直，两手臂之间的距离应以不漏球为宜，如图 9-3-10 所示。

（2）击球手型。两掌心凹成勺形，手指张开呈半紧张状态，如图 9-3-11 所示。

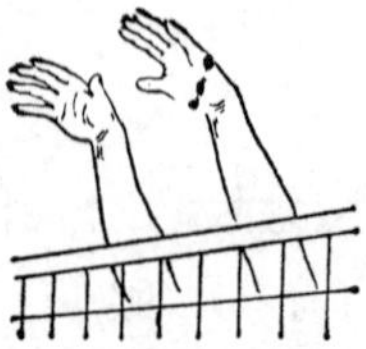

图 9-3-10　空中手臂动作

图 9-3-11　击球手型

（3）拦击动作。拦网时两手要尽可能地包住球。在拦击球时向上提肩，使手臂尽量上伸。此时，手指紧张，拇指、小指尽量外伸，手腕下压用力弹击球，如图 9-3-12 所示。

如果对方击球点高，不能主动拦击时，可采用“后仰式”手法，堵截扣球路线，以便将球向上拦起；在 2、4 号位拦网时，外侧手应稍转向场内，以便能向场内弹击球，防止对方打手出界，造成拦网失误，如图 9-3-13 所示。

图 9-3-12　拦击动作

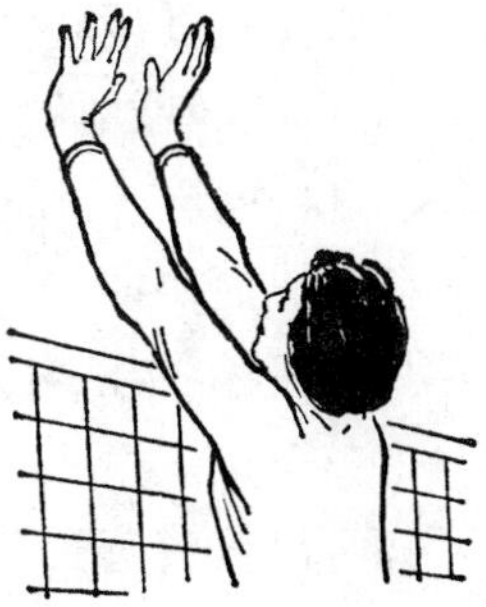

图 9-3-13　2、4 号位拦网

5. *落地*

拦击球后要做含胸制动动作，以保持身体的稳定性。手臂不能放松地随意下摆，要先直臂后摆，然后再屈臂贴近身体下放，以免触网违例。身体落地时，应以前脚掌先着地、屈膝，从而缓冲下落的力量和保持身体的稳定性，及时做好连接下一个动作的准备姿势。

四、排球基本技术的练习方法

（一）准备姿势和移动练习

准备姿势和移动技术练习可分 4 步进行：准备姿势练习、移动步法练习、准备姿势与移动结合练习、各种结合球的移动练习。

1. *准备姿势练习方法*

（1）进行试做，加强正确动作感觉。

（2）两人一组面向站立，一人做准备姿势，另一人纠正对方动作，两人互做互学。

（3）听、看信号做准备姿势。要求判断快、反应快、动作正确。

2. *移动步法练习方法*

（1）讲解与示范。方法要求同上，重点要了解正确的移步方法。

（2）模仿做。要求动作正确、清楚、舒展。

（3）各人琢磨体会、试做。

（4）听、看信号移动。要求判断正确、反应快、动作协调连贯。

（5）在网前做 3 米～6 米的横向移动练习。

3. *准备姿势与移动结合的练习方法*

（1）半蹲准备姿势快速起动。待发姿势身体重心偏前、精力集中、身体微动，起动时，异侧脚蹬地强而有力，移动重心快而协调。

（2）行进间听到、看到信号即刻制动，并成准备姿势。要求制动脚蹬地及时有力，身体重心保持在两腿间偏前。

（3）移动中或在原地做各种不同动作（背向站立与坐地，踏步、小步与高抬腿跑，立卧、俯卧撑与转身跳等），听到、看到信号快速冲刺。要求重心变换及时灵活，起动动作快而协调。

（4）用各种移动步法分别做各种长短距离的折返跑。要求制动、起动连贯、协调。

（5）用混合步进行正、斜三方向，正、斜、侧五方向，或“米”字形移动，要求步法运用合理，起动、制动、变向连贯协调，重心变换灵活。

4. 各种结合球的移动练习方法

（1）两人一组一球，相距2米～3米面对，一人抛前、后、左、右球，另一人通过移动对准来球，将球用头顶回。移动动作要求同上手传球相同。

（2）两人一组两球，相距6米面对，相互同时将球滚至对方体侧约3米处，两人移动后用垫球方式接球后再重复做。要求移动动作同垫球相同。

（3）两人一组，一人用两球先后抛前、后、左、右球，另一人移动接球、抛回，连续做一定次数，互换。要求根据球的速度、弧度、落点运用移动步法、节奏与速度。

（4）若干人成一纵队距教师10米以上站立，轮流向教师快速冲刺，并注意接教师抛出的高、低、远、近、前、后、左、右球。要求高速运动中重心变换快而灵活。

（5）在传球、垫球练习过程中，结合各种准备姿势与移动步法，在实践中提高判断力及移动对球的控制能力。

（二）传球练习

传球基本技术的练习，可分为模仿性传球练习、原地正面传球练习、移动传球练习、侧传球练习和调整传球与综合二传练习等。

1. 模仿性传球练习

（1）原地模仿性传球练习。

（2）移动中的各种模仿性传球练习。

2. 原地正面传球练习

（1）传固定球。两人一组一球，面对而立。一人双手持球由上而下送球，另一人在正确击球点传击球。要求送球位置准确，并适时地稍给球一些下压与上提的助力。练习时手型与蹬、伸、展用力有序。

（2）自抛自接（高约1米），用传球手型去触球并且接住球的练习。观察手型和击球高度是否正确。

（3）近距离对墙传球练习。体会传球手型、伸臂动作和用力方法。

3. 移动传球练习

（1）一抛一移传球或两人一组一人定位、一人做向前与两侧移动传球。要求脚步不要有多余动作，注意移动结束部分与击球前动作的协调配合。

（2）两人移动对传球。

（3）结合网的左右移动传球。

4. 侧传球练习

（1）侧传球练习时，突出上体与手臂侧向用力动作的协调。

（2）一抛一侧对墙（拦网）传。要求基本动作正确。

（3）三人三点一球，三角侧传球。要求取位脚步灵活。

（4）四人三点一球拦网下撤后侧传球。要求注意练习时机与节奏，侧向出球要稳、高、准。

5. 调整传球与综合二传练习

（1）练习时应突出调整传球要求与技术要点。

（2）由 1 号位（或 5 号）向 4 号位（或 2 号）对角传调整球。要求球与网角度尽可能小，出球高、远、到位，如图 9-3-14 所示。

（3）四人一球定点传或传后对角换位。要求移动取位快而且重心稳，如图 9-3-15 所示。

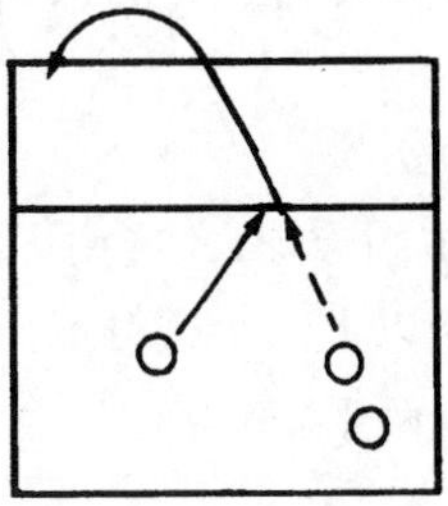

图 9-3-14 调整传球与综合二传练习 1

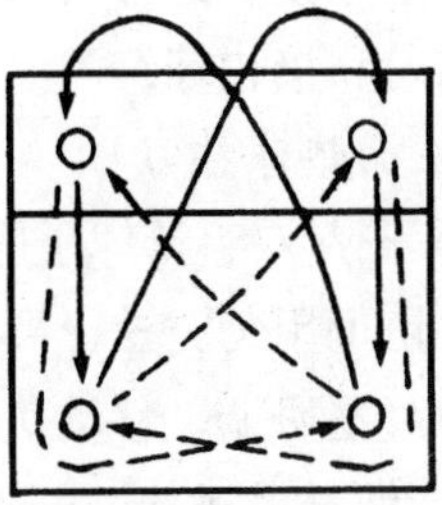

图 9-3-15 调整传球与综合二传练习 2

（4）调整传球与平网传球结合练习，要求动作变化连贯、流畅，如图 9-3-16 所示。

（5）2 号位队员拦网后转身向 4 号位调传一般高球。要求拦网后转身落地重心稳而转换移动快，如图 9-3-17 所示。

（6）3 号位拦网后下撤（或 3 号位传球后下撤）向 4、2 号位调传球。要求动作连贯，如图 9-3-18 所示。

（7）防、调、扣练习。要求二传移动快，取位恰当，出球稳、高、准，如图 9-3-19 所示。

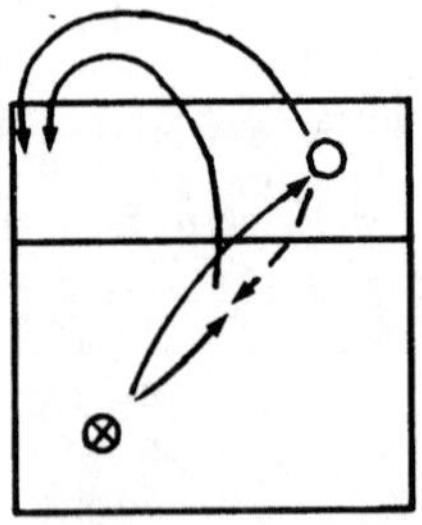

图 9-3-16　调整传球与综合二传练习 3

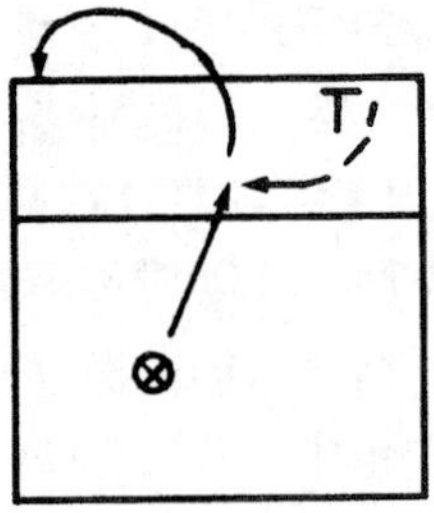

图 9-3-17　调整传球与综合二传练习 4

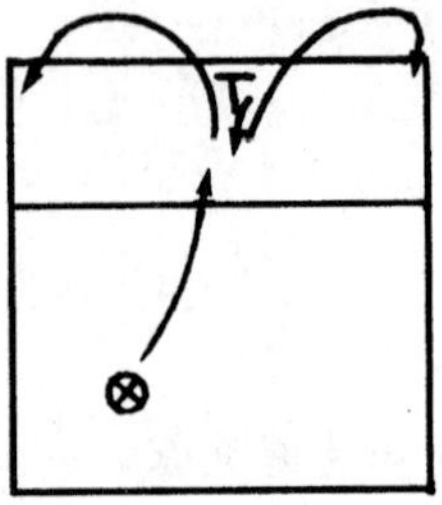

图 9-3-18　调整传球与综合二传练习 5

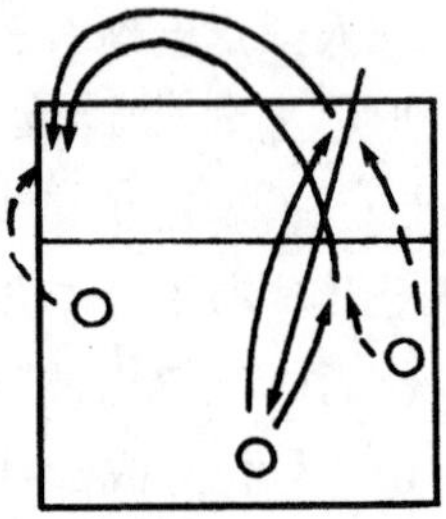

图 9-3-19　调整传球与综合二传练习 6

（三）垫球练习

垫球基本技术的练习可分为正面垫球练习、侧面垫球练习、背向垫球练习、接发球练习和接扣球练习。

1. 正面垫球练习

（1）一人双手持球于腹前，一人用垫球动作垫击固定球，体会手臂触球部位和身、手协调用力方法。要求持球高度在腰以下，腿以上，手臂触球部位准确，击球发力蹬摆协调，移动垫球动作要先动脚步，后抱两手。

（2）做一人抛球，一人垫回的练习。

（3）做对墙连续垫球练习，逐步提高控制球能力，进而练习接垫隔网抛过来的球。

（4）两人相互对垫球练习。由近到远，由低到高，逐步提高垫球技能。

（5）三人一组一球，等边三角站立转方向垫球。要求正确判断来球方向，身体快速移动，选好正面垫球位置，面对来球方向控制好垫球弧度与力量。

2. 侧面垫球练习

（1）在侧垫球运用的同时尽可能地采用正面垫球。

（2）正、背垫球结合练习，体会腰、背、肩发力。

（3）练习方法可有选择地类同正面垫球过程，应从侧垫球以腰开始的发力和截击球的特点提出练习要求。

3. 背向垫球练习

（1）明确运用时机、动作技巧及与正面垫球相反的发力方向。要求根据来球调整好人球位置、击球点和用力顺序与方向。

（2）侧面、正面结合练习，突出反弓形用力特点。

（3）两人一组一抛一背垫，抛的高度、距离、速度、方向可逐步加大。要求抛与垫在时间、节奏、难度上循序渐进，练习时注意反弓用力的顺序和技巧。

4. 接发球练习

（1）明确接发球的意义与技术特点。

（2）两人一组一球，发球、接球者相距 7 米～8 米一掷一垫，做好接发球的基本动作。

（3）三人一组一球，发球、接球者相距 7 米～8 米（可逐步加大距离），做发球、接球、传球基本动作。要求准备姿势好，判断早，反应移动快，手臂平面较快对准来球，并注意控制球的力量和落点。

（4）结合场地接发球。先垫直线到网前的球，再垫转方向到网前的球，同时可接对方后场区发来的球，再接发球区发来的球。

（5）全队五人接发球。注意各位置的接球特点和各位置间的分工与配合，解决好场上薄弱区的配合问题。

5. 接扣球练习

（1）明确接扣球技术的意义和动作要点。突出低姿重心偏前，判断移动快，手插球下果断，控制接球力量、方向。

（2）练习时注意尽可能接防网上扣击的球。

（3）两人一组一球，距 4 米～5 米，一掷一防。注意防守基本动作。

（4）两人一组一球，一扣一防，或三人一组一球连续扣、防、调。要求扣准，力量可由小到大，路线可先直后斜，先长后短。防守者注意动作节奏，脚步灵活，不要过早站死。

（5）结合场上位置扣、防、调。要求扣者先打准，然后结合吊球的直线、斜线、短线变化；防守要求同上，调整二传者，注意判断来球，积极移动，抢好接球点。

（四）发球练习

发球基本技术的练习可分为正面下手发球练习、侧面下手发球练习、正面上手发球练习和综合性发球练习等。

1. 正面下手发球练习

（1）做正面下手徒手抛球、挥臂动作的练习。

（2）距墙或挡网 5 米～6 米处练习发球，主要体会抛球与手臂挥摆的配合及击球的手法。

（3）徒手模仿练习抛、摆、挥动作练习。从听口令按节奏做，到个人体会按节奏做。要求掌握动作全过程和有节奏的协调用力。

（4）持球做抛、摆、挥动作练习（不实抛、击）。要求动作协调，击球部位准。

（5）从端线内短距离发球到发球区隔网对发。要求整体动作正确规范，击球过网。

2. 侧面下手发球练习

（1）应重点明确抛、挥动作协调和短抛、侧引、转击球技术要点。

（2）徒手模仿练习。听口令按节奏做，个人体会按节奏做。

（3）持球做抛引转挥动作。要求动作协调，击球准。

（4）对墙发球练习。要求动作规范、完整、连贯。

（5）从端线内1米发球到端线外隔网对发。要求动作规范，球过网。

3. 正面上手发球练习

（1）应理解技术特点、作用和动作方法，突出抛球与击球环节。

（2）击球同侧手练习。突出抛和击及其衔接。

（3）徒手模仿练习。听口令按节奏做，个人体会按节奏做。要求动作协调、有节奏。

（4）抛球练习。要求准确与定位好。

（5）挥臂练习。要求有节奏，臂轨迹正确。

（6）对墙（或挡网）短距离（4米～5米）发球。要求动作舒展连贯。

（7）从端线内1米发球到端线外隔网对发。要求必须过网。

4. 综合性发球练习

（1）在发球区内不同位置与距离上发球。

（2）准确性发球。用划区、定点、树目标等方法来引导发直线、斜线、长线、短线球。

（3）攻击性发球。降低或升高发球飞行弧度，加快球的速度、旋转度，加大发球力度和飘度。

（4）二对二或三对三接发球比赛，统计得分率，要求心理稳定，对抗性强。

（五）扣球练习

扣球基本技术练习可分为正面扣球分解练习、正面扣球完整练习、正面扣球应用性技术练习和单脚起跳扣球练习。

1. 正面扣球分解练习（原地挥臂扣球手法练习）

（1）练习时应突出上升肘关节和小臂后倒反振，向前上方加速过程和击球点，击球手型与推压技巧。

（2）徒手模仿练习。注意用力顺序和节奏。

（3）模仿和试做一步助跑起跳练习。要求右一大步腾空，左脚跟上，做到起跳有力、迅速，并注意加上挥臂动作。

（4）听口令做二步助跑起跳练习。应注意步幅、速度、动作的节奏和连贯性，并注意结合挥臂动作。

（5）两人一组练习。一人做一人观察并纠正动作缺陷，集体与分组结合，在网前做助跑起跳的完整动作练习。要强调制动起跳，避免触网。

2. 正面扣球完整练习

（1）徒手助跑起跳扣击吊球。

（2）助跑起跳扣 4 号位的吊球。应注意起跳点正确流畅，动作连贯。

（3）4 号位扣球练习。应注意动作连贯，起跳点正确，起跳时机恰当。

（4）助跳，起跳扣杀由侧面抛来的球，建立完整的扣球意识，使学生体会准确的起跳点。

3. 正面扣球应用性技术练习

（1）练习扣 2 号位传球。注意助跑角度、起跳脚的支撑位置。

（2）练习扣调整球。注意上步的调整，起跳要充分，注意转体挥臂幅度与手扣球能力。

（3）扣抛球 3 号位半快球与快球。注意掌握好跟一传球的上步时机、起跳点与起跳时机，要求提肩抬肘，加快小臂摆动。

4. 单脚起跳扣球练习

（1）注意助跑最后一步要大（身体重心后倾制动），随即蹬伸积极，摆动腿跟上，同时屈膝上摆要快，击球时注意转体。

（2）做助跑起跳练习。注意步幅、速度、节奏正确。

（3）按地面标志个人试做助跑起跳练习。要求动作舒展连贯。

（4）网前徒手做助跑起跳挥臂击球练习。注意人、球、网三者的关系与转体扣球动作的连贯。

（5）扣球到扣传球练习。注意与出球时机及空间位置的协调。

（六）拦网练习

拦网基本技术可分为单人拦网分解练习、单人拦网完整技术练习和双人配合栏网练习。

1. 单人拦网分解练习

（1）拦网手法练习。

1）明确拦网手型和手法。

2）徒手原地体会手型和手法。要求动作清晰、规范，小臂上升不要压网。

3）原地扣拦练习。一人自抛自扣。要求时机准确、手法正确。

4）在网前依次做移动、选位、起跳、伸臂拦击、落地动作和上述动作相结合的练习。

5）网上吊球，做跳起拦网动作练习。体会双手臂伸出网上和手腕下压“包球”动作。然后一个人将球抛过网（比网稍高），隔网站立的人练习起跳拦网。

6）做一人扣球、一人拦网的练习。

（2）拦网移动与起跳练习。

1）应注意移动与起跳的衔接。

2）网前原地起跳结合伸臂拦击手型与手法的练习，应注意跳后伸臂连贯。

3）向左右移动一步（到两步）后起跳，徒手（到有固定球）伸臂拦击练习。应注意制动、起跳、伸臂动作连贯。

2. 单人拦网完整技术练习

（1）网前由教师上台扣击，学生轮流原地跳起拦网练习。

（2）跳起拦对方固定路线的扣球练习。应逐步做到判断准，起跳时机恰当。

（3）同上方法进行移动后起跳拦网练习。应逐步做到判断准确，移动、起跳、伸臂动作连贯。

（4）判断对方一传、二传，移动拦对方扣球练习。应注意判断，迅速做出反应动作。

3. 双人配合拦网练习

（1）了解双人拦网关键在于相互间的密切配合及配合方法。

（2）双人原地起跳配合，拦固定位置来球的练习。注意两人间距、起跳时机和设定的主副拦网配合。

（3）移动后配合拦网练习。注意定点起跳与移动后起跳两者的配合与协调。

（4）判断对方一传、二传，双人配合拦扣球的练习。

（七）排球基本技术练习的注意事项

1. 移动练习的注意事项

（1）移动前和移动中身体重心要落在前脚掌上。

（2）身体髋、膝、踝关节角度应合理，含胸，臀部不能后坐。

（3）移动时，判断要准确，反应要快。

2. 发球练习的注意事项

（1）抛球要稳，高度、位置应固定。

（2）击球时，手臂与全身动作要协调配合。

（3）击球部位要准确。

（4）发球的稳定性和攻击性要有机地结合。

3. 垫球练习的注意事项

（1）垫球时，应注意垫球用力大小，轻球重垫，重球轻垫。送球方向要认清，对准本队二传队员。击球部位要准确，垫上方来球时，击球点在球的下方；垫前方来球时，击球点在球的侧后方。

（2）垫球时不要过早地自握双手，这样会造成步伐移动缓慢，不能把球及时准确地垫起来。

（3）两手臂一定要夹紧，以免造成“连击”或“持球”等违例情况。

4. 传球练习的注意事项

（1）传球时，手指的弹力和手腕、手臂与身体用力方向应一致，注意手掌不能与球接触，否则就是“持球犯规”。

（2）传球时，应保持正确的击球点。

（3）移动应迅速、准确，以保证做好传球的准备姿势。

（4）传球动作应注意全身协调用力。

5. 扣球练习的注意事项

（1）要掌握各种方向、远近网的助跑起跳技术，特别是一步的助跑起跳，做到这点，才能保持正确的击球点。

（2）挥臂及手腕动作要坚决、果断、迅速，击球部位应根据球网的远近作出抉择，如球离网较远，则击球部位应相应接近球体后中部。手腕要有推压动作。

（3）扣球技术的练习，应以正面扣球练习为基础。

（4）加强扣球的力量和速度变化练习，提高扣球的效果。

6. 拦网技术练习注意事项

（1）加强正确判断和移动的练习。选定好起跳位置。

（2）拦网队员起跳时，要掌握好起跳的时间和起跳动作的准确连贯性。

（3）在掌握正确拦网技术的基础上，还要注意培养拦网队员在起跳后善于观察扣球者的身位及挥臂动作，并随着对方扣球动作的变化，及时地调整自己在空中拦击来球动作的手型。

（4）拦网时，手要从网沿上伸向对方场区上空，但不应有扑打动作，以免触网犯规，拦网落地时，还要避免身体触网和脚过中线。

7. 排球技术练习中易犯的错误及其纠正方法

（1）准备姿势与移动技术练习中常见错误及其纠正方法如表 9-3-1 所示。

表 9-3-1 准备姿势与移动技术练习中常见错误及其纠正方法

常见错误	纠正方法
臀部后坐，全脚掌着地	体会动作要领，上体前倾肘部垂线要超过脚尖，身体重心移动至前脚掌
身体前倾重心太高	多做低姿移动和加强腿部力量的练习
身体重心起伏过大	多做徒手练习和在网下往返移动练习

（2）发球技术练习中常见错误及其纠正方法如表 9-3-2 所示。

表 9-3-2 发球技术练习中常见错误及其纠正方法

种类	常见错误	纠正方法
正面下手发球	准备姿势偏高，击球的位置过高，影响发球的准确性	1．明确动作概念 2．结合抛球练习
	抛球与摆臂击球动作不协调	1．徒手练习摆臂击球动作 2．结合抛球进行摆臂练习
	摆臂击球方向不正确，手臂在肘关节处弯曲过大，击球不准	1．徒手练习 2．多击固定球
正面上手发球	抛球不准，击球点靠后；击球不准，无推压带腕动作	1．固定目标抛球练习 2．用眼看球，多做对墙或隔网轻发球练习，体会手掌包球的动作
	动作不协调，全身用力不协调	单手掷实心球练习，对墙发球练习，击固定球练习

（3）垫球技术（双手正面垫球）练习中常见错误及其纠正方法如表 9-3-3 所示。

表 9-3-3 整球技术（双手正面垫球）练习中常见错误及其纠正方法

常见错误	纠正方法
击球时曲肘，两臂不并拢	徒手模仿，多做击固定球，自垫，要求直臂向上的练习
移动不及时，未正对来球	移动模仿，对墙自垫或向上自垫，移动后垫抛球
两臂用力不当，身体不协调	利用固定球进行垫球动作练习，体会协调用力

（4）传球技术（正面双手传球）练习中常见错误及其纠正方法如表 9-3-4 所示。

表 9-3-4 传球技术（正面双手传球）练习中常见错误及其纠正方法

常见错误	纠正方法
手型不正确，大拇指朝前	多做传球的模仿，用传球的手型接住抛来的小实心球，对墙近距离传球，多做自抛自传球的练习
身体动作不协调	1．做模仿传球的蹬腿、伸臂传球动作，体会全身的用力 2．多做深蹲平传的练习，体会伸臂弹击动作 3．自抛后对墙远传，体会蹬地、展体伸臂的用力动作
伸手过早或过晚	1．正确判断来球，恰当出手 2．低姿传各种掷来的低平球，体会出手时间 3．多做两人平传球和高弧度球的练习

（5）扣球技术（正面扣球）练习中常见错误及其纠正方法如表 9-3-5 所示。

表 9-3-5 扣球技术（正面扣球）练习中常见错误及其纠正方法

常见错误	纠正方法
起跳过早、过晚	在教师给出信号后起跳，自抛自扣，将球向上方高抛起再助跑起跳扣球过网
起跳位置不准，人与球的关系处理不当，击球点太靠前或太靠后	进行助跑起跳动作练习、空中击固定球练习、规定助跑起跳距离和抛球高度扣球的练习
击球的手法不好，手掌包不好球，击出的球不向前旋转	1．按扣球挥臂动作对墙投掷垒球、实心球或排球 2．原地扣平球或连续对墙扣球，降低球网做自抛自扣网练习
击球时，手臂未充分伸直，用不上挥臂甩腕的力量	1．徒手挥臂击打吊球 2．做对墙扣平远球练习

（6）拦网技术练习中常见错误及其纠正方法如表 9-3-6 所示。

表 9-3-6 拦网技术练习中常见错误及其纠正方法

常见错误	纠正方法
拦网起跳过早或过晚	1．对来球反复判断正确的起跳时机或听信号后起跳 2．在练习中加深体会拦网的正确起跳时间
拦网时双手扑球，造成触网	多做移动起跳后伸臂“包球”动作的练习，要求不允许触网
拦网起跳后碰网或过中线	1．多做网前移动、制动、起跳徒手练习 2．掌握最后一步制动和垂直起跳，练习起跳时在空中的含胸收腹
球漏	反复练习两臂夹紧头部的动作，网前徒手移动起跳，伸臂后不急于收臂，等落地时检查
对扣球路线判断错误	1．反复练习拦各种固定路线的扣球 2．扣各种路线的球，帮助拦网者练习

五、排球竞赛主要规则简介

排球规则是由技术性规定、非技术性规定和场地设备要求等内容组成的。场地设备、比赛的方法，以及参赛人数的规则，规定了比赛参加者的权利与责任，比赛的间断及延误比赛，队员的不良行为等；规定了排球运动者必须在公正和遵守体育道德的环境中进行比赛。规则中大量的技术定义是排球运动的核心，也是我们必须掌握的基本知识。随着排球运动的不断发展和诸多客观条件的需要，规则对技术性规定逐渐放宽，趋于简单。这样将更便于人们去了解排球，了解和掌握排球规则。

（一）排球比赛的场地与设备

1. 比赛场地

排球比赛场地包括比赛场区和无障碍区。比赛场区为长 18 米、宽 9 米的长方形，其四周至少有 3 米宽呈长方形对称的无障碍区，从地面量起至少有 7 米的无障碍空间。国际比赛的场区边线外的障碍区至少 5 米，端线后至少 9 米，上空的无障碍空间至少 12.5 米。比赛场地如图 9-3-20 所示。

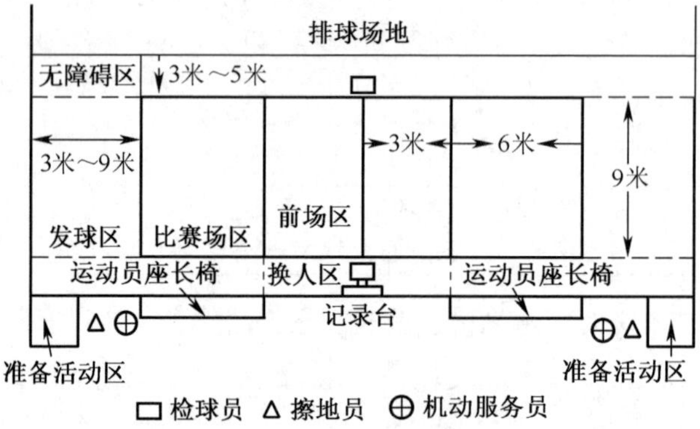

图 9-3-20 排球比赛场地

2. 比赛场地的区域

（1）比赛场区。由中线将比赛场区分为长 9 米、宽 9 米的两个相等的场区。每半场分为 6 个位置区。

（2）前场区。每个场区各画一条距离中线 3 米的进攻线（其宽度包括在内）。中线与进攻线之间为前场区。

（3）换人区。两条进攻线的延长线之间，记录台一侧边线外的范围为换人区。

（4）发球区。在两边的端线外，两条边线的延长线上，各画两条长 15 厘米，垂直并距离端线 20 厘米的短线，两条短线之间为发球区。发球区的纵深延至无障碍区的终端。

（5）准备活动区。在两个无障碍区外的替补席远端，3×3 米的区域为准备活动区。

3. 比赛场地的要求

（1）地面。场地的地面必须是平坦、水平、划一的，不得存在有任何伤害队员的隐患，不得用任何坚硬的物体作为场地的界线，不得在粗糙、湿滑的场地上进行比赛。世界性比赛的场地地面只能是木质或合成物质的。

（2）界线。场地所有的界线宽度均为 5 厘米，其宽度包括在各个场区内。

（3）颜色。室内比赛场地的地面必须为浅色，界线的颜色应当用与地面颜色不同的浅色。世界性比赛场地界线为白色，比赛场区和无障碍区分别为另外不同的浅颜色。

（4）温度、湿度和照明。室内最低温度不得低于 10℃。照明度为 1000～1500 勒克斯。世界性比赛的室内温度最高不得高于 25℃，最低不得低于 16℃，湿度不得高于 60%。

4. 比赛的器材

排球比赛的器材在规则中规定的有网柱、球网、标志带、标志杆和比赛球等。

（二）非技术性规定

1. 队员的服装

队员的服装包括上衣、短裤和运动鞋袜。上衣、短裤和袜子必须统一、整洁和颜色一致。国际比赛中，全队队员鞋子的颜色必须一致，但商标可以不同；上衣的号码必须是 1～18 号，号码的颜色必须与上衣明显不同；身前号码至少为 10 厘米高，身后号码至少为 15 厘米高，号码笔画宽度至少为 2 厘米。

2. 禁止着戴的物品

队员禁止佩带可能造成伤害及有利于人为加力的物品。可以戴眼镜进行比赛，但由此所引起的一切后果自行负责。

3. 参加者的基本权利及其他规定

（1）队长。队长在比赛开始前要在记分表上签字，并代表本队进行抽签。抽签获胜者可以选择发球或接发球，或场区。队长在场上时将担任场上队长职责。只有场上队长才可以在死球时同裁判员讲话。场上队长可以请求对规则的执行进行解释，可以请求正常的比赛中断（暂停和换人），可以请求允许更换衣服或器材，以及请求核对双方队员的场上位置和检查地板、球网和球等。比赛结束时，队长要在记分表上签字承认比赛结果。

（2）教练员。教练员在比赛前要在记分表上检查队员的姓名和号码，并签字。

每局开始前，要填写位置表，签字后交记录员或第二裁判员。比赛中，教练员应坐在靠近记录员一端的球队席上，可对场上队员进行指导，但必须是坐在球队席上或在准备活动区内，并不得干扰或延误比赛。

（3）比赛的进行。比赛时双方各占据半场。每方上场 6 人，站在 2、3、4 号位为前排队员，其余为后排队员。比赛开始，由有发球权一方的 1 号位队员在发球区内将球直接发过网，然后双方用各种技术组织进攻和防守，力争使球落在对方的场内，而不落在本方场内。

（4）队员的替换。一名队员离开比赛场地，由另一名队员上场替占他的位置，即为一人次替换。在一次换人中可以同时替换一人或多人。替补队员每局只能上场比赛一次。如某一队员受伤不能继续比赛时，必须进行合法的替换。如果不能进行合法替换时，可采取特殊的替换。如某队员被判罚出场或取消比赛资格时，必须进行合法的替换。如果不能进行合法替换时，则判该队阵容不完整。阵容不完整的队保留其所得分数和局数。

（5）比赛间断。正常的比赛间断为暂停和换人。比赛成死球时，在裁判员鸣哨发球前，教练员或场上队长可用相应的手势请求间断。一次或两次暂停可以与双方的各一次换人相连续，中间无须经过比赛过程。同一队未经过比赛过程不得连续提出换人的请求，但在同一次换人请求中可以替换两名或更多的队员。一次暂停的时间为 30 秒，但在世界比赛中，采用技术暂停的方法，时间为 1 分钟。暂停时，比赛队员必须离开比赛场区到球队席附近的无障碍区。

（6）延误比赛。延误比赛的行为是：换人延误时间；在裁判员鸣哨恢复比赛后，拖延暂停的时间；请求不合法的替换；在同一局中再次提出不符合规定的请求；场上队员拖延比赛的继续进行。延误比赛为全队的行为犯规。同一局中第一次延误，应判延误警告；再次出现，则进行延误判罚。

（7）不良行为。指球队成员对裁判员、对方队员、观众或同队队员的不良行为，根据其冒犯程度分为以下 4 类。

1）非道德行为。比赛的参加者对裁判员的判断结果进行争辩，恫吓对方队员等行为。

2）粗鲁行为。比赛参加者的行为违背了道德原则和采取不文明的举止，并对裁判员、对方队员和观众有侮辱性的表示。

3）冒犯行为。采用侮辱性的语言和姿态对裁判员、对方队员或观众进行诽谤。

4）侵犯行为。对裁判员、对方队员或观众有企图侵犯的目的或人身侵犯的行为。

不良行为的判罚等级和处理办法如表 9-3-7 所示。

表 9-3-7 不良行为的判罚等级和处理办法

不良行为	次数	处理方法	出示红黄牌	结果
非道德行为	第一次	警告	黄牌	防止重犯
	第二次	判罚	红牌	失一球
	第三次	罚出局	一手持红、黄牌	取消该局比赛资格
	第四次	罚出场	两手分持红、黄牌	取消该局全赛资格
粗鲁行为	第一次	判罚	红牌	失一球
	第二次	罚出局	一手持红、黄牌	离开比赛场地、队员席和准备活动区（一局）
冒犯行为	第一次	取消资格	两手分持红、黄牌	离开比赛场地、队员席和准备活动区（全场）

（三）技术性规定

1. 发球

发球队员必须在第一裁判员鸣哨后 5 秒钟内，将球抛起或持球手撤离，在球落地前用一只手或手臂的任何部位将球击出。如球未触及发球队员而落地，则被认为是一次发球试图。在确认发球试图后，第一裁判员应及时鸣哨允许再次发球，发球队员必须在再次鸣哨后的 3 秒钟内将球发出。发球队员在击球时或击球起跳时，不得踏及场区（包括端线）或发球区以外的地面。击球后，可以踏及或落在场区内或发球区以外地面。在每一次发球时只允许有一次发球试图。

2. 队员的位置

在发球队员击球时，双方队员必须在本场区内各站两排，每排 3 名队员。发球队员不受场上位置的限制。队员的位置是根据其脚的着地部位来判定的，每一名前排队员至少有一只脚的一部分，比同列后排队员的双脚距中线更近；每一名右边（左边）队员至少有一只脚的一部分，比同排中间队员的双脚距场地的右（左）边线更近，如图 9-3-21 所示。在发球队员击球的一刹那，场上队员脚的着地部位必须符合其位置要求。在发球后，队员可以在本场区和无障碍区的任何位置上。

3. 网下穿越

在不妨碍对方比赛的情况下，允许队员在网下穿越进入对方空间；允许队员的一只脚或双脚越过中线触及对方场区的同时，脚的一部分还接触中线或置于中线上空。除脚以外，不允许队员身体的任何其他部分接触对方的场区。在比赛中断后，队员可以进入对方场地。

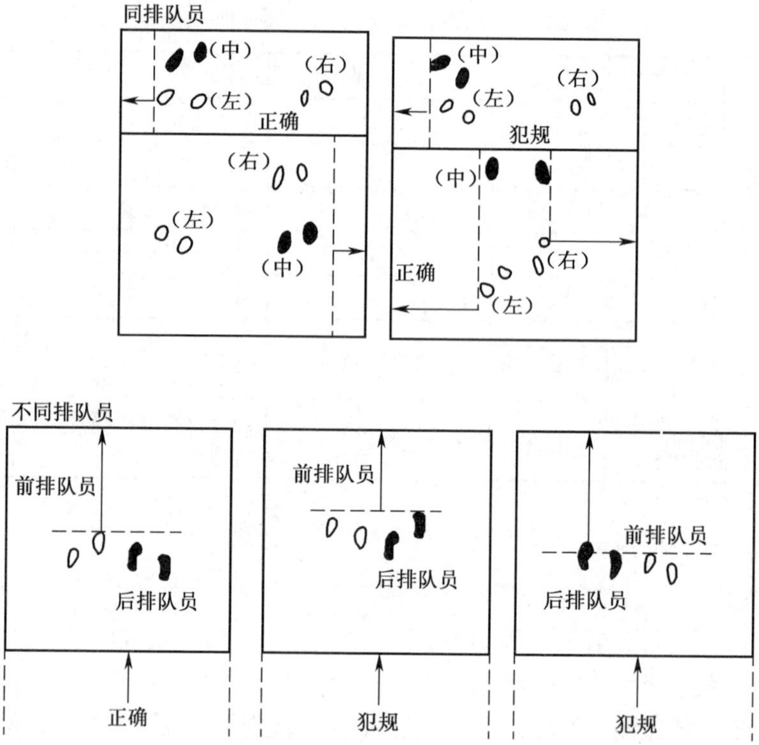

图 9-3-21 位置正误示意图

4. 触网

规则规定触网为犯规，但队员在无试图击球的情况下偶尔触网不算犯规。所谓无试图击球，是指已经完成了击球动作和击球试图之后，偶尔触网即不算犯规。

5. 进攻性击球

进攻性击球指除发球和拦网外的其他所有直接向对方的击球。当球的整体通过球网的垂直面或触及对方队员，则完成了进攻性击球。前排队员可以对任何高度的球完成进攻性击球，但触球时必须在本场地空间。后排队员则允许在后场区对任何高度的球完成进攻性击球，但起跳时脚不得踏及或越过进攻线，击球后可以落在前场区。如果后排队员在前场区完成进攻性击球，在触球时，球的一部分必须低于球网上沿。

6. 拦网

拦网是指队员靠近球网，将手伸向高于球网处阻挡对方来球的行动。触到球的拦网行动则完成了拦网。只有前排队员允许完成拦网，后排队员不得完成拦网。如后排队员将球拦回，则视为犯规；如拦球到本方场区，则为本队的第 1 次击球。前排队员的拦网触球不算作本队的 1 次击球，因此本队拦网后还可以再击球 3 次。

拦网时，队员可以将手或手臂伸过球网，但不得影响对方击球，过网拦网触球应在对方队员完成进攻性击球之后。在 1 个拦网动作中，允许球迅速而连续地触及一名或更多的拦网队员。

7. 比赛中的击球

规则规定队员的身体任何部位都允许触球，但球必须被击出，不得接住或抛出；球可以向任何方向反弹。如果队员违反了上述规定，则判为持球。

规则规定球必须同时触及队员的身体的不同部位。如果球先后触及队员身体的不同部位，则为连击犯规。但是在拦网动作中，允许同一队员或同一拦网行为中的不同队员，在一个单一的动作中连续触球。在球队第 1 次击球时，允许队员身体的不同部位在同一击球动作中连续触球。第 1 次击球指接发球、接进攻性击球、接本方拦起的球和接对方拦回的球。而在本队第 2 次和第 3 次击球时，则不允许球连续触及队员身体的不同部位。

规则虽然是由以上三个部分组合而成，但它们是一个整体。我们在掌握每部分内容的同时，更要将三部分的内容有机地结合起来，这样才能更好地了解规则，理解规则，以便更好地去执行规则。

第四节　轮　　滑

一、速度轮滑

1. 速度轮滑运动概述

轮滑运动是一项集健身、娱乐于一体，富于变化，展现魅力和个性的一项国际性的体育运动。轮滑运动包括速度轮滑、花样轮滑、轮滑球及花板，是 19 世纪初兴起的一项运动，由于它深受人们的喜爱及在国际轮滑联盟的努力下，近年来发展很快，是被奥委会承认的运动项目之一。

速度轮滑是一项体能类竞速性的运动项目，它有明显的周期性动作特征。滑行时要脚穿轮滑鞋，配戴头盔、手套、护膝、护肘等护具，采用特殊的蹲屈身体姿势，靠两腿交替向侧方蹬地产生动力及与臂腿其他动作配合进行滑行。

速度轮滑比赛的方式，既可在公路上又可在场地上进行。比赛的办法较多，有计时赛、淘汰赛、记分赛、群滑赛、定时赛、追逐赛等。

比赛不分道，除短道的计时赛采用单独出发的方式以外，其余多采用集体出发的形式。由于同组比赛的人数多，滑行速度快，战术强，淘汰率高，因此轮滑比赛的竞争非常激烈。

2. 速度轮滑运动基本技术

速度轮滑运动技术，是指完成速度轮滑运动动作的有效方法，良好的技术能充分体现出利用经济体力，发挥最大速度，创造优异成绩的效果。速度轮滑技术主要由直道跑、弯道滑跑和起跑等技术构成。

（1）直道滑行技术。直道滑行技术包括身体姿势、蹬地、收腿、着地、惯性支撑滑进、摆臂及整体技术动作配合等。

1）滑跑基本姿势。站立姿势："丁"字型站立、"八"字型站立、平行站立。速度轮滑运动为能够减少空气阻力来达到最快速滑跑目的，身体必须采取特殊的滑跑姿势，身体姿势的正确与否对完成正确动作、有效地使用技术及发挥身体潜能都有重要的作用，因此说，正确的滑跑姿势是滑行技术的基础。速度轮滑直道滑跑采用上体前倾的半蹲式姿势，髋、膝、踝三关节呈屈的状态。上体放松，两手握于背后，头微抬起，目视前方 30 米～40 米处，在滑行中重心落在脚心处为宜，髋关节角度为 90°～100°，膝关节角度为 110° ～120°，踝关节角度为 65° ～75° 。这种特殊的滑跑姿势的优点是能减少空气阻力，有助于提高速率，节省体力。

2）蹬地技术。蹬地是推动运动员向前的唯一动力来源，蹬地效果的好坏，取决于蹬地用力的方式、角度、方向、力量、速度及体重的运用等技术细节的合理性。蹬地技术是速度轮滑的核心技术，蹬地动作是由开始蹬地、蹬地最大用力和蹬地结束三个阶段构成的。

3）收腿技术。收腿的动作方法是，浮腿的大腿带动小腿以最短的路线拉回，使浮腿的膝关节靠近支撑腿。收腿的髋关节内收，膝关节弯屈形成自然的钟摆动作。

4）惯性滑行阶段。惯性滑行时，除了尽量保持已获得速度外，重要的是为下次蹬地作好准备。长距离滑行时，滑行持续时间比短距离时间长。

5）直道滑行摆臂技术。摆臂是配合蹬地获得速度的重要因素，从短距离到长距离滑行都采用摆臂，通过摆臂可以调节身体平衡、加强蹬地，有利于使整个身体协调运动及达到战术目的等。摆臂的方向应与躯干的纵轴线之间成 40° 角为宜。

（2）弯道滑行技术。弯道滑行是轮滑运动最重要的技术部分，既要保持高速滑行，又要保持平衡。在弯道滑行的区段也是体现战术意图的重点区域，弯道滑行的基本动作是由弯道滑行基本姿势、蹬地、收腿、着地、摆臂及全身动作配合构成的，但没有单脚支撑自由滑行阶段。

1）弯道滑行的基本姿势。弯道滑行基本姿势的外观结构是：上体倾斜，支撑腿髋、膝、踝三关节保持屈的状态。在弯道滑行的过程中，身体始终向圆心倾斜，并保持鼻与支撑腿的膝关节、前轮都处在同一纵轴平面上。倾斜的幅度较大，蹬地角在 40° ～45° 之间。单臂或双臂前后自然摆动，身体重心的位置以落在轱辘的中部位置为宜。

2）弯道滑行的蹬地技术。在弯道滑行过程中，两腿的蹬地动作有所不同，参与蹬地动作的肌群也不同，右腿蹬地动作是以伸髋、展髋、伸膝的动作为主，伸踝为辅，而左腿的蹬地动作是以伸髋、内收髋关节、伸膝三个动作为主。

3）弯道滑行收腿技术。为适应弯道滑行的技术，两腿的收腿动作也不一致。右腿的收腿技术是以内收、屈髋、屈膝关节的动作为主，而左腿的收腿动作是以外展髋、屈髋和屈膝动作为主，以膝关节领先，使左踝保持放松状态。

4）弯道滑行的摆臂技术。双摆臂时，右臂的幅度与直道基本相同，摆动的方向可稍向内侧，摆动的动作是以肩关节屈伸摆动动作为主，配合蹬地动作。

3. 速度轮滑运动常识

（1）运动员的装备。运动员的服装及必须佩带的护具。

1）服装。运动员的服装多种多样，质地、款式、花色各有不同，随着运动员水平的不断提高，对服装的性能要求也越来越高，应以不断适应该项运动发展的需要为准。

2）护具。运动员的护具包括：手套、头盔、护腿及眼镜等。

（2）竞赛知识。

1）比赛场地分为场地跑道和公路跑道。全国性场地跑道标准的场地周长为200 米、宽度为 6 米，根据情况通常也允许使用周长不短于 125 米、最长不超过400 米、跑道宽不少于 5 米的场地。全国性公路赛使用的跑道：开放式跑道其终点与起点不衔接；封闭式的跑道其终点与起点相衔接。封闭式跑道有两条对称的路线，周长最短不少于 250 米，最长不超过 1000 米，公路的宽度应不少于 5 米，起、终点线不能设在弯道处（除非无法避开时），起点线应设在距弯道处 50 米以外。

2）比赛种类与形式。速度轮滑比赛分两种，一种是公路赛，一种是场地赛。比赛的形式较多，包括淘汰赛、计时赛、定时赛、记分赛、分段赛、接力赛及规定路线的比赛等。

3）比赛项目及部分规则规定。场地、公路比赛项目有：300 米、500 米、1000 米、1500 米、3000 米、5000 米，接力 10000 米、20000 米、21000 米、30000 米、42000 米、50000 米。

全国场地速度轮滑锦标赛项目有：男子 300 米、500 米、1500 米、5000 米、10000 米、20000 米等；女子 300 米、500 米、1500 米、3000 米、5000 米、10000 米等。

全国公路速度轮滑锦标赛项目有：男子 300 米、500 米、1500 米、5000 米、10000 米、20000 米、42000 米马拉松比赛等；女子 300 米、500 米、1500 米、3000 米、5000 米、10000 米和 21000 米马拉松比赛等。

4）有关起跑的规定。所有的比赛都采用站立式起跑预备姿势，发令员发出预备口令和信号时运动员完成预备姿势和起跑动作，当发令员鸣枪或鸣笛后运动员起动。在起点有犯规的运动员将受到警告，第三次犯规将被取消比赛资格。

二、花样轮滑

1. 花样轮滑概述

18 世纪，轮滑由一位不知名的荷兰人发明。到了 18 世纪 60 年代，出现了两轮溜冰。真正的轮滑是由美国的詹姆斯·普利姆普顿于 1863 年发明的，是由滑冰过渡而来。1866 年詹姆斯开办了第一座轮滑场，从此轮滑运动迅速地传到欧洲各国。1884 年美国人查理和雷蒙发明了滚珠轴承，对改进轮滑技术起了极大的作用。1875－1937 年间，滑冰运动对轮滑影响较大。在轮滑运动的发展中，逐渐演化出花样轮滑运动。

世界花样轮滑锦标赛的竞赛项目有：规定图形（男子，女子）；自由滑（男子，女子）；双人滑（一男一女）；舞蹈（一男一女）。每项比赛均可以获世界冠军。在单人滑比赛中，设有规定图形和自由滑两项的比赛。花样轮滑是技巧性项目，而不是技能项目。它与速度轮滑、轮滑球等技能项目的训练有本质上的差别。在这个项目中，正确的技术和动作重复的数量是获得成功的唯一道路。

2. 基本技术与教学

（1）专用术语。

- 前滑：身体面对滑的方向，向前滑行称为“前滑”。用左脚向前滑行称为“左前”，右脚向前滑行称为“右前”。
- 后滑：身体背向滑的方向，向后滑行称为“后滑”。
- 刃：直立时，两个刃同时着地，我们称其为“平刃”或“双刃”。
- 地面：轮滑场地的地面，无论用何种材料构成，均称为“地面”。
- 蹬地：在滑行中两腿交替用内刃和外刃蹬地以获得滑行速度。
- 滑足：在地面上滑行的足。
- 浮足：离开地面的足。
- 浮髋：与浮足同侧的髋。
- 轮中心：四个小轮形成长方形的中心。
- 纵轴：将图形分为对等两半的一条线。
- 横轴：将图形分为对等两圆的一条线。
- 封口：两圆或三圆图形的切点处，或纵横轴交叉点处。

（2）基础滑行教学。在基础练习中，上体和两肩放松是所有动作练习中的要求。

自由滑进：①寻求平衡；②原地双足滑动；③制动轮行走练习；④提踵练习。

直线前滑：①前葫芦步；②前滑双曲线；③前滑停止法；④“T”形停。

直线后滑：①后葫芦步；②后滑双曲线；③单足直线后滑；④后滑停止法；⑤压步。

3. 竞赛规则与裁判常识

花样轮滑竞赛规则有如下几项内容。

（1）抽签。

1）在正式练习开始前一天进行各组图形的抽签，同时举行第一个图形的起滑脚的抽签。“A”代表右脚，“B”代表左脚，在一组图形中，完成图形的起滑脚要左右轮换。

2）抽签要在裁判组的监督下，从规定的四组图形中抽出。

（2）竞赛程序及安排。

1）首先滑规定图形，短节目在规定图形之后，长节目最后滑行，一般不在同一天进行。

2）男子、女子分开进行。

3）短节目和长节目由一个裁判组承担，男子组、女子组分开，双人滑由一个裁判组承担或由男子组、女子组的裁判组担当。一般裁判员为5人、7人或9人。

4）滑行的时间：短节目为单人2分±5秒，双人2分30秒±5秒；长节目为单人4分±10秒，双人4分30秒±10秒；创编舞为1分50秒～2分40秒；自由舞为3分30秒±10秒。

5）从运动员开始滑行时或做动作时开始计时。

6）单人滑和双人滑短节目得分占总成绩的25%，长节目占75%。长节目得分必须乘以3。

（3）场内要求。

1）在规定的图形比赛期间，裁判长、副裁判长、裁判员、替补裁判员和不超过两名的其他工作人员可以留在场地上。

2）在滑裁判规定图形时，必须让裁判员优先选择位置。

（4）准备活动。

1）规定图形：不得超过1名运动员，第一个运动员准备活动时间为6分钟。

2）单人短节目和长节目：6分钟，最多8人。

3）双人短节目和长节目：6分钟，最多5对。

4）规定舞：2分钟，最多6对。

5）创编舞和自由舞：6分钟，最多6对。

6）准备活动后立即开始比赛。

（5）评分。

1）在全国比赛中，采用公开评分，每一名裁判的评分必须向裁判长及报分员公开示分。

2）第一名运动员规定图形结束后，裁判员立即记下分数，裁判长事先问一下每一名裁判员的评分，然后通知所有裁判员所评的平均分，裁判员们则因此调整他们的分数，使其评分与平均分相差在 0.2 分之内。

3）每一图形结束后，有裁判长给予信号，所有裁判必须同时示分。

4）由裁判员展示的分数必须由一名正式的报分员高声、清晰地宣读，并由计分员登记在评分卡上。

（6）成绩计算。

1）为每名运动员准备两张记分卡，由两名记分员分别记录并计算。

2）四个规定图形分数相加，所得总分即为规定图形的总分。

3）技术分和艺术分相加即为短节目、长节目的总分。

4）短节目得分和长节目得分乘以 3，两项得分之和即为单人自由滑或双人滑总分。

5）规定图形总分乘以 2 和自由滑总分相加，所得总分即为单人滑全能总分。

（7）确定名次。

1）每一部分结束后，必须确定每名运动员的名次。

2）每名运动员的胜负，是根据每名裁判员给予运动员的总分确定的。总分高者，可从裁判员处得 1 分，低者得 0 分，平者得 0.5 分。

3）从裁判员处得分超过裁判员总数的一半者，则可获得优胜，得 1 分，低于一半者得 0 分，相等者得 1 分。总得优胜分最高者名次为 1，依次为 2、3 等。

（8）比赛场地。

1）比赛的场地面积最低要求：50 米×25 米。

2）规定图形必须白天比赛，如晚上比赛要有足够的灯光。

3）地面平滑，图形线痕规整、标准。应有两个场地，以便有一个场地专供运动员练习使用。

4）花样轮滑竞赛场地应与速度轮滑竞赛场地分开，以免互相干扰。

5）应准备能够调速的音响设备和稳压装置。

6）为每一名裁判员准备一套记分牌，其中一组由 0～6 的黑色字表示整数，另一组由 0～9 的红色数字表示小数，每一分的手柄处必须标出相同的数字，以便裁判员使用。

第十章　同场对抗项目

第一节　足　　球

一、足球运动的特点

足球运动是以脚为主控制和支配球，两队按一定规则在同一块长方形场地上互相进行攻守对抗的体育运动项目。现代足球运动是世界上开展得最为广泛、影响最大的体育运动项目之一，被称为“勇敢者的运动”“世界第一运动”。具有对抗性强、比赛时间长、人数多、场地大、技术多样、战术丰富、观赏性强等特点。

足球运动的对抗性很强，队员在比赛中采用各种符合规则规定的奔跑、急停、转身、倒地、跳跃、冲撞等动作，在运动中与对手展开激烈的争夺。据有关资料统计，在 90 分钟的比赛中，运动员的跑动距离约为 10000 米，冲刺为 200 次左右，运动员的平均心率为 172 次/分钟。比赛后运动员的体重平均下降 2200 克，尿蛋白阳性率达 91.7%，尿蛋白含量百分比平均为 42.8 毫克，血乳酸含量百分比平均为 40 毫克～50 毫克。这些数据表明，足球运动的确是一项剧烈而耐久的运动项目。足球比赛既可以举行 11 人制的，也可以举行 9 人制、7 人制，甚至 5 人制的比赛，可以在室内或室外的场地上比赛。足球比赛的时间、场地、人数的伸缩性较大，设备也较为简单，便于在群众中广泛开展。因而足球运动也具有趣味性、群众性的特点。

由于足球运动是集体运动项目，因而要求每个运动员在比赛中必须做到齐心协力、密切配合，充分发挥集体和个人作用，利用多样的技术、丰富的战术以达到战胜对方的目的。

在足球场上既有勇敢的拼抢，又有顽强的抵抗；既有强攻进球，也有巧妙破网；有时火药味十足，充满汗水和抗争，有时幽默和滑稽……常常是变幻莫测、惊心动魄、胜负难测，这就是足球“耐看、魅力”独具之所在。

二、足球对锻炼身体的价值

（一）全面发展人的身体素质

足球运动是全面锻炼身体和健康体魄的体育项目。足球比赛中各种形式的奔跑、急停、转身、倒地、跳跃、冲撞及种类繁多的踢球、接球、抢截球等身体运动，可以较好地发展人的速度、耐力、力量、灵敏和柔韧等身体素质。还可以提高人的神经系统反应速度，以及中枢神经系统对各系统与器官的迅速调节能力；加强人的心血管系统、呼吸系统的功能；改善视、感觉功能，扩大人的视野；提高人的方位知觉感受器的功能等，从而达到增强体质的目的。

（二）改善人的心理素质和培养优良品质

经常参加足球运动和比赛，能提高人的注意力、观察力、想象力、思维能力和心理承受能力（包括比赛时的心情、战斗力，进取求胜的欲望，战胜对手的意志及韧性、斗志）。改善人的心理素质，提高人的心理健康水平。还可以培养和锻炼勇敢顽强、机智果断、坚韧不拔、勇于克服困难的优良品质。特别是，足球运动是集体运动项目，因而要求队员必须齐心协力，密切配合，发挥集体和个人的作用，以达到战胜对手的目的。所以，从事足球运动还能培养学生积极向上、团结协作的集体主义精神和严格的组织纪律。

三、足球基本技术

足球技术是指运动员在比赛中运用身体的合理部位所做的各种动作方法的总称。

足球技术是组织与实施战术的前提，是战术的基础。现代足球运动正朝着全攻全守总体型打法方向发展，战术的不断变革与创新，必将使技术的内容更加丰富，难度也相应提高。常用的足球基本技术有踢球、停球、头顶球、运球和运球过人、抢断球、掷界外球和守门员技术。

（一）踢球

踢球是指运动员有目的地运用脚的不同部位将球击向目标的动作方法，是进行足球比赛活动的主要技术动作，它在比赛中是以传球和射门的形式体现。

踢球的方法很多，但其动作过程都是由助跑、支撑、摆动、击球和随球动作等五个部分组成。本节主要介绍脚内侧（脚弓）、脚背正面、脚背内侧、脚背外侧踢球技术。

脚内侧踢球

1. 脚内侧（脚弓）踢球

踢定位球时，直线助跑，最后一步踏在球侧约 15 厘米处，脚尖与出球方向保持一致；膝关节微屈，踢球腿以髋关节为轴，大腿带动小腿向前摆动。在前摆过程中髋关节外展，脚尖稍支起，小腿加速前摆，脚内侧，与出球方向成 90° 角；在触球的一刹那，小腿、膝、踝关节用力绷紧，用脚内侧部位击球的中部。击球后，踢球腿应继续保持击球时的形状随球前摆，如图 10-1-1 所示。

图 10-1-1　脚内侧踢球

2. 脚背正面踢球

直线助跑，最后一步大而积极，支撑脚踢在球侧方 10～15 厘米处，脚尖与球方向一致，膝关节微屈。支撑脚着地时，踢球腿以髋关节为轴，大腿带动小腿加速前摆。踢球脚接触球一刹那，脚背绷直，脚腕压紧，以脚背正面击球的中部。击球后，踢球腿随球自然前摆，如图 10-1-2 所示。

正脚背踢球

图 10-1-2　脚背正面踢球

3. 脚背内侧踢球

斜线助跑，与出球方向约成 45° 角，支撑脚踏在球的侧后方约 25～30 厘米处，着地平稳有力，脚尖指向出球方向，膝关节微屈，身体稍向支撑脚一侧倾斜。在支撑着地的同时身体顺势向击球方向转动，踢球腿以髋关节为轴，大腿带动小腿由后向前摆动。当大腿摆至接近垂直地面的刹那间，小腿加速前摆，脚面绷直，脚趾扣紧，脚尖稍外转，指向斜下方，以脚背内侧踢球的后中下部。踢球后，踢球腿自然前摆。踢滚动的球或转身踢球，要领一致，只需要掌握好支撑脚与球的距离即可，如图 10-1-3 所示。

脚背内侧踢球

图 10-1-3　脚背内侧踢球

脚背外侧

4. 脚背外侧踢球

要领与脚背正面踢球相同，只是触球的一刹那，踝关节和脚背用力向内侧扭转，脚面绷直，脚趾扣紧，用脚背外侧踢球的后中部。踢球后，踢球腿自然前摆。

（二）停球

停球技术是指运动员在比赛中，有目的地运用身体的合理部位，将运行中的球接控在所需要的范围内。

停球技术在比赛中的作用是不可忽视的。尽管现代足球比赛的总趋势是朝着快速方向发展，但是在进攻战术的组成与变换中，也不完全是以不停顿地直接一脚传递来完成的。在很多情况下要运用停球动作将球接控下来，以便更好地完成传球、运球、过人和射门等技术动作，同时进行节奏的调整、方向的变换和更有效的组织战术配合。因此，停球是为了更好地处理球，它是技术动作衔接的锁链，是战术变换的枢纽，在完成时要力争快速、简练、合理、多变。但停球不是最终目的。

脚内侧停地滚球

1. 脚部停球

（1）脚内侧停球。停地滚球时，正对来球，判断来球的速度和方向，选好支撑脚位置，膝微屈。接触球前，摆动腿稍前迎，当脚与球接触的瞬间引撤或变向，将球控制在所需要的位置上，如图 10-1-4 所示。

脚内侧停反弹球

脚内侧停空中球

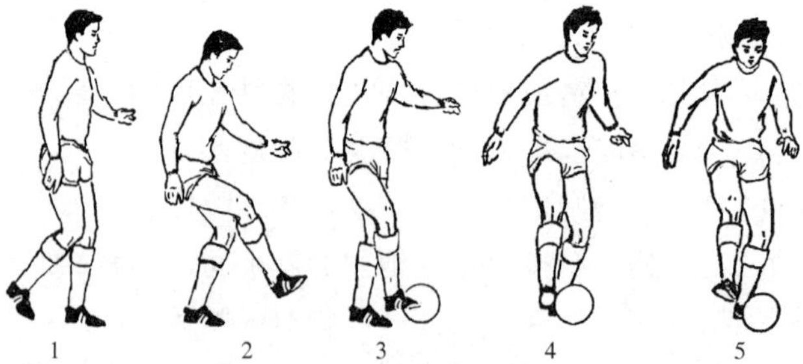

图 10-1-4　脚内侧停球

接反弹球时，停球腿小腿应与地面形成一定的夹角，向下做压推动作时，膝要领先，小腿留在后面。

接空中球时，停球腿要屈膝抬起，可根据需要采用引撤或切挡动作，接球落地后应随即将球在地面控制住。

脚前掌停球

（2）脚掌停球。判断来球路线或落点，选好接球位置并稳固支撑，停球腿屈膝提起，脚尖勾翘，使脚掌与地面形成一定的仰角，球临近或落地瞬间，停球腿有控制地下放，用脚前掌部位触压球的后中部，将球控制在脚上。脚掌适合接迎面的滚球或反弹球。

（3）脚背正面停球。身体正对来球，判断来球路线和速度，支撑脚稳固支撑，停球腿屈膝提起，以脚背正面对球迎出，触球瞬间，停球脚引撤下放，膝、踝关节相应放松，以增强缓冲效果。

脚背正面停球

（4）脚背外翻停球。停地滚球时，判断来球状况，选好支撑脚位置，接球腿屈膝提起，踝关节内翻，以脚背外侧部位对准来球，当球临近时，停球脚以外侧推拨球的相应部位，将球控制在所需要位置上。

脚背外侧停地滚球

接反弹球时，要判断好球的落点，停球腿的小腿应与地面形成一定的夹角，以膝关节领先做扣压动作，防止球的反弹。

脚背外侧停反弹球

2. 腿部停接球

腿部停球时主要运用大腿中部。一般适宜停弧度较大的高空下落球，或平行于大腿高度的来球。面对来球，停接腿大腿抬起，以大腿中部对准下落的球，肌肉适当放松。在大腿与球接触的刹那间，大腿迅速撤引，使球落在与下一个动作衔接所需要的位置上。

大腿停高球

停接低平球时，面对来球，停球腿以大腿中部对准来球，屈膝稍前迎，当大腿接触球的刹那间，随球后撤，使球落在下一个动作衔接所需要的位置上。

大腿停低平球

3. 胸部停接球

挺胸接球时，面对来球，两腿自然开立，膝微屈，两臂自然张开，上体稍后仰，与来球形成一定的角度。触球瞬间，收下颚，胸部主动挺送，使球触胸后向前上方弹起落于体前。收胸接球时，胸部触球瞬间，迅速收腹、缩胸，缓冲来球力量，使球直接落于体前，如图 10-1-5 所示。

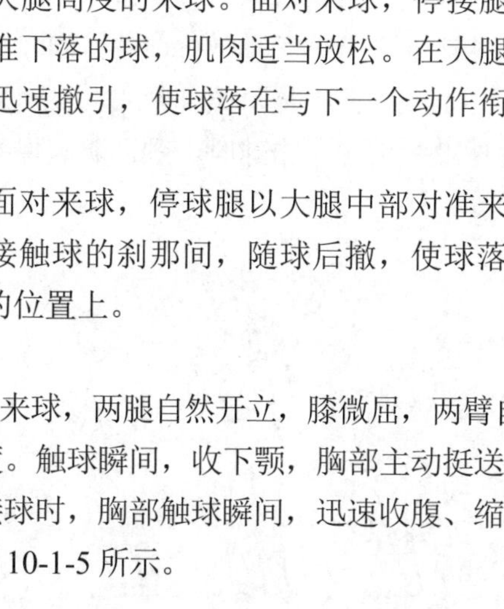

1　　2　　3

图 10-1-5　胸部停接球

（三）头顶球

头顶球技术是运动员在比赛或练习中，为争取时间，抢占空间，有目的地运用头的前额部位直接处理空中球所做出的各种击球动作方法的总称，是处理高空球最有效的手段，也是足球技术中最重要的技术之一。在比赛中，正确而又合理地发挥头顶球技术，不但可以在发动与组织进攻中完成具有威胁性的直接传递，还可以争夺空中优势抢点射门。防守时，还可以运用头顶球抢截、阻断、破坏对方的传球配合及排除险情，以解球门前的危机，直接转守为攻，使比赛更加精彩。

1. 前额正面顶球

前额正面坚硬平坦，触球面积大，它处于头的正前方和两眼的上方，如图 10-1-6 所示，便于在顶球时观察来球及周围情况，使出球准确有力。

图 10-1-6 前额正面顶球部位

（1）原地头顶球。正对来球，两脚前后开立，膝微屈，上体后仰，重心落在后脚上，两臂自然张开，眼睛注视来球。当球运行到身体垂直部位前的瞬间，后脚用力蹬地，身体重心由后脚移向前脚，同时迅速向前摆体，颈部紧张，快速甩头，用前额正面顶球的后中部，接着上体随球继续前摆。击球时，颈部肌肉保持紧张，两眼注视出球方向，如图 10-1-7 所示。

原地正面头顶球

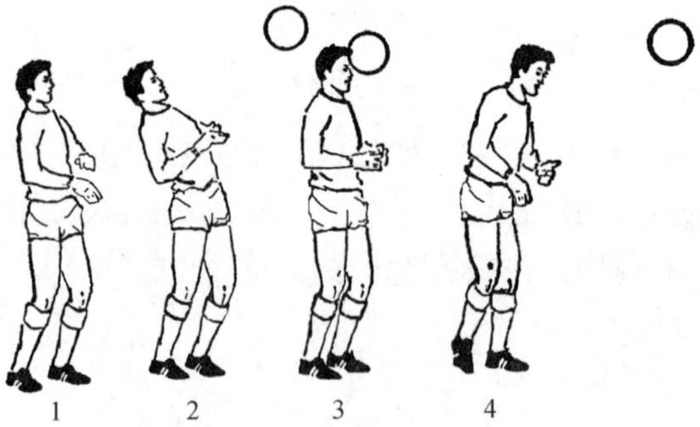

图 10-1-7 原地头顶球

（2）跳起顶球。起跳时，屈膝，重心下降，然后双脚用力蹬地跳起，同时两臂屈肘上摆起跳，在身体上升阶段展腹挺胸，两臂自然张开，眼睛注视来球，身体自然成背弓。当球运行至身体垂直面时，迅速收腹，上体前摆，触球前瞬间颈部做爆发性振摆，用前额正面将球顶出，同时两腿向前做振摆。球顶出后两腿屈膝屈踝落地，如图 10-1-8 所示。

原地正面跳起头顶球

图 10-1-8　跳起顶球

2. 前额侧面顶球

前额侧面顶球的部位是前额的两侧。这个部位虽然也坚硬，但是不平坦，面积小，又在两眼的侧前方，顶球时摆动用力方向与来球方向不是迎面相遇，出球力量较小，故在击球时间、出球方向方面都难于前额正面顶球。其优点是动作突然，能变换出球方向，特别是前锋队员在门前得边锋传中球射门时威胁更大。

（1）原地顶球。顶球前与出球方向同侧腿向前跨出一步，两膝微屈，身体重心放在后脚上，上体和头稍向异侧倾斜并转体约45°，两眼斜视来球，两臂自然张开。顶球时，后脚蹬地，上体和头向出球方向迅速扭转，屈体甩头，在与出球方向同侧肩的前上方，用额骨侧面顶球。

侧向头顶球

（2）跳起顶球。一般用单脚起跳，在上升过程中上体侧屈，侧对来球，在跳到最高点顶球时，急速转体、甩头，用额骨侧面将球顶出。顶球后，两膝微屈缓冲落地。

（四）运球技术与运球过人

运球技术与运球过人是运动员在跑动中，用脚的推拨动作有目的地使球保持在自己控制范围内而做的连续触球动作。运动员在比赛中为了能够变换进攻速度，调节比赛节奏，积极摆脱和突破对方的密集防守，必须娴熟地掌握运球技术，并能够合理运用。

1. 运球

运球的特点和要求是：球要推送，人要跑动；人球距离，保持适宜；拨球变向，人要跟上；并且，在任何情况下都要尽量将球保持在自己控制范围以内。在跑动中的运球动作一般由支撑脚踏地后蹬、运球腿前摆触球和运球脚踏地支撑这紧密衔接的三个阶段组成。

（1）脚背外侧运球。运球跑动时，身体放松，上体稍前倾，两臂自然摆动，步幅不要太大。运球脚足跟提起，膝关节弯曲，脚尖稍内转，用脚背外侧推拨球的中部，如图 10-1-9 所示。

脚背外侧运球

图 10-1-9　脚背外侧运球

（2）脚背内侧运球。运球跑动时，身体自然放松，步幅稍小，上体稍前倾并向运球方向扭转，两臂自然摆动，膝关节微屈，脚跟提起，脚尖稍外转，在迈步前伸着地前，用脚背内侧推、撞球前进。

脚背正面运球

（3）脚背正面运球。运球跑动时，身体自然放松，上体稍前倾，两臂自然摆动，步幅不要过大，运球脚提起，膝关节微屈，脚跟提起，脚尖向下，在迈步前伸着地前，用脚背正面推球前进。

2. 运球过人

运球过人技术动作虽然很多，但就其动作的过程来说一般分运球逼近对手阶段、运球越过对手阶段和摆脱对手继续运球前进阶段。

运球逼近对手在于吸引对手注意，给对手心理上造成一定的压力。因此，在向前运球时要坚定信心，敢于逼近对手。当对手距球较远时，运球的动作频率要快，触球要轻，步幅要小，上体略前倾，重心稍降低，随时抬头注意对手的行动和意图。对手距球较近时，在运球过程中要严格掌握触球力量和控制球距离，运球动作频率和球向前滚动的速度都要相应减慢。

运球越过对手时，应从对手重心移动的方向的异侧越过。摆脱对手继续运球前进时，要与推、按、拉、扣、挑、捅等动作紧密衔接，防止球虽越过对手自己却被对手挡在身后，或给对手转身追抢的机会。

（1）强行过人。控球者中等速度运球逼近对手，迫使其上抢或后退，当对手重心移动的瞬间，控球者用突然推、撞球后的加速跑动，趁对手转身之机强行突破越过对手。

（2）晃拨过人。运球接近对手，突然用上体或腿向左、右虚晃来迷惑对手，诱使对手重心移动；在其重心移动的瞬间，将球向另一侧推、拨越过对手。

（3）推球过人。运球逼近对手，诱使对手伸腿抢球，或当对手积极后退阻截站位失去身体平衡的刹那间，运球人加快起动速度，快速推球，使球从对手胯下或体侧越过。

（4）拉球过人。控球者遇对手正面抢截时，可有意识地将球向左右拨出，使球稍远离身体，诱使对手上抢；在其出脚抢截瞬间，突然向反方向扣球并迅速越过对手。

（五）抢断球

抢断球技术是指运动员运用身体不同部位和所做的合理动作将对方队员控制的球截获为自己控制的球或破坏掉的动作方法。

抢断球是防守技术的综合体现，是转守为攻的积极手段。抢断球技术动作包括抢球和断球。抢球是指防守队员在规则允许的条件下，运用合理的动作把对方控制的或将要控制的球夺过来，或破坏掉。断球亦称截球，它是指防守队员在进攻队员之间进行传球配合时，趁球在运行当中，将球截获所做出的各种动作方法。

1. 正面抢断球

两脚前后稍开立，膝稍屈，身体重心下降，落在两脚上，面向对方。趁对方带球距离较大或脚触球未着地时，一脚立即用力蹬地，抢球脚屈膝向前跨出，用脚内侧挡住球的正面，另一脚立即前跨，上体前倾，保持身体平衡，把球控制住。如抢不到球，可用脚尖把球捅掉。

2. 侧面抢断球

当与对方平行跑动争抢时，可用合理冲撞的方法进行抢截。抢截时，外侧脚用力蹬地，身体重心稍降，上体向内侧倾斜，待内侧脚着地后，迅速屈肘，上臂紧贴身体，利用上体倾斜和跑动的冲力，用上臂和肩冲撞对方相应部位，使对方失去平衡离开球，立即将球抢过来。

3. 侧后抢断球

当对方队员运球或接球越过自己而来不及用其他方法抢断球时，可采用侧地铲球的动作。侧后倒地铲球时，有同侧脚铲球和异侧脚铲球两种方法。

（1）同侧脚铲球。当控制球的对手拨球的一刹那，抢断者后脚（异侧脚）用力后蹬成跨步，前脚（同侧脚）以脚外侧沿地面向前外侧滑去，用脚背或脚尖将球踢出或捅出，然后小腿、大腿外侧和臀部依次着地，如图 10-1-10 所示。

1

2

图 10-1-10　同侧脚铲球

（2）异侧脚铲球。当控制球者拨球的一刹那，抢球者后脚（同侧脚）用力成跨步，前脚（异侧脚）以脚外侧沿地面向前内侧滑出，用脚底将球蹬出去。然后小腿外侧、大腿外侧和臀部依次着地，如图 10-1-11 所示。

图 10-1-11　异侧脚铲球

（六）掷界外球

掷界外球是指运动员在比赛中，将越出边线的球，按照规则的规定与要求，面对球场有目的地用双手将球从头后经头顶掷入场内，且两脚均应有一部分站立在边线上或边线外，不得全部离地的动作方法。

1. 原地掷界外球

面对出球方向，两腿前后开立，膝关节弯曲，上体后仰成背弓型，重心在后脚上，两手自然张开，拇指相对，持球的后半部，屈肘将球置于头后。掷球时，后脚用力蹬地，收腹屈体，同时，两臂急速前摆。当球摆到头上时，要用力甩腕将球掷入场内，如图 10-1-12 所示。

原地掷界外球

图 10-1-12　原地掷界外球

2. 助跑掷界外球

掷界外球

助跑时，两手持球于胸前，在最后一步踏地的同时，两手持球上举过头，两脚前后开立。若助跑速度较快，在最后两步也可采用垫步的方法以控制身体向前的冲力。其掷球要领同原地掷界外球。

掷界外球是需要全身协调配合的动作，故在运用时应充分发挥腿部、腰部、腹部、臂部和手腕的力量，将球准确而有力地掷出。

（七）守门员技术

守门员技术是守门员运用身体的合理部位，在规则的允许下所采取的有效动作方法，或在接球后所做的有助于本队进攻的动作方法。

在比赛中，守门员通常处于全队的最后一道防线上，他的主要任务是守住球门，阻止对方进球。同时，当截获到球后，要快速有效地发动进攻。守门员发挥得好不好，直接关系到一个球队的胜负。为此，守门员不仅要具备应有的身体素质、娴熟的技术，善于观察全局，分析动向，指挥本队的进攻和防守，还要具备良好的心理素质，具备沉着冷静、临危不惧、反应敏捷、机智灵活和勇敢顽强的精神。

1. 位置选择（选位）

守门员的位置应根据对方射门时所处的位置来确定，一般应站在射门点与两球门柱形成角的平分线上。当对方运球逼近时，守门员应及时出击前迎，以便缩小射门角度或扑对方脚下球；当对方远射时，可适当靠前站，但要防备对方吊球；当球推进到中前场时，守门员可前移到球门区线附近，在保证及时回位的情况下尽量扩大活动范围。

2. 准备姿势

两脚平行开立，约与两肩距离等宽，两膝自然弯曲并向内扣，脚跟稍提起，身体重心落在前脚掌上，上体稍前倾，两臂自然弯曲，手指自然张开，掌心向下置胸前，两眼注视来球，如图 10-1-13 所示。

图 10-1-13　守门员的准备姿势

3. 移动

为了更好地截获和接住对方的射门或传球，守门员必须根据球和人的位置变化随时调整自己的位置，向左右移动。移动时一般采用侧滑步或交叉步两种步伐。

（1）侧滑步。当对手向球门两侧射低平球时，可采用侧滑步移动，使身体正对来球。向左（右）侧滑步时，首先左（右）脚抬起稍离地面，借助右（左）脚脚掌内侧向右侧蹬地的反作用力向左（右）侧跨步（跨步大小依移动距离长短而定）并积极落地，右（左）脚在左（右）脚落地的同时，迅速沿地面滑动成准备姿势，如图 10-1-14 所示。

图 10-1-14 侧滑步

（2）交叉步。在接两侧高球或扑接球时，为了便于蹬地跃起，多采用交叉步。向左（右）侧做交叉步移动时，身体先向左（右）侧倾斜，同时右（左）脚用力蹬地，并快速向左（右）前方跨出一步成交叉步，然后左（右）脚向左（右）侧移动，右（左）脚和左（右）脚依次快速移动，并蹬地跃起。

4. 接球

接球是守门员最主要的技术，它包括接地滚球、接平球和接高球等。

（1）接地滚球。接地滚球一般运用直腿式和单腿跪撑式两种方法。直腿式接球时，两脚左右分开约一拳左右，脚尖正对来球，两膝伸直，体前屈，两臂并肘前迎，两手小指靠近，手掌对球。在手触球的刹那间，触球后引，并屈肘、屈腕，两臂靠近将球抱于胸前，如图 10-1-15 所示。

图 10-1-15 直腿式接地滚球

单腿跪撑式接球时，两脚前后侧开立稍宽于肩，前脚脚尖稍外转，脚跟和后脚脚尖约成一直线。跪腿时，前腿深屈，后腿大腿内转，小腿倒向地面，以膝盖内侧部位跪地，与前脚脚跟保持大约 10 厘米，上体稍前倾，面对来球方向，如图 10-1-16 所示。

图 10-1-16 单腿跪撑式接球

守门员在接球时所采取的接球姿势尽管不同，但接球时的动作方法是相同的。做法是：在做好接球姿势的同时，两臂从体前垂直部位斜前伸，两肘内合稍屈，以小手指相接的手形斜触地面。当球迎面滚来，应先以手指触球，在球沿指、腕、小臂上延的同时，屈腕、屈臂、合肘并积极压胸，将球抱于胸前，待球接稳抱牢再直身起立。

（2）接平球。平球大体可以划分两种高度，一种是球在腹部以下，一种是球在胸腹之间。高度不同，接球的方法亦不同。

接腹部以下高度的平球时，身体正对来球，两眼注视来球，两臂前平伸，两手手指尽量分开，小手指斜相对成八字形去迎球。在球接触手掌的同时，两臂沿体侧屈肘后撤、屈腕、收腹、压胸，将球抱在胸前，如图 10-1-17 所示。接胸腹之间高度的平球时，身体正对来球，两臂前伸，肘关节稍屈，两手手指尽量分开，两大拇指斜相对成八字形正对来球。在球触手的同时，屈肘后撤小臂，缓冲来球力量。待球接稳后，肘关节内合，腕关节内转，两手顺着球的横轴向前滑动，同时屈肘、屈腕、压胸，将球抱于胸前。

图 10-1-17 接腹部以下高度的平球

（3）接高球。当判断好球在空中的运行路线和确定接球点后，迅速移动并跳起，两臂上伸迎球，两手拇指相靠，手掌对球。当手接触球时，手指和手腕适当用力将球接住，同时屈肘、回缩并下引，顺势翻掌将球抱于胸前。

5. 扑球

当对方将球射向球门两侧，守门员不能用原地跳起或移动防守位置的方法去接球时运用扑球。扑球依来球的方向与高度不同分为扑接两侧低球、跃起扑地滚球、扑侧面平高球和扑接对方脚下球。

（1）扑接两侧低球。扑接两侧低球可在原地或移动中进行。如扑接左侧低球时，右脚迅速蹬地，左脚屈膝向左跨出一步，身体向左侧倒，左脚着地后，用小腿、大腿、臀部、上体和手臂的外侧依次着地。同时两臂向球伸出，左手掌心正对来球，右手在左手前侧上方。两拇指靠近，两手腕稍向内屈，接球后把球收回胸前，然后立即站起，如图 10-1-18 所示。

图 10-1-18　扑接两侧低球

（2）跃起扑地滚球：扑球时，屈膝降低重心，在身体向扑球方向侧倒的同时，同侧脚用力蹬地跃出，空中展体，两臂向球伸出，两拇指相对，手掌对球。手触球时，手指和手腕用力，以屈肘，扣腕的连续动作将球抱于胸前，同时屈膝团身。落地时以两手按球，前臂，肘，肩部，上体侧面，臀部，大腿，小腿依次着地。

（3）扑侧面平高球。扑侧面平高球时，身体重心先移向靠近来球一侧的脚上，同时该脚用力蹬地向侧面跃起，身体展开，双臂自然伸出，两手拇指靠近，手指自然张开，手掌对球。当手触球时，以扣手腕动作将球接住。落地时，以两手按球，前臂、肩部、上体侧面和下肢依次着地，同时屈肘翻掌将球抱于胸前，并屈膝团身。

（4）扑接对方脚下球。当对方运球迫近球门准备射门时，守门员要勇敢、沉着和善于判断，最好在对方运球脚一触球后，立即冲上扑球。扑球时，两腿弯曲，重心下降，上体前倾，后脚用力蹬地，前腿屈膝向前跨出，身体向左（右）侧倾倒，两臂弯曲，两手靠近，手指分开接球。落地时用身体侧面着地，同时把球抱在脚前，并屈腿使身体缩成一团。

6. 拳击球

当门前遇到有力的高空球或较高球，并有对方队员争顶时，守门员为了避免接球脱手，可采用拳击球。一般采用单手拳击球和双手拳击球两种方法。

（1）单手拳击球。单手拳击球动作灵活，活动范围较大，击球点高，击球力量大，多用于击两侧的传中球和高吊球。来球时，身体跳起并接近球，屈肘握拳于肩前。在击球前的刹那间，快速冲拳，以拳面将球击向预定目标。

（2）双手拳击球。双手拳击球接触球的面积大，准确性高，多用于击正面高球或平高球。来球时，身体跳起接近最高点，两臂屈肘，握拳于胸前，两拳靠拢，拳心相对，即将触球的一刹那，两拳同时快速冲击，以拳面将球击向预定目标。

四、足球基本技术的练习方法

（一）踢球

1. 模仿性练习

练习者对标志物或固定球做上步摆踢动作。可做完整动作，也可有针对性地做分解动作。要求初步体会动作感觉，确立击球脚型和踢摆方式。练习时身体要放松，注意踢摆的速度与节奏，控制好击球部位和脚型。

2. 踢定位球练习

可对足球墙、网自练，也可采用各种形式的对练。练习距离可由近至远，由踢固定目标过渡到踢活动目标。要求在模仿练习的基础上，加深学生对触击球的动作体会。练习的注意力应放在动作的准确性上，而不是踢球力量上。

3. 踢地滚球练习

可踢从正面、侧面或侧后方传来的地滚球，可限定脚法，也可视来球任意选用脚法练习。要求学生掌握踢地面活动球的动作调整方法。练习时要注意观察，判断来球的速度和方向，并根据出球目标选择支撑脚位置，调整击球的速度和角度。

4. 踢空中球或反弹球练习

可对足球墙、网自抛自踢，也可两人配合进行抛踢练习。可从正面抛球，也可从侧面抛球。要求培养学生踢空中球或反弹球的动作调整能力。练习时应根据来球的速度、高度或落点进行相应的动作调整，以保证准确的击球时机和部位。

5. 踢弧线球练习

可由踢定位球发展为踢地滚球或空中球，可踢内旋球或外旋球，可用搓踢、抽踢或摆踢的不同脚法进行练习。要求培养学生控制出球性能变化或旋转强弱的能力。练习时应着重体会击球部位与作用力方向对出球的影响，掌握其变化规律。

6. 移动中踢球练习

可在前、后、左、右移动中完成踢球动作；可踢地滚球，也可踢空中球；可限定脚法，也可视来球情况选择适当脚法练习。要求培养学生踢球的主动性和在移动中调整击球动作的能力。练习时要根据球的运行方向及时移动到位。移动中眼睛应始终注视球，并做好踢球的动作准备。

（二）停球

1. 一般停球练习

（1）原地徒手模仿性练习与个人试做。

（2）两人一组一球为宜，距离 10 米左右，可采用手抛球或轻踢球的方法来体会动作要领。初练时，要求传球力量轻一些，方向要正，落点要近，保证接球者能将注意力放在缓冲控制球环节上。随练习的发展可逐步增加给球难度。

（3）每人一球，在对足球墙的踢球练习时，结合用脚内侧或脚掌进行停地滚球练习。

（4）两人一组一球，相距 15 米左右。在用脚内侧互相传球的过程中，结合用脚掌或脚内侧进行停地滚球的练习。要求迎球、接球、护球和下一动作衔接，接球前身体要放松，脚步保持不停地颠动；接球时要掌握好动作的时机和方向。

2. 停反弹球练习

（1）每人一球，先向上抛球，再用脚掌、脚内侧、脚背外侧等部位进行停反弹球的练习。

（2）每人一球，在用脚背颠球的过程中，把球有意颠高，接着用脚掌、脚内侧或脚背外侧部位进行停反弹球的练习。

（3）两人一组一球，相距 10 米左右，一人抛弧线高球，一人迎上用脚掌、脚内侧或腹部停反弹球。

（4）两人一组一球，相距 20 米左右，在互相传球中结合进行停反弹球练习。

（5）三人一组一球，各相距 20 米左右成三角形站立，在相互传球的练习中结合进行各种停球的练习。练习时要求能准确判断来球的落点，把握动作的时机，控制接球部位与地面的适宜角度。

3. 接空中球练习

可根据教学进度安排各部位接高球的练习。练习可由原地向移动中接球发展。接空中球时，支撑要稳定，时机要准确，对接球后弹起落下的球，应用连贯动作将其控在脚下。

4. 传、接球的综合练习

（1）四人一组站成正方形，每人相距 8 米左右，相互用脚内侧进行传接的练习。开始时，①、③每人一球都按顺时针方向传球，②、④接球后迅速将球传给①、③，如此反复进行。要求传接球快速准确，转身接球与传球衔接紧密，同时在接、传球的过程中要随时观察另一球方向，防止两个球同时赶在一个人的脚下，如图 10-1-19 所示。换位继续练习。

（2）传—接—射门的综合练习。练习形式如图 10-1-20 所示。

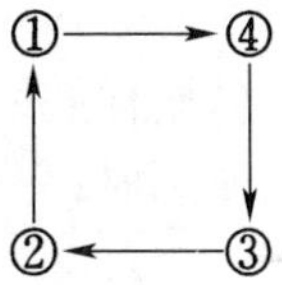

图 10-1-19　四人一组练习

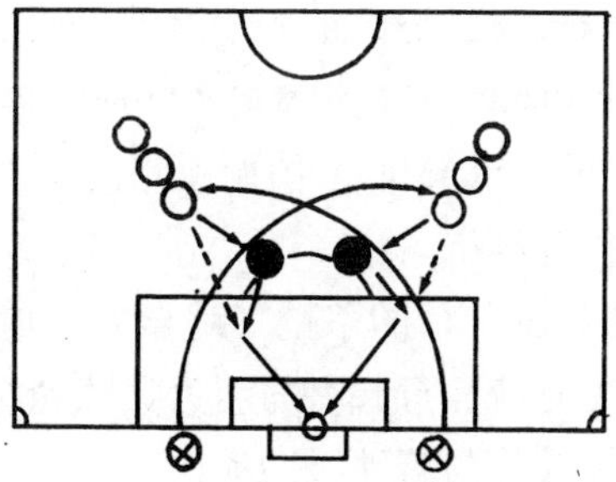

图 10-1-20　传一接一射门的综合练习

方法：球门两侧供球者用脚背内侧传过顶球，练习者迎上接控制球后，随即向作墙者（足球运动员将足球以 α 角度，某种速度射向墙体，墙体将以同样的速度，180° 减 α 角度反弹该足球。起到像墙体一样作用的足球运动员，称为作墙者）传球并立即冲上直接射作墙者回传的球。守门员接球后把球轻轻地滚给供球者。练习时两个供球者交替传球或同时传球。

5. 对抗性接球练习

根据不同教学对象的技术水平安排对抗性接球练习，可在抢的条件下进行，也可在实战的条件下进行。

（三）头顶球

1. 模仿性练习

练习者徒手对标志物或固定球、吊球体会动作要领。可做原地或跳起顶球的模仿。

练习时应注意体会顶球的动作要领。注意动作放松，体会蹬地、收腹、摆头的用力顺序。

2. 原地顶球练习

（1）A 用额正面顶 B 的手抛球。

（2）A 用额侧面将 B 的抛球顶向两侧。

（3）A 在与 B 顶一次来回球后，将球顶给 B 身后的 C。然后依此反方向继续练习。

（4）B 将 A 顶来的球后蹭给 C，转身再将 C 的顶球向后蹭顶给 A，三人交换练习。

练习注意事项：区分额正面与额侧面顶球的用力差异，以及额正面向前和向侧顶的动作差异。开始练习时以掌握正确的动作方法为主要目的，不应盲目追求顶球力量。

3. 跳起顶球练习

（1）B 跳起将 A 顶来的球顶回，然后与 D 或 C 交换位置继续练习。

（2）B 跳起将 A 的抛球侧顶给 C，D 跳起将 C 的抛球侧顶给 A。队员按顺时针换位继续练习。

（3）B 在 C 的争抢下跳起将 A 的抛球顶回，转身与 D 做同样的练习。

练习时应注意起跳与用力顶球动作的协调配合，在争顶练习时，注意空中的自我保护动作与落地缓冲动作。

4. 综合练习

（1）8～10 人一组，围成半径 4～5 米的圆圈。中间一人接球按顺（逆）时针方向向圆圈上的人抛球，对方用额骨正面把球顶给抛球人。每人顶 2～4 次后，换中间人。

（2）两人一球相距 4～6 米，先互相抛顶，熟练后可连续对顶，要求顶球准确到位，球尽量不落地。

（3）三人一球，进行三角顶、传球练习。练习者可以运用前额正面转身或前额侧面顶球。

（4）练习者持球站在罚球区附近，将球掷给站在左或右球门柱的供球者，供球者接球后再抛至罚球点附近，顶球者冲上顶球射门，如图 10-1-21 所示。

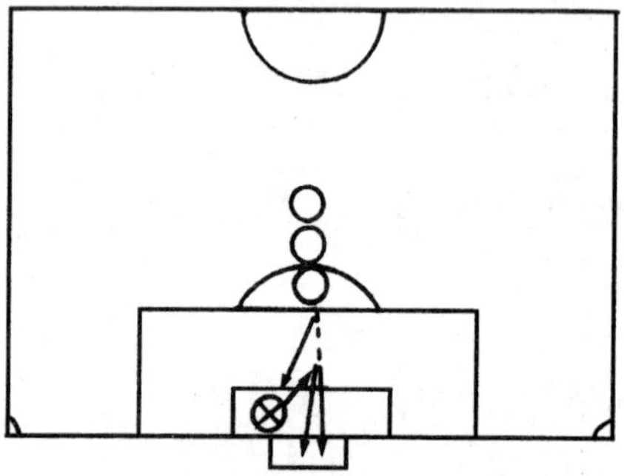

图 10-1-21 综合练习

（四）运球与运球过人

1. 熟悉球性练习

（1）颠球。脚背正面颠球，大腿颠球，头部颠球，多部位颠球，行进间颠球，高低交替颠球，颠球绕障碍，连续颠球转身。练习时要精力集中，身体放松，用力适度，起球平稳。

（2）拨、拉、扣球。可单脚也可两脚左右交替做；可以原地练习，也可行进间练习；可做单个动作，也可进行组合动作。如做拉一拨球、扣一拨球练习。练习时重心略降低，脚步要灵活，触球动作要清楚，衔接动作要连贯。

（3）挑球。可用脚尖插入球底向上挑起，也可用双脚将球夹住向上甩挑。练习时注意体会甩挑的方向和力量，挑球后重心要及时跟进以利控球。

2. 运球练习

（1）曲线运球。运球轨迹可以折线，也可是弧线；变向角度可大可小，可在运行中变向，也可急停后变向。注意体会推拨球的部位和角度，以及身体重心的移动和变化。

（2）直线运球可用单脚连续推拨，也可左、右脚交替推进；可一步一推拨，也可数步一推拨；可限定用一个部位运球，也可几个部位交替运用。练习时跑动要自然，重心稍前倾，注意体会触球的推送动作。

（3）变速运球。运球变速的距离可长可短，变速节奏可紧可缓；可以有规律变速，也可无定势变速：可急停急起变速，也可快慢交替变速。练习时速度变化要明显，人球速度要吻合，快慢相随。

3. 运球过人练习

（1）假动作过人练习。首先进行徒手的模仿性练习，如脚部的假动作或躯体的晃动，在此基础上可结合球进行假传、假射、假突等假动作。可做原地练习，也可在运球过程中结合假动作练习；可对假设防守标志物做练习，也可设消极性防守队员进行配合练习。要求学生了解和掌握假动作运球突破的基本要求和方法。练习时，做假动作要注意动作时机，控制好身体平衡，真假动作的衔接要自然、连贯、流畅。

（2）掩护性运球。多采用一对一的配合练习。可进行侧面掩护运球，也可进行背向护球练习。要求培养和增强运球队员的护球意识和能力。练习时要求用远离防守者一侧脚运控球，并注意随时用身体和脚部封堵、隔挡对方的抢球路线，做到人球兼顾。

（3）运球过障碍。障碍标志的设置可由少到多，由直线到曲线，由等距到不等距，逐步加大难度。要求培养学生运球接近和超越障碍的信心和基本能力。练习时应根据练习目的合理设置障碍标志。要求学生根据障碍的分布和距离等情况选用适当的突破方法，并控制好运球突破的力量和方向。

（4）一对一运球突破对抗练习。两人相距 5 米～8 米。A 传球给 B 后迎上逼抢，B 接球后运球突破 A，突破并拉开相应的距离后交替进行练习。要求培养学生运球突破的实战能力。开始练习时，守方防守要稍消极，给对方的球要合适，待其控稳球后再上前逼抢。随练习的进展，防守行动可逐步积极，给球难度也可逐步增加，如缩短攻方队员突破前的接控球时间，以加快其接控与运球突破的衔接难度。

（五）抢断球

1. 原地徒手模仿练习（要求动作协调到位）

（1）正面抢断球可做跨步抢断球模仿练习。

（2）侧面抢断球可做无球慢跑的合理冲撞练习。

（3）侧后抢断球可做倒地模仿铲球动作练习。

2. 断球练习

（1）行进间向左右侧前交替做蹬跨断抢动作。

（2）B 从侧后抢前断截 A 传给 C 的低、平、高球。

（3）B 向两侧断截传给 D、C 的球后回传 A。

（4）C 在练习区中间断截 A、B 之间的传球。

要求培养学生掌握断球的基本动作方法和技能。练习时注意掌握好抢断动作的时机，重心移动要平稳，出脚动作要迅速，蹬跨要迅猛有力。

3. 正面抢球练习

（1）B 迎上将 A 运的球抢下运至 A 位，然后 A、B 交换角色，反复练习。

（2）A 运球，B 迎上将球抢下后继续运球，C 迎上再将球抢下，如此练习。

（3）A 对 B 抛低平球、高球、反弹球，在 B 接球瞬间，快速上前抢球。

要求学生掌握迎上封堵和抢球的基本方法。练习时首先应注意封堵和抢球的基本方法；应封堵对方的运进路线，形成对峙局面后，选准时机，果断出脚。

4. 侧面抢球练习

（1）A、B 在原地、跑动中或跳起做徒手冲撞练习。

（2）A、B 在行进间交替运球和抢球。

（3）A、B 从两侧跑出，争抢 C 向前传出的低、平、高球。

要求学生掌握侧面抢位和合理冲撞的基本方法及动作的合理性。

5. 2 对 2、3 对 3、5 对 5 的等数盯抢或分队比赛

可在 10 米×20 米～30 米×50 米的场地的四面各设一无人防守的球门（2 米宽），只要球进门即得一分。要求学生严肃认真地参与比赛，在对抗过程中既不能有意伤害对手，又应进行有效的自我保护。

（六）掷界外球

1. 模仿练习

练习者徒手或持球体会动作要领。可做原地或助跑掷界外球的模仿练习，练习时体会掷球的正确姿势。动作自然、放松，注意动作的协调性。

2. 原地掷界外球练习

（1）A、B 近距离相互掷界外球。

（2）A、B 中距离相互掷界外球。

（3）A、B 远距离相互掷界外球。

（4）掷准。

练习中明确原地掷界外球用力的基本要领，养成正确的掷球动作姿势，不盲目追求掷界外球的力量，知道什么是掷球违例动作。

3. 助跑掷界外球

（1）中距离掷界外球。

（2）远距离掷界外球。

（3）掷准。

练习时要求双脚不得离地，动作协调有力、准确。

（七）守门员

1. 模仿练习

（1）准备姿势、移动采用模仿性练习，主要体会动作要领。

（2）在无球的情况下做接球、扑球、托击球模仿练习。扑球模仿练习时可使用海绵垫或沙坑保护，消除害怕心理。练习时必须按正确的准备姿势，脚步移动进行练习。

2. 结合球进行实践性练习

（1）扑接球练习可先把球放置在能扑接到球的位置进行扑接球的练习。

（2）用手抛或轻踢的方式进行扑接球练习。

（3）站成两列横队，两臂间隔散开，面面相对，相距 5 米左右，两人一球，进行互相抛接地滚球、低平球、平高球及身体两侧球的练习。

（4）两人一球相距 4 米左右，一人守门，一人用手向守门员两侧抛或用脚内侧踢地滚球，进行扑接地滚球练习。

（5）自己抛或踢向足球墙反弹回来的各种高球。

五、足球竞赛主要规则简介

（一）关于球场的规定

1. 比赛场地

足球比赛场地为长方形，一般长 90～120 米，宽 45～90 米。国际比赛标准场地长 100～110 米，宽 64～75 米；在任何情况下，长度必须超过宽度。球场上各条线颜色必须清晰，一般以白色为宜，宽度不超过 12 厘米。

2. 场地各线、区域和点（如图 10-1-22 所示）

足球比赛场地各线、区域和点包括：边线、端线（含球门线）、中线；球门区、罚球区、角球区；中点、罚球点、中圈、罚球弧等。

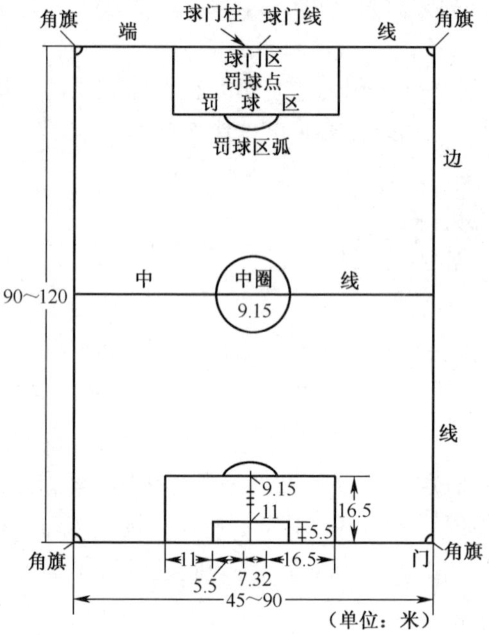

图 10-1-22　足球场地

3. 球门、球门网、角旗

（1）球门。球门应设在球场两端线的中心点。球门柱及横木为长方形或圆形、椭圆形，其厚度与宽度不得超过 12 厘米，一般以白色为宜。球门两柱的内侧相距 7.32 米，横木的下沿距离地面 2.44 米。

（2）球门网。其作用主要是帮助裁判员看清球是否进门。球门网下边应钉牢在地上，不得使球穿过。

（3）角旗。在球场的四角（边线与端线交接处的外沿）各竖一面角旗。角旗是场地四周界限线和球出边线、端线的标志。旗竿的高度不得低于 1.50 米。

（二）关于足球的规定

球的圆周不得大于 71 厘米或小于 68 厘米。球的重量在比赛开始时不得多于 453 克或少于 396 克。充气后其压力应相等于 0.6～1.1 个大气压力，即相等于 600～1100 克/平方厘米。

（三）关于足球队员人数的规定

（1）比赛时每队上场队员不得多于 11 名，其中必须有 1 名为守门员。比赛开始时或进行中，如某队少于 7 名队员应作弃权论。

（2）每队的替补队员不得多于 3 名（其中 1 名只能替换守门员），在全场比赛的任何时间均可替补（包括延长期）。

（3）替补队员替补前应通知替补巡边员，并得到裁判员的许可。在死球时，等待被替补的队员离场后，方可从中线处进场参加比赛。

（4）被替补出场的队员不得再加入比赛，被罚出场的队员不得由替补队员来替补。

（四）关于足球比赛的规定

1. 时间

（1）比赛时间。

1）一场比赛时间为 90 分钟，分为相等的上、下半时。除经裁判员同意外，中场休息时间不得超过 15 分钟。

2）比赛时间开始的计算，不以裁判员鸣哨为准，而是在中场开球后，球向前滚动一周的距离时开始计算比赛时间。如比赛未开始前，双方队员犯规（过早越过中线），应鸣哨重新开球，并重新开始计时。

3）如比赛将要结束时判罚点球，应延长比赛时间至罚球结束。

4）如某队在比赛的最后几秒钟射球入门，恰好球进门后比赛时间终了，为了表示球射入有效，裁判员应将球放到中点后，再鸣哨结束比赛。

（2）补时。每半场中因故损失的时间应予补足，应补的具体时间由裁判员决定。一般在以下几种情况下要补足时间：

1）队员受伤需要在场内护理。

2）观众进场无法进行比赛。

3）球破裂漏气，需要更换新球。

4）球出界飞出的距离过远。

5）球网破漏，需修补。

6）受气候影响，如遇狂风、暴雨或暴雪暂停比赛。

7）死球时，队员故意延误比赛时间等。

（3）延时。如全场比赛为平局而竞赛规程规定延长 30 分钟为决胜时间，应在决胜时间开赛前让队员在场内休息 5 分钟，并重新选择场区及开球权。决胜时间分为相等的上下半时，各为 15 分钟，中间只交换场地不再休息。加时赛实行“全球制”，即先进一球的队为胜队。如在决胜时间内仍踢成平局，而竞赛规程又规定采用互射点球的方法决定胜负时，双方队员不得离场，也不再休息，立即采用互射点球决出胜负。

2. 比赛及计胜方法

（1）比赛开始。

1）当裁判员鸣哨后，开球队员将球踢入对方场区球向前滚动一周时，比赛方为开始。如队员在裁判员刚一鸣哨就跑过中线或守方进入中圈，均属违例，应重新开球，重新计时。如开球时，球未踢过中线，而直接回传，也应重新开球。

2）开球前，双方队员必须站在自己的半个场区内。开球队的对方所有队员应站在离球 9.15 米以外（即中圈以外）。

3）开球队员踢出的球在未经其他队员触及前，不得连踢，如连踢则由对方在其第二次触球的地点罚间接任意球。

4）开球队员直接把球踢进对方球门，不算胜一球，由守方踢球门球。

5）因故停止比赛后继续比赛，如规则没有特殊规定，应由裁判员在停止比赛时球所在的地点执行坠球恢复比赛。坠球时，球未落地前队员触球，应重新坠球，在球落地前如有队员犯规，应按情节轻重给予警告或罚令其出场，然后重新坠球，而不罚任意球。

（2）比赛进行及死球。

1）球的整体在地面或空中越出边线或端线，或裁判员鸣哨停止比赛时，算死球。除此以外，比赛均在进行中。

2）球在空中出界又回到场内，仍为出界。

3）球触及场内裁判员、巡边员，或门柱、横木、角旗杆后弹回场内，应继续比赛。

4）队员有犯规行为，巡边员摇旗示意，而裁判员未鸣哨时，应继续比赛。

（3）计胜方法。

1）球的整体从两门柱中间、横木下面，越过球门线外沿，即为胜一球。

2）守门员在本方罚球区内将球掷入对方球门，为胜一球。

3）球进门前，如被由场外进场的其他人触及，无论球进门与否，裁判员均应停止比赛，在触球地点坠球恢复比赛。在球门区内遇到这种情况时，则在停止比赛时球所在的地点与球门线平行的球门区线上坠球恢复比赛。

（五）关于越位、犯规与不正当行为的规定

1. 越位

越位的含义，就是越过球的位置。当队员传球一刹那，同队队员在对方半场内所处的位置是在球的前面，并且同队队员与对方端线之间，对方只有一名防守队员，即为越位。

（1）构成越位的四个条件。

1）传球一刹那。

2）同队队员处在球的前面。

3）在对方半场内。

4）在同队队员对方端线之间不足两名防守队员。

（2）判断是否越位的时间。判断是否越位的时间应是同队队员传球的一刹那，而不是在队员接球时。在传球队员触球的一刹那，如果接球队员不处在越位位置，而是在传球队员将球传出后球在空中运行时，接球队员才跑到越位位置，不得判罚越位；相反，则应判罚越位。

（3）有关越位的判断。

1）队员处于越位位置，并正在干扰比赛或干扰对方，企图从越位位置获得利益时，裁判员应判罚其越位犯规，并由对方队员在越位地点踢间接任意球恢复比赛。

2）如果进攻队员平行于对方倒数第二个防守队员或平行于对方最后两名以上（含两名）防守队员，该进攻队员不越位。

3）同队队员运球或控制球时，无越位。

4）守方队员故意退出场外造成进攻队员越位，是不正当行为，不得判罚越位。在成死球时，裁判员应给予该守方队员警告。

（4）不算越位的几种情况。

1）队员在本方半场内。

2）对方至少有两人更接近对方端线。

3）直接接得球门球、坠球、角球、掷界外球时。

4）队员仅仅处于越位位置。

2. 犯规与不正当行为

裁判员对“犯规与不正当行为”规则精神的理解和运用，在一定程度上反映了裁判水平。裁判员既要鼓励运动员发扬勇猛顽强的战斗作风，充分发挥运动员技战术水平，又要防止运动员的粗野动作。为此，必须正确区分两者的界线，识别运动员的目的与企图，以及故意与无意犯规。

（1）罚直接任意球。

凡违反以下规定之一的，应罚直接任意球：

1）踢或企图踢对方队员。

2）绊摔对方队员，即在对方身后或身前，伸腿或屈体绊摔或企图绊摔对方。

3）跳起冲撞对方队员。

4）猛烈地或带有危险性地冲撞对方队员。

5）从背后冲撞对方非阻挡队员。

6）打或企图打对方队员。

7）用手或臂部拉扯、拦截对方队员。

8）用手或臂部推对方队员。

9）用手触球。

下列几种情况下不应判罚手球犯规：

1）距球很近，来球很猛，球触及手或臂部（除手臂扩大防守面积外）。

2）队员摔倒时，球触及手或臂部。

3）来球很猛，手臂为了保护脸部或下身时，球触及手或臂部。

（2）罚间接任意球。

1）危险动作。危险动作的动作方式具有伤害对方队员或使自己受伤的可能性，目的是获得球或处理球。

2）冲撞对方队员。球不在有关队员控制范围内，不是为了争球而用肩部去做所谓的“合理冲撞”。

3）故意阻挡对方队员。

4）冲撞守门员。

下列情况除外：一是守门员抓住球时；二是守门员阻拦对方队员；三是守门员在本方球门区以外。

5）守门员违例。

（3）警告（出示黄牌）。

1）比赛开始后，队员进场或重新进场加入比赛或在比赛进行中离场（意外事故除外），无论哪一种情况，事先未经裁判员允许者，应予以警告。裁判员暂停比赛，执行警告，由对方队员在暂停比赛时球的所在地点踢间接任意球。

2）队员连续违反规则。

3）用言语或行动对裁判员的裁判表示不满者。

4）有不正当行为者。例如，挥动两臂干扰守门员发球或干扰对方掷界外球；裁判员鸣哨停止比赛后，或球出界成死球时，故意把球踢远等。

（4）罚令出场（出示红牌）。

1）有恶劣行为（暴力行为）或严重犯规者，如故意踢、打、蹬、踩等报复行为，并造成严重后果。

2）用污言秽语进行辱骂者。

3）经警告后，仍坚持不正当行为者。

（六）关于任意球、罚球点球、球门球、掷界外球、角球的规定

1. 任意球

（1）直接任意球与间接任意球。

1）直接任意球。直接任意球为可直接射门得分的罚球。若队员将直接任意球踢入本方球门，不能判对方胜一球，应由对方踢角球恢复比赛。

2）间接任意球。不可直接射入球门得分，必须经场上其他队员触及后进入门内才算胜一球。

（2）凡判罚直接或间接任意球，必须具备以下条件：

1）犯规队员是场上队员。

2）队员违反规则的有关规定。

3）犯规地点在比赛场地内，掷界外球例外。

4）犯规时间是在比赛进行中，执行罚球点球及掷界外球时例外。

（3）对处罚任意球的规定。

1）处罚任意球时，被罚队队员必须退出距罚球地点 9.15 米范围以外（球的四周），但主罚队队员不受此限。在对方罚球区内罚间接任意球，如罚球点距球门线不足 9.15 米时，允许防守队员站在球门线上。

2）在罚任意球时，如主罚队为了争取时间或主动，没有要求对方必须退出 9.15 米距离时，裁判员就无须要求守方队员退至 9.15 米以外。如果主罚队将球踢出后，被故意站在非法距离以内的守方队员阻挡，可令重罚。

3）罚任意球时，球必须放定在罚球点上，球踢出后在未经其他队员触及前，该队员不得再次触球，否则判违例，由对方在犯规地点罚间接任意球。

（4）违反下列规则者，判罚间接任意球。

1）越位，由对方在犯规地点踢间接任意球。

2）中圈开球，踢球门球、角球、任意球、罚球点球及掷界外球时连踢，应由对方在犯规地点踢间接任意球。

3）守门员四步违例及用手接同队队员用脚传来的回传球。

4）有故意延误比赛时间等不正当行为者。

5）危险动作，阻挡、冲撞手中无球的守门员。

6）队员擅自进场或离场，事先未得到裁判员允许者。

2. 罚球点球

（1）判罚。

1）罚球点球是对犯规行为最重的处罚，裁判员必须慎重掌握，务必准确、果断地作出判决。队员在本方罚球区域内被判罚直接任意球时，均罚球点球。

2）在罚球区界线附近发生犯规时，区分判罚球点球还是直接任意球，不以队员犯规时所处的位置为准，而应看犯规动作的接触点。

（2）执行。

1）执行罚球点球时，主罚队员应有明确表示，除主罚队员及守门员外，双方其他队员要退出罚球区和罚球弧以外的场内。

2）执行罚球点球时，球必须放定在罚球点上。罚球点球均应向前踢出，若主罚队员作横传、回传，均属比赛尚未恢复，应重踢。再犯应予警告。

执行罚球点球时，在裁判员鸣哨后，球未向前滚动一周时，则守门员双脚必须站在球门线上，不得移动（上体可晃动），否则，罚中算胜一球，未罚中则重罚。

守方其他队员进入罚球区或罚球弧，罚中算胜一球，未罚中则重罚，并对犯规队员提出警告。

执行罚球点球时，在裁判员鸣哨后、比赛恢复前，主罚队员有不正当行为或攻方其他队员过早进入罚球区或罚球弧，罚中无效，应重罚，并警告犯规队员；如球未罚中，则：

1）直接出界，由对方踢球门球。

2）球触守门员、横木、门柱弹回场内，裁判员应立即停止比赛，警告犯规队员，并在犯规地点由对方踢间接任意球。如发生在延长时间执行罚球点球时，则比赛应立即结束。

执行罚球点球时，在裁判员鸣哨后，攻守双方队员同时犯规，无论罚中与否，均应重罚，并警告犯规队员。

罚球点球踢出，在向球门运行途中，如受到外来因素（如观众、工作人员、动物等）阻止，无论球罚中与否，均应重罚。如果球从守门员、横木、门柱弹回场内而被外来因素阻止，则应暂停比赛，并在球与外来因素接触的地点坠球恢复比赛。这种情况若出现在延长时间执行罚球点球时，比赛应立即结束。

（3）有关规定。

1）裁判员鸣哨示意执行罚球点球后，在罚球区外的一名攻方队员抢先将罚球点球踢出，若球射进无效，重罚，并警告该犯规队员，球直接出界，由对方踢球门球，警告该犯规队员，球从守门员、横木、门柱弹回场内，立即停止比赛，警告该犯规队员，并由对方在犯规地点踢间接任意球。

2）裁判员鸣哨示意执行罚球点球后，守方队员抢先将罚球点球踢出，不论球进门与否，均应重罚，并警告该犯规队员。

3）执行罚球点球时，如守门员拒绝守门，在无守门员的情况下，比赛不能进行。裁判员认为守门员由于判罚不满而拒绝守门，应予以警告，经警告后仍拒不守门，可罚令出场。若裁判员认为仅仅属于守门员要求更换拉置，那么应召见该队队长，促其加强管理，否则，自裁判员宣布起，超过 5 分钟，作罢赛论处。

4）如果比赛双方踢成平局，需要以互射点球决定胜负，而场上有一名或多名队员离开场地，拒绝参加比赛，裁判员应终止比赛，随后向主办机构做出书面报告。

3. 掷界外球

比赛进行中，当球的整体在地面或空中越过边线时即为球出界。此后，应由出界前最后触球队员的对方队员在球出界一米范围内，将球掷向场内任何方向。

掷球时，两脚可平行或前后站立，两脚可以踏在边线上或边线外。但只要有一只脚越过边线踏入场内，或踏在线上的脚提起脚跟，致使脚尖踏在场内，均属犯规行为。同时，掷球前可以助跑。掷球时允许脚在地上滑动，但任何一脚不得全部离地。

（1）掷球方法。双手持球置于头的后方，面向场内，两手均匀用力，从头后经头顶用一个完整连贯的动作将球掷入场内。

（2）掷界外球时常见的犯规。

1）未在球出界处一米范围内掷球。

2）单脚或双脚全部越过边线踏在场内。

3）单脚或双脚在球掷出前离开地面。

4）球从头的正上方掷入场内。

5）掷球时，有明显的停顿。

6）掷球时双手用力明显不均。

7）任球自行下落，无明显的掷球动作。

（3）有关规定。

1）掷界外球时，凡故意用球掷击对方，属不正当行为或恶劣行为，应视情节轻重，对犯规队员予以警告或罚令出场。

2）掷界外球时，队员不慎致使球脱手落于场外，可重掷。队员以合法动作将球掷入场内，比赛即为恢复。若球先触场外又弹入场内或未入场内，均应重掷。若球从空中进入场内又直接被大风吹出场外，或球进场后因场地不平而直接弹出场外，应由对方在球出界处掷界外球。

3）队员掷球入场，比赛恢复后，未经其他队员触及，掷球队员再次触球为连踢犯规。若系故意用手触球，则应判罚手球犯规。

4）掷界外球不能直接进球得分。如直接掷入对方球门，由对方踢球门球；如直接掷入本方球门，由对方踢角球。在球掷出、比赛恢复后，经其他队员触及而进入球门，只要当时没有犯规行为，应判进球有效。

4. 球门球

（1）队员将球的整体由地面或空中踢出或触出对方端线时，由对方队员踢球门球恢复比赛，踢球门球时，可将球放定在球门区内任何地点。守门员和其他队员均可踢球门球。踢球门球时，对方队员应退出罚球区。

（2）在踢球门球时，球直接踢出罚球区进入场内时比赛方可恢复。球门球不能直接胜一球。如球直接踢进本方球门，或直接从罚球区的端线部分出界，均应重踢球门球。如球直接从罚球区外端线部分出界，则应由对方踢角球。

（3）踢球门球后，在比赛尚未恢复前，任何队员在罚球区内触及球均应重踢球门球。当队员将球踢出罚球区，比赛恢复后，未经场上其他队员触及，再次触球，即为连踢犯规，由对方在犯规地点踢间接任意球；如队员（不包括守门员）在本方罚球区内同时犯有连踢与手球犯规，应判罚球点球；守门员在罚球区外同时犯有连踢与手球犯规时，应判罚直接任意球。

（4）踢球门球时，队员不得故意延误比赛时间，否则应给予警告。也不准守门员用手掷或推击球门球。

5. 角球

（1）当球的整体由地面或空中被守方队员踢出或触出本方端线时，由攻方队员踢角球。踢角球时，应将球的整体放定在离球出界处较近的角球区内。角球可以直接胜一球。

（2）踢角球时，不得移动角旗杆。裁判员发现队员移动角旗杆时，应予制止。必要时给予警告。

（3）踢角球时，在球滚动一周前，对方队员至少距球 9.15 米。双方队员不得站在球门线内或端线外。不然，裁判员应予以纠正，然后再示意踢角球。

（4）踢角球的队员在球未经其他队员触及前不得连踢。如球击中门柱或插内的裁判员而弹回，该队员又直接将球补射入对方球门的，属连踢犯规，判进球无效，由对方在犯规地点踢间接任意球。

（5）踢角球时，队员有权站在守门员前面，但不得故意阻挡守门员；对于故意阻挡守门员者，裁判员应及时予以制止并判罚。

从“小巨人”到“筑梦者”

第二节 篮　　球

一、篮球运动的简介

现代篮球运动是由美国马萨诸塞州斯普林菲尔德市基督教青年会干部训练学校，在加拿大出生的体育教师詹姆斯·奈史密斯（James Naismith）于 1891 年发明的。它源于儿童游戏的启示，经过了构思设计、建章完善、传播推广、立项入赛、全面普及、提高成学、创新发展和攀登飞跃八个演进过程。

篮球于 1895 年由美国国际基督教青年协会派来中国天津基督教青年会就职第一任总干事来会理博士（David Willard Lyon）介绍传入中国的。

篮球运动是一项综合性的体育项目，具有对抗性、集体性、多边性和复杂性，同时具有较大的吸引性。

二、篮球运动的特点及其锻炼价值

（一）篮球运动的特点

篮球运动是参加比赛的两个队，以篮筐为攻守目标，以争夺、控制球为前提，在特定规则的约束下，在规定的场地上，运用个人或整体的各种战术配合和特长组成总体攻守阵势，展开以控制球、投球、守护篮、瞬间转换攻守及在空间、地面交叉展开立体型攻守对抗，并以求进球得分多而取胜的体育竞技运动和娱乐活动。

由于篮球运动围绕篮筐而展开空间与地面的双线竞争，竞争的手段与方法多样而多变，运动员将速度、力量、弹跳与技巧完美地结合在一起，将智慧、意志与多变的战术巧妙地运用在一起，因此篮球运动不仅富有对抗性、集体性，而且富有健身性、娱乐性、艺术性、趣味性，成为当前世界人民广泛开展的一项体育运动项目。

（二）篮球运动的锻炼价值

篮球运动是手持球向悬挂在高处的球篮进行投准比赛的一项球类体育活动。运动员在场上的变化多端的个人技术展现，以及全队战术的运用，使现代篮球运动发展成一项具有灵活巧妙的技术和变化多端的战术相结合的运动，具有较强集体性。它要求每个运动员都齐心协力、密切配合，为全队战略战术的实现尽心尽责。因此，篮球运动能培养良好的集体主义精神和严格的组织纪律性。

从生理学角度而言，适量参加篮球活动，能使人体的力量、速度、耐力、灵敏性等素质得到全面发展，特别对内脏器官与感受器官的功能，中枢神经系统的支配能力，增强健康及心理素质等有积极作用。

从社会学角度说，篮球运动凝聚着世界各国数以亿计的人参与和观赏，是开展最广泛、最具群众性和有特殊社会影响的体育项目之一。在篮球竞赛和各种篮球活动过程中充满着教育因素的丰富内容，对提高社会成员素质，活跃社会生活内容，促进社会交往，增进国家与民族的自尊自强，都有社会教育价值。它既能增强人们的体质，促进健康，又能丰富人们的业余文化生活，促进社会精神文明的建设。

三、篮球基本技术

篮球技术是篮球运动动作方法的统称。篮球技术可分为进攻技术和防守技术，常用的基本技术有准备姿势、移动、传球、运球、突破、投篮、抢球、断球、抢篮板球等。全面、准确、熟练地掌握各种技术动作，是打好篮球的基础。唯有如此，才能在激烈的对抗中快速、准确、稳定、可靠地完成各种技术动作，才能在战术配合中创造性地运用各种技术。

（一）移动

移动主要由基本站立姿势、起动、侧身跑、变速跑、变向跑、后退跑、急停、转身、跨步、滑步等技术组成，是以人体的踝、膝、髋关节为轴，通过脚蹬碾的力量、腰腹力量、手臂摆动力量，带动躯干灵活运动，来改变身体位置、方向和速度。运用移动技术最关键的是控制身体重心平衡和变化，注意用力方向和角度，以及转体方向和角度的变化，克服重力和惯性，突然快速、灵活地完成不同的脚步动作。

1. 基本站立姿势

两脚前后或左右开立，与肩同宽或略宽于肩，重心落在前脚掌，两膝微屈，身体的总重心在两脚之间，上体稍微前倾，两臂屈肘自然下垂置于体侧，两眼平视前场，随时准备起动。

篮球运动中，队员在球场上需随时保持一个既稳定而又便于起动的基本站立姿势。这个基本姿势与支撑面、稳定角、身体重心及重力作用线的倾斜度有关，支撑面大，身体重心低，重力作用线靠近支撑面中心，稳定角度大，人体平衡的稳定性就大。然而，移动就是要随时破坏这一稳定性，随时都要突然起动。因此，在增加稳定角的同时，应注意把身体的重心向移动方向随时靠近，即上体稍前倾，以便及时快速起动去做各种技术动作。

2. 起动

起动是指队员在球场上，由静止状态转为运动状态的一种脚步动作。快速突然的起动，能及时、有效地摆脱防守队员，占据有利的位置，争取进攻的主动权。按基本姿势站立，向前起动时上体前倾，向前移动重心，一只脚用力蹬地，另一只脚迅速向前跨出；向侧起动时，向起动方向一侧移动重心，上体迅速转向起动方向，异侧脚用力蹬地，同时脚尖向起动方向，并向起动方向跨出。

3. 侧身跑

侧身跑，是指队员在跑动中为了抢位、摆脱防守，接侧向或侧后方传来的球而采用的一种跑动方法。在跑动时，头部和上体转向侧面和有球的一侧，脚尖向着前进方向，既要保持奔跑速度又要保持身体平衡，双手自然放在腰侧，密切观察场上情况。

4. 变速跑

变速跑是指队员在跑动中利用速度的变化来摆脱防守者的一种跑动方法。它利用突然加速或减速破坏防守者的正确位置，及时完成切入、接球、突破和投篮等技术。在跑动中加速时，上体微前倾，用前脚掌短促而有力蹬地、步频加快，同时用力摆臂。减速时，步幅适当增大，上体直起，用前脚掌用力抵地来减缓向前的冲力，从而降低跑速。

5. 变向跑

变向跑是指队员在跑动中突然改变方向来摆脱或超越防守者的一种跑动方法。变向跑时（以从右向左为例），落地最后一步用右脚的前脚掌内侧用力蹬地，脚尖转向左前方移动方向，同时上体向左前倾移动重心，迅速转肩、转腰，左脚向左前方跨步并用力蹬地，右脚迅速跟随向左前方跨出，或右脚用力蹬地直接向左前方跨出，继续加速跑动。

6. 后退跑

后退跑是指队员回防时为了更好地观察场上情况而采取的一种跑动方法。后退跑时，用落地脚的前脚掌着地过渡到用前脚掌蹬地、提踵，小腿后伸，上体稍微后倾，两臂协调配合，两眼平视前方。

7. 急停

急停是指队员在快速移动中，突然制动速度的一种方法。进攻队员可利用急停摆脱防守者并衔接其他脚步动作和进攻技术。急停可分跨步急停和稳步急停。

（1）跨步（二步）急停。在快速跑动中跨步急停时，第一步跨出要稍大，用脚外侧着地，微屈膝，迅速过渡到前脚掌；第二步用前脚掌内侧着地（脚尖向内转），身体微向内转，两膝弯曲，上体前倾，重心下降落在两脚之间，两臂自然张开，保持身体平衡。

跨步急停

（2）跳步（一步）急停。在近距离慢跑中，用单脚或双脚起跳（离地面不能太高），上体稍后仰，两脚同时落地，两膝弯曲，重心下降，两臂自然张开，保持身体平衡。

跳步急停

8. 转身

转身是指队员以一脚做中枢进行旋转，另一脚蹬地向前向后跨出，改变身体方向的一种方法。它可与急停、跨步、持球突破结合运用，有效地摆脱防守，创造传球、投篮机会。

前转身及后转身

（1）前转身。移动脚向中枢脚前方跨出，改变身体位置与方向的转身为前转身。转身时，中枢脚前掌用力碾地，移动脚迅速蹬地跨步，同时转肩、转腰，重心随着转移。

（2）后转身。移动脚向中枢脚脚跟方向移动为后转身。转身时，中枢脚碾地旋转，移动脚蹬地向身后撤步，腰胯主动用力旋转，身体重心随之转移，保持身体平衡。后转身可在原地或行进间运用。

9. 跨步

跨步是一种起始步的动作方法。队员的一脚为中枢脚，另一脚蹬地向前、向后或向侧跨出，身体重心随着转移，但不改变身体方向，主要用于接球、持球突破、起跳等技术中，也可作为过渡动作或假动作，经常与起动、转身等动作结合运用，诱使对方位置移动或重心偏移，从而获得超越、摆脱、抢位、传球、投篮等机会。根据动作方法，跨步可分为同侧步跨步和异侧步跨步。

10. 滑步

侧滑步

滑步是防守移动的一种方法，常用来阻截对方的移动路线，调整自己的防守位置。

（1）侧滑步。由防守基本站立姿势开始，两臂张开；向左滑步时，右脚前脚掌内侧蹬地的同时，左腿向左侧跨出，左脚落地，右脚向左脚靠拢半步落地，腰胯用力，保持低重心的水平移动。

（2）前滑步。由前后站立防守姿势开始，前脚向前跨出一小步的同时，后脚前脚掌内侧用力蹬地向前滑半步成开立姿势，保持低重心和水平移动，前脚同侧臂前上举，另一臂侧下张开。

（3）后滑步。动作方法与前滑步相同，只是方向相反。

（二）传球和接球

传球和接球是篮球比赛中运用最多的技术。它是队员之间有目的地转移球的方法，是达到相互联系、相互配合、组织进攻、实现战术的手段，也是培养队员团结协作，充分发挥集体力量的重要环节。

为了适应篮球比赛千变万化的需要，随着篮球技术的发展，传球方式越来越多，有单手、双手、原地、跑动和跳起等传球。由于出球的部位和方向不同，又可分头上、肩上、胸前、体侧、背后和勾手等传球。根据来球的方向、速度、距离和高度不同，接球的方法也多种多样。

1. 双手胸前传球

双手手指自然分开，用指根和手指部位握住球的侧后方，手心空出，拇指相对成八字形。两脚自然前后或平行站立，稍屈膝，上体稍前倾，收腹含胸。两肘自然弯曲于体侧，肩、臂、腕放松，将球置于胸腹部，目视传球目标。传球时用脚蹬地，身体重心前移，前臂急促地前伸，食指、中指用力拨球，将球传出，如图 10-2-1 所示。

图 10-2-1　双手胸前传球

用双手胸前传球时，一般中近距离传球靠翻抖手腕将球传出；远距离传球，则须加大蹬地跨步、伸上臂的力量。传球的距离越远，蹬地跨出、伸大臂的幅度越大。

2. 双手头上传球

用双手持球手法把球置于头上，双手手指朝上，两肘微屈；传球时，利用小臂前摆手腕旋内并前屈手指拨球，将球传出，如图 10-2-2 所示。距离远时可增加蹬地、跨步和腰腹部用力的力量。

图 10-2-2 双手头上传球

3. 双手低手传球

五指自然分开，掌心空出，两手掌心向上，持球的侧下方（偏后），将球置于腹前或腰侧。传球时手腕外旋，用中指、无名指拨球，柔和地将球传出。

4. 单手肩上传球

双手持球于胸前，两脚平行开立。右手传球时，左脚向传球方向跨出半步，右手靠左手指拨送球的力量，将球引到右肩侧上方，右肩关节引展，大小臂自然弯曲，手腕向后屈，持球的后下方，左肩对着传球方向，重心落在右脚上。传球时，右脚蹬地发力，同时转体带动上臂、前臂，手腕前屈，食指、中指、无名指拨球将球传出，如图 10-2-3 所示。

单手肩上传球

图 10-2-3 单手肩上传球（右手）

5. 反弹传球

反弹传球动作方法与其他各种传球相似，但要掌握好球的落点，一般应在传球者距接球者 2/3 的地方。如防守自己的对手距自己较远，而传球的距离又较近，击地点可在防守者的脚侧。球弹起的高度一般在接球人的腹部为宜。

6. 双手接球

两眼注视来球，两臂迎球伸出（接高部位球时，两臂向前上方迎球伸出，接低部位球相仿），双手手指自然分开，拇指相对成八字形，其他手指向前上方伸出，两手成一个半圆形。当手指触球时，将球握住，两臂顺势屈肘后引缓冲来球的力量，两手持球于胸腹之间，如图 10-2-4 所示。

图 10-2-4　双手接球

7. 单手接球

单手接球时，如用右手接球，右臂微屈，手指自然分开，伸向来球方向，同时迈出左脚；当手指触球后，手臂顺势后撤，同时收肩，上体微向左后转动，然后用左手帮助将球握于胸前，如图 10-2-5 所示。

图 10-2-5　单手接球（右手）

（三）投篮

持球队员运用各种正确的手法，将球从篮圈上方投入球篮所采用的各种动作方法称为投篮。投篮是队员在进攻中唯一的得分手段，是组成战术的最终目的。

随着现代篮球运动的发展，投篮技术呈现出一些新的趋势和特点，可概括为：投篮难度增加，投篮技术复杂多变，远距离投篮的准确性提高。

投篮方法很多，可以分原地投篮、行进间投篮、跳起投篮和扣篮等。各类投篮包括单手和双手两种方法；从投篮时持球的部位来讲，又有胸前、肩头和头上之分；从投篮时出球的手法来看，又有低手、高手、反手和勾手等。

投篮是一项复杂的技术动作，它主要由握球方法、瞄准点、投篮力量的运用、出手速度、球的旋转、抛物线和入篮角等环节组成。本节主要介绍几种常见的投篮方法。

1. 原地投篮

原地投篮又叫定位投篮，是最基本的投篮方法，是行进间投篮和跳起投篮的基础。原地投篮在中远距离投篮和罚球时运用较多。准确的中远距离投篮，不仅可以增强个人和全队的攻击力量，而且具有较大的战术意义。准确的远投，能够拉大对方的防区，为切入篮下和灵活地运用战术创造良好的条件。

（1）原地双手胸前投篮。两脚前后或左右开立，两膝微屈，重心落在两腿之间，两臂屈肘自然下垂，双手持球于胸腹前，两眼注视瞄篮点，投篮时两脚蹬地；同时，腰腹伸展，抬肘伸臂手腕外翻，球最后通过两手拇指、食指和中指端拨出，手心正对投篮方向。球出手后，两手心自然向下向外翻，脚跟提起，身体随投篮出手方向自然伸展，如图 10-2-6 所示。

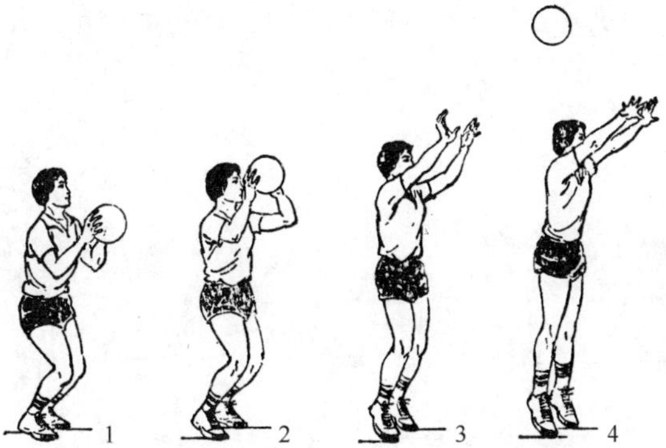

图 10-2-6　原地双手胸前投篮

（2）原地单手肩上投篮。以右手投篮为例，右手五指自然分开，手心空出，用指根以上的部位持球，大拇指与小指控制球体，左手扶球的左侧，右臂屈肘，肘关节自然下垂，置球于右肩前上方，两脚左右或前后开立，两膝微屈，重心落在两脚上。投篮时，下肢蹬地发力，右臂向前上方伸直，手腕前屈，食指、中指用力拨球，通过指端将球投出。球出手的同时，身体随投篮动作向上伸展，脚跟微提起，如图 10-2-7 所示。

原地单手肩上投篮

图 10-2-7　原地单手肩上投篮（右手）

2. 行进间投篮

进行间投篮是指队员在跑动当中接球或运球后将球投向球篮的一种投篮方法。行进间投篮的特点是重心低、速度快、命中率高，初学者应尽快掌握这种投篮技术。

行进间单手低手投篮

（1）行进间单手（双手）低手投篮。以右手投篮为例，右脚跨出的同时接球，左脚接着跨出一小步并用力蹬地起跳，右腿屈膝上抬，双手向前上方举球；当身体接近最高点时，左手离球，右手掌心向上托球，并充分向球篮的方向伸直，接着屈腕，食指、中指用力拨球，最后通过指端将球投出，如图 10-2-8 所示。

图 10-2-8　行进间单手低手投篮

（2）进行间单手肩上投篮。以右手投篮为例，右脚向前跨出一大步的同时接球，左脚迅速蹬地起跳，右脚屈膝上抬，同时两手持球上举至肩上，当身体上升接近最高点时，右臂柔和向上伸展，手腕稍前屈，食指、中指用力拨球，通过指端将球投出，如图 10-2-9 所示。跨出第一步时注视瞄篮点，跨步要有节奏，起跳接近最高点时，手臂柔和向上用力将球投出。

图 10-2-9　进行间肩上投篮

跳起投篮

3. 跳起投篮

跳起投篮也叫跳投，特点是突然性强，出手速度快，出手点高和不易防守。如果跳投运用得当，与突破、传球、转身等其他技术动作结合得好，可使防守队员防不胜防，陷于被动。这种投蓝方法多数用于中远距离投篮，可在原地、行进间急停，面向或背向球篮等情况下进行。跳投的方法变化多，动作难度大，实用价值高。下面介绍原地跳起单手肩上投篮和运球急停跳起投篮两种方法。

（1）原地跳起单手肩上投篮。以右手投篮为例，两手持球于胸前，两脚左右或前后开立，两膝微屈，重心落在两脚之间。起跳时，迅速屈膝，脚掌用力蹬地向上起跳，双手举球至肩上，右手持球，左手扶球的左侧方。当身体接近最高点时，左手离球，右臂向前上方伸直，手腕前屈，食指、中指拨球，通过指端将球投出。落地时，屈膝缓冲，准备做下一个动作，如图 10-2-10 所示。

（2）运球急停跳起投篮。以右手投篮为例，在快速运球中，采用一步或两步急停接球，两膝微屈，重心快速移到两脚间，迅速蹬地向上起跳；同时，双手举球，当身体接近最高点时，右臂向前上方伸展，手腕前屈，食指、中指拨球，通过指端将球投出，如图 10-2-11 所示。

图 10-2-10　原地跳起单手肩上投篮（右手）

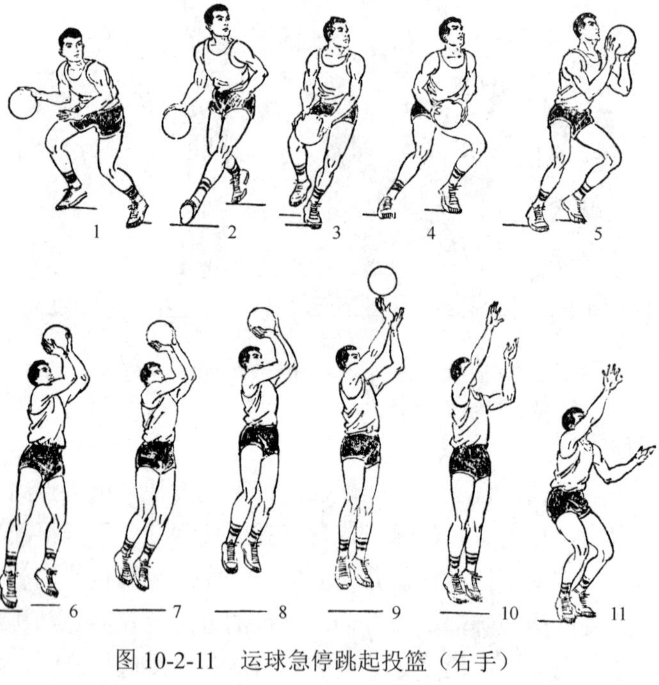

图 10-2-11　运球急停跳起投篮（右手）

（四）运球

持球队员在原地或移动中，用单手连续按拍从而借助地面反弹起来的球的技术动作称为运球。运球是比赛中突破防守、发动快攻、组织进攻战术配合、调整位置、寻找有利时机进行传球和投篮所必需的技术。运球技术包括身体姿势、手臂动作、球的落点和手脚协调配合四个环节。运球时，五指自然分开，用手指和指根部位触球，控制球，手心空出；侧身上体稍前倾，两膝微屈，抬头目平视；非运球手臂屈肘平抬，肩向前，用以保护球。下面主要介绍高运球、低运球、运球急停急起、体前变向运球、背后运球、运球转身、胯下运球等运球方法。

1. 高运球

高运球是指运球队员运球时使球弹起的高度在腰膝之间的运球方法。特点是队员向前推球的力量大，球反弹的高度高，队员跑动速度快，运一次球可以跑若干步，并且便于运球队员观察场上情况，多在快攻和无人防守的情况下运用。运球时两脚前后开立，两膝微屈，目视前方，用手指和指根接触球的后侧上方，食指向前，以肘关节为轴，小臂自然屈伸，手腕和手指柔和按拍球，将球拍至脚的外侧前方，球弹起的高度在腰膝之间；行进间运球时，触球部位要向后移，用力要稍加大，球的落点要离脚远一些，如图 10-2-12 所示。

1 2 3 4 5 6

图 10-2-12 高运球

高运球及低运球

2. 低运球

低运球是指队员运球时球反弹的高度低于膝关节的一种运球方法。这种运球主要用于接近对方或避开防守队员。运球时两腿深屈，降低重心，上体前倾，用上体和腿保护球，以肩为轴，同时用手短促地按拍球，球的反弹高度在膝关节以下，以便控制球和摆脱防守继续运球。行进间低运球的拍球部位在球的后上方或后侧方，如图 10-2-13 所示。

1 2 3 4 5

图 10-2-13 低运球

3. 运球急停急起

运球急停急起是指持球队员在运球推进时，在防守比较严的情况下，利用速度变化来摆脱防守而采用的运球方法。运球急停急起由运球、急停、急起三个动作组成。运球急停动作是用手指控制球的前上部，同时做一步或两步急停。急停有时能使对手向

运球急起急停

前移动两三步。这时进攻队员可利用防守队员向后回防的时机，突然运球起动，上体迅速前移，手指用力推球的后上部，加速向前运球超越对手。急停时，利用跨步急停动作，右手按拍球的前上方，然后短促有力地按拍球的上方，变为暂时的原地运球；急起时，身体重心迅速前移，后脚用力蹬地跨出，同时右手按拍球的后上方，推球前进，如图 10-2-14 所示。

图 10-2-14　运球急停急起

4. 体前变向运球

体前变向运球是指运球队员在前进路线被阻截，但与防守队员还有一定距离时，利用突然变换方向运球前进，来摆脱和超越对手的运球方法。体前变向运球又可分体前换手变向运球和体前不换手变向运球。

（1）体前换手变向运球。运球队员从对手右侧突破时，先向对手左侧运球，当对手向左侧移动时，运球队员突然向右侧变向，用右手按拍球的右侧上方，同时右脚向左前方跨出，用肩挡住对手，接着迅速换左手按拍球的后上方，从对方的右侧运球超越对手。换手时，球要低，动作要快，如图 10-2-15 所示。

图 10-2-15　体前换手变向运球

（2）体前不换手变向运球。将球从身体的右侧拨到体前中间的位置，当防守队员重心向右侧移动时，突然将球拨回右侧，左脚向右侧跨出，借以摆脱防守，继续运球前进。

5. 背后运球

背后运球是指在运球队员运球的一侧被防守队员堵截，距离较近，防守队员的身体重心又偏于有球的一侧时，运球队员可利用身体从背后改变运球方向，来超越防守队员的运球方法。以右手运球为例，用右手将球拉到身后，按拍球的右侧上方，使球拍至左脚的侧前方，并立即换左手运球，左脚迅速向前跨出，用左手运球突破对手，如图 10-2-16 所示。

背后运球

图 10-2-16　背后运球（右手运球）

6. 运球转身

运球转身是指运球队员在被防守队员逼近并堵截一侧时，利用转身运球改变运球路线，以摆脱防守的一种运球方法。以右手运球为例，变向时，左脚前跨一步为中枢脚，右手按拍球右侧前方，随着后转身动作将球拉向身体的后侧方，然后换左手运球，从对手的右侧突破后加速前进，如图 10-2-17 所示。

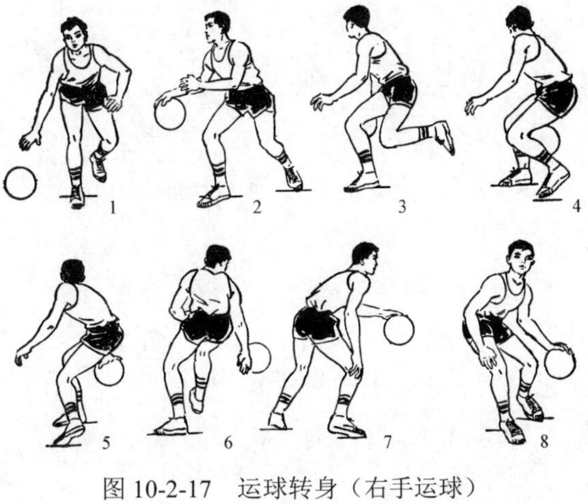

图 10-2-17　运球转身（右手运球）

胯下运球

7. 胯下运球

当防守队员迎面堵截时，可用胯下运球这种方法摆脱对手。以右手运球为例，变向时，左脚在前，右手拍按球的右侧上方，将球从两腿之间运至身体左侧，然后上右脚，换手运球，加速前进。

（五）持球突破

持球突破是指控制球队员将脚步动作和运球技术相结合以超越对手的一种进攻技术。突破技术不仅是个人的战术行动，还是整体战术配合的基础。比赛中若能与投传结合运用，不但能增强个人的进攻能力，还可打乱对方的防守战术。

交叉步持球突破

1. 交叉步持球突破

以右脚做中枢脚为例，突破时左脚向左前方跨出，做向左突破的假动作；当对手失去重心时，左脚前脚掌内侧迅速蹬地，向对手左侧跨出一大步；同时上体右转探肩，贴近对手，球移至右手，推动球加速超越对手，如图 10-2-18 所示。

图 10-2-18　交叉步持球突破（右脚做中枢脚）

同侧步持球突破

2. 同侧步持球突破

以左脚为中枢脚为例，突破时，左脚内侧蹬地，右脚迅速向前方跨出一大步，同时向右侧转体探肩，重心前移，球移至右手推运，然后左脚迅速蹬地超越对手，如图 10-2-19 所示。

图 10-2-19　同侧步持球突破（左脚做中枢脚）

（六）个人防守

个人防守是防守队员合理运用脚步移动和手臂动作积极地抢占有利位置，阻挠和破坏对手的进攻意图和行动，以争夺控制球权的防守技术。尽管防守的行动是为了阻止对方的进攻，但也可以对对方行动进行阻挠、破坏，变消极被动的防守为积极主动的攻击性防守。因此，只有把防守姿势、位置、站法、脚步移动、手臂动作，以及抢、打、断球技术结合起来，合理运用，才能更好地完成防守任务，创造进攻机会。个人防守是集体防守的基础，也是许多防守动作的综合运用。在教学与训练中应注重提高个人防守能力，促进集体防守与进攻技术、战术提高。个人防守分防守无球队员和防守持球队员两种。

1. 防守无球队员

在比赛中，防守队员绝大部分时间是防守不持球队员，它的主要任务是不让或少让对手在有效的攻击区内接球，尽可能地抢断传向对手或传越自己防守区域的球。要提高防守的主动性、攻击性，有效地制止对手进攻的威胁，必须增强对防守无球队员重要性的认识，提高防守无球队员的技能。

防守无球队员由防守的位置与距离、防守姿势、移动步法三个环节组成。

防守无球队员时，位置与距离的选择非常重要，必须根据球和自己所防守的对手所处的位置来确定和调整自己的防守位置，始终要保持“球－我－他”的选位原则，即防守者的位置始终要站在对手与球之间；与球和所防对手三者要成钝角三角形，防守者始终站在钝角处；防守者与对手的距离和对手距球的远近成正比，做到近球上，远球松，人、球、区三兼顾，控制对手接球。

正确的防守姿势能保证扩大控制面积和及时向不同方向移动。采用何种防守姿势，应根据防守者与对手和球的距离远近来选择。防守队员要根据球和人的移动，合理地运用脚步动作来保证及时占据有利的防守位置，争取主动。防守无球队员常用的移动步法有滑步（前、后、横滑步）、撤步、碎步、快跑和转身等。

2. 防守持球队员

在比赛中，为了有效地抑制对方进攻，一旦对手接到球，防守者要及时调整与对手的位置和距离，尽力干扰和破坏其投篮，堵截其运球突破，封锁其助攻传球，并积极地抢、打、断球，争取控制球权，转守为攻。防守持球队员同样由防守的位置与距离、防守姿势、移动步法三个环节组成。

防守的位置与距离的选择应站在对手与球篮之间的位置上，使对方、自己和球篮保持在一条直线上。一般对手离球篮近则应靠对手近些，离球篮远则靠对手远些，并根据对手的进攻技术特点（善投、善传或善突）及防守战术的需要调整防守距离和位置。

正确的防守姿势能保证扩大控制面积和及时向不同方向移动。采用何种防守姿势，应根据防守对手的进攻技术特点，采取有针对性的防守行动。通常分为平步防守和斜步防守两种。平步防守，两脚平行站立，两手臂侧伸并不停挥摆。这种方法防守面积大，攻击性强，便于向左右移动，适合防守运球、突破。斜步防守，两脚前后站立，前脚同侧手臂向前上方伸出，另一手臂侧伸。这种防守姿势便于前后移动，对防投篮比较有利。

防守持球队员的脚步动作与对手接球时所处的情况及防守者的站立姿势有直接关系。常用的移动步法有碎步或跳步急停突然逼近对手，平步站立用于横滑步，斜前站立用于撤步、滑步。

（1）防投篮。当对手在距离球篮比较近的范围内接到球时，威胁很大，对手可以直接投篮。防守者要站在对手与球篮之间，采用斜步防守，同对手保持一臂的距离。防守时要全神贯注，注意对手眼神和重心位置的变换，判断对手的进攻意图，不要被其假动作所迷惑。当对手举球准备投篮时，防守者应随之将前伸的手臂扬起，手掌对准球；当对手投篮刚出手或起跳时，防守者要及时起跳，伸直手臂用手腕封球，干扰其出球弧度，并争取“盖帽”。

（2）防突破。要根据对手习惯、技术特点（中枢脚、突破方向、假动作等），采取相应对策。如果对手以左脚为中枢脚，用交叉步从防守者的右侧突破时，防守者可稍偏于对手的左侧站立，以右脚在前的斜步（或平步）防守，堵其左脚侧，与前脚同侧的手臂前伸，指向球的部位，并伺机以小臂和手的短促动作挑球或打球；另一手侧伸，防对手突破。

（3）防运球。当对手远离球篮，其投篮准确性又较差时是防运球。防守中应遵守两条原则：一是堵中路，迫使其向边、角运球；二是堵强手，迫使其用弱手运球。为了扩大防守面积，堵截对手向纵深方向运球，应采取平步防守姿势。当对手开始运球时，防守者应将视线集中在对手运球的手和球上，并抢先快速向运球方向滑动，以身体的躯干对着球的着地点，阻止对手从中路运球突破。

（4）防传球。当对手善于传球进攻时，防守队员要积极阻挠其传球。要根据其位置和视线，判断其传球意图。有时上前贴近对手，挥动手臂封堵其传球，迫使其向攻击威胁弱的位置传球，有时可向后撤步，协助同伴防守，使对手不能顺利传球给处在有利位置的进攻队员，同时要伺机抢断球。

（七）抢篮板球

抢篮板球是在投篮不中时，双方在篮下抢球的技术。抢篮板球技术在进攻及防守中都起着重要作用，在一定程度上也是决定胜负的重要因素。由于攻守不同，抢篮板球可分为抢进攻篮板球（也叫前场篮板球）和抢防守篮板球（也叫后场篮板球）两种，前者是在对方篮下争抢，后者是在本方篮下争抢。

要想控制篮板球，抢到次数多，首先应提高抢篮板球的意识，通晓抢篮板球的一般规律，准确判断投篮不中后球反弹的方向、落点，抢占良好的位置，及时起跳，并养成有投必抢、左投右抢、右投左抢的良好习惯。增强意识，树立积极主动、勇猛顽强的战斗作风，不断提高抢篮板球的技术水平。

抢篮板球技术是一项较为复杂的技术，它是由抢占位置、起跳动作、抢球动作和抢球后的动作所组成，抢占有利位置是抢篮板球的前提，对于能否抢得篮板球起着重要作用。无论是进攻队员还是防守队员，都应抢占对手与球篮之间靠内线的位置，力争把对手挡在自己的身后。抢占位置时，应根据对手和投篮队员所处的位置，正确判断篮板球的反弹方向、距离，运用快速的脚步移动，抢占有利的位置。一般篮板球反弹规律是投篮距离与反弹距离成正比，距离远反弹远，距离近反弹近。但由于投篮位置、角度不同，反弹方向也不同。在球篮一侧的 45°角地区投篮时，球反弹的方向多在另一侧 45°角地区或反弹回来。在底线一侧的零度角投篮时，球多数反弹到另一侧底线地区或反弹回来。在中间地区投篮时，球多数反弹在限制区附近。但是，投篮的力量、角度、旋转和弧度不同，而球的反弹也千变万化，需要根据当时情况及时采取合理的动作来抢占有利的位置；抢占到有利位置时，身体应保持正确的基本站立姿势。起跳前，两腿屈膝，重心降低，上体稍前倾，两臂稍屈，举于体侧，重心放在两脚之间，注意观察和判断球的方向，及时起跳。起跳时，两脚用力蹬地，两臂上摆，手臂向上伸展，腰腹协调用力。防守队员多采用转身跨步双脚起跳的方法，进攻队员则多采用助跑单脚起跳或跨步双脚起跳的方法。

根据进攻和防守队员的位置及球的方向，抢球动作可分为双手抢篮板球、单手抢篮板球和点拨球三种。

在比赛中，抢篮板球不仅是个人的技术动作，而且是战术的组成部分。因此，不但要发挥个人抢篮板球的能力，而且要发挥集体的力量，有组织、有配合地争夺篮板球。根据比赛中双方攻防关系，抢篮板球的技术运用可分为进攻时抢篮板球和防守时抢篮板球两种。

1. 进攻时抢篮板球

进攻队投篮，一般进攻队员站在防守队员的外侧，本身是处在不利于直接抢篮板球的位置的，因此，当本队队员投篮时，既要及时判断球弹出的方向，又要立即摆脱对手冲抢，或强行补篮。

（1）篮下进攻队员抢篮板球。当同伴投篮时，靠近篮球的进攻队员要判断球反弹的方向，运用假动作摆脱防守队员的阻挡，及时移向球的反弹方向，迅速起跳到最高点，进行补篮或抢篮板球。

（2）外围进攻队员抢篮板球。外围队员离球篮较远，同伴投篮时稍有迟疑就会失去抢篮板球的机会。因此，外围队员的拼抢意识非常重要。每当同伴投篮时都要有充分的冲抢准备，趁防守队员不备，突然冲向球反弹的方向，进行补篮或抢篮板球。

2. 防守时抢篮板球

防守队员应该明确，对方投篮不中却又被对方抢到球是极大的威胁。因此，防守队员应增强拼抢篮板球的意识。同时，一定要充分利用自己靠近篮圈的有利条件，养成“先挡人再抢球”的习惯。一旦抢到篮板球，要迅速反击。

（1）篮下防守队员抢篮板球。当对方投篮时，篮下防守队员要根据进攻队员的行动，选择不同的挡人方法。如距离对手 1 米，可采用前转身或上步前转身挡人。如果对手距离自己较近或已贴近身体，可采用后转身或撤步后转身挡人。抢位挡人的动作应重心低，两肘外张，争取扩大空间，保持最有利的起跳姿势。挡人主要是为了延误对手抢位起跳。挡人动作完成以后，自己要迅速起跳，向上摆臂，伸展腰腹，跳至最高点时用双手或单手迅速抢球，力争能在空中传球或及时将球点拨给同伴发动快攻。如果没有空中传球的机会，可迅速将球持于胸前或头上，落地时应侧对前场，球要远离对手，迅速观察场上情况。不能消极地保护球，而要迅速突破或传球，发挥篮板球的攻击作用。

（2）外围防守队员抢篮板球。当对方投篮时，外围防守队员的第一个任务就是要运用左右滑步，或前后转身，阻截对手冲抢篮板球的路线。然后，应及时判断球的反弹方向，去抢夺篮板球。

（八）抢球、打球、断球

现代篮球运动由防守型向攻击型方向发展。防守技术发展的特点，体现在对持球人的防守上，即紧逼持球人，防切防投并重，富有攻击性地破坏持球人所有的进攻动作（投、切、传、运）。

抢球、打球、断球是攻击性很强的防守技术，它是积极性防守战术的基础，防守时，不仅要干扰和阻挠对方传球、运球和投篮，还要力争在对方投篮之前，从对方手中把球抢过来，转守为攻。大胆、果断、准确地运用抢球、打球和断球技术，不仅可以破坏对方的进攻，还可以鼓舞本队的士气，为反击快攻创造有利的战机。

抢球、打球、断球技术动作分析如下：

抢球、打球、断球都是由准确的判断、快速的移动、合理的手部动作组成的。准确的判断是有效的抢、打、断球的前提。首先应看准球的所在位置、球的移动路线及球的速度和球到的位置，了解对方的配合、意图及习惯动作，然后不失时机地准确出击。快速的移动，起动要突然，移动的步频要快。不管抢球、打球或断球，突然性都很重要，它是抢、打、断球成功的关键。突然跃出，才能使对方猝不及防。合理的手部动作，手部动作正确与否，是获得球的重要因素。手臂的伸、拉、挡、截，手腕和手指的拍击、点拨、扭转、封盖等动作，要迅速果断，动作幅度不要太大，身体用力不要过猛，要控制身体平衡，以免犯规。

（1）抢球。当进攻队员停止运球、接球或抢到篮板球落地刚持球时，防守者趁其保护球不当出其不意地将球抢掉。抢球时动作要快而狠，果断有力。在手指接触球或控制住球的同时，利用拧、拉和身体扭转力量，手臂迅速向腰腹回收，将球抢夺过来。抢球的手法一般是一手在上、一手在下直握，出手要快，动作有力，扭拉要突然，如图 10-2-20 所示。

图 10-2-20　抢球

（2）打球。

1）打原地持球队员的球，有自上往下和自下往上两种方法。打球时一般采用与持球队员动作相反的逆向迎击，以借助反向合力增大击球力量，将球击落。例如，当对手持球由胸以上部位向下移位时，宜采用由下往上的方法打球。打球时多用手指、手掌击球，用手指、小臂与手腕的短促快速动作弹击，不可挥大臂上步抢打，如图 10-2-21 所示。

图 10-2-21　打原地持球队员的球

2）打运球队员手中的球。以右手运球为例，运球队员向前推进时，防守者应在左脚向左滑步抢位堵截的同时，看准球从地面弹起的刹那间，突然用左手，以短促的手指、手腕和前臂的力量从侧面将球打出，并及时上前抢球。在防运球突破时，当运球者处于即将超越防守者的瞬间，为了弥补防守失误，可从后面打球；如运球队员从防守队员左侧突破，防守者以左脚为轴做前转身，迅速向对手运球的侧后方跨步，利用手臂、肩和腰的伸展动作，用右手从运球者的后方抄打球，如图 10-2-22 所示。

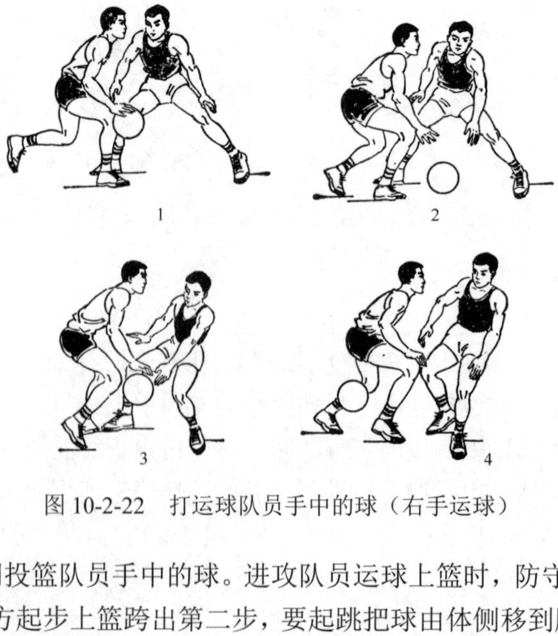

图 10-2-22　打运球队员手中的球（右手运球）

3）打行进间投篮队员手中的球。进攻队员运球上篮时，防守者侧身跟随运球队员移动。当对方起步上篮跨出第二步，要起跳把球由体侧移到腰腹部位的瞬间，防守者可用左（右）手自上而下的斜击方法将球打落。为了避免犯规，打球的手臂要迅速从对手身旁撤离，如图 10-2-23 所示。

图 10-2-23 打行进间投篮队员手中的球

（3）断球。

1）横断球。断球时重心迅速向断球方向移动，以短而快的助跑，单脚或双脚用力蹬地跃起，身体伸展，两臂前伸，用双手或单手将球截获，如图 10-2-24 所示。

图 10-2-24 横断球

2）纵断球。当防守者要从对手右侧绕前断球时，右腿先向前跨出一步，然后侧身跨左脚绕到对手身前，同时重心前移，左脚（或双脚）用力蹬地向前跃出，身体伸展，两臂前伸，将球截获，如图 10-2-25 所示。

图 10-2-25 纵断球

3）封断球。当持球队员暴露了自己的传球意图或传球动作较大时，防守者可在对方球出手的一刹那，突然起动，伸臂封盖或将球截获。

（4）盖帽。盖帽前要根据进攻队员的投篮动作和身高、弹跳等特点，降低重心，迅速移动，选择有利位置，准确判断对手起跳及出球时机。当对手起跳投篮时，立即跟随起跳。此时，身体和手臂充分伸展，趁对手举球到最高点或球刚出手的一刹那，用距离对手较近侧手臂的手腕、手指力量，迅速而果断地向侧或向前点拨球，将球打落。打球动作要小而突然，前臂不要下压，要尽量避免接触对手的身体，以免造成犯规，如图 10-2-26 所示。

图 10-2-26 盖帽

四、篮球基本技术练习

（一）移动练习

1. 基本站立姿势

（1）根据信号按规定做站立姿势。要求保持低姿，两眼平视。

（2）做好基本站立姿势后，重心转移至一脚，再转移到另一脚，反复改变身体重心。练习时应保持身体平稳。

（3）在各种移动练习中，根据信号停步后，立即成基本姿势站立。练习时应注意动作规范，重心平稳，完成速度快。

2. 起动

（1）在各种不同情况下根据信号向不同方向快速起动。

（2）自己抛球或同伴抛球后，立即起动快跑接球，不让球落地。

（3）根据信号两人快速起动争抢球。练习时应保持正确起动姿势，反应要快，起动时上体前压，蹬地短促有力。

3. 侧身跑

（1）在场内根据手势或其他信号进行侧身跑练习。要求跑动中脚尖朝着跑动方向，上体侧向发信号者或球，并以眼睛注视发信号者或球。

（2）结合传接球或其他动作进行侧身切入练习。练习时应注意侧身跑动作规范，切入动作快速，两手做好接球准备动作。

4. 变速跑

（1）原地做加速跑时上体前倾、蹬地快速有力的模仿练习，主要是体会动作。

（2）慢跑中进行突然加速跑练习。做到侧身跑时的技术要求。

（3）原地做减速时动作模仿练习。应注意上体直立，步幅放大，并缓冲抵地，主要体会动作要领。

（4）慢跑中进行突然加速跑，紧接着做突然减速的动作练习。

（5）根据信号进行变速跑练习，变速要及时、突然。

5. 变向跑

（1）慢速中进行练习，体会动作要领。

（2）根据信号或增设标志物进行变向跑练习。要求变向及时、突然，变向的路线要有角度的变化，而不应是弧度的变化。

（3）与其他移动步法结合练习，并应注意与其他技术相衔接。

6. 后退跑

（1）原地做微小碎步，上体稍微后倾，前脚掌蹬地快速有力的模仿练习。

（2）根据教师的信号做后退跑的练习。

（3）进行后退跑结合其他跑法的练习。注意动作协调，反应快速。

7. 急停

（1）慢跑、中速跑或快跑中进行跨步急停和跳步急停练习。

（2）跑动中进行急停接球练习。

（3）进行运球急停后传球练习。

（4）进行运球急停急起练习。

（5）进行接球急停投篮运球急停后转身传球或投篮练习。

（6）进行接球急停投篮、运球急停投篮或跳投练习。

练习要求：应注意急停要停得住、停得稳，急停技术要与其他技术快速紧密衔接。

8. 转身

（1）原地不持球或持球，做两脚交替转移重心的练习。注意重心落在中枢脚上。

（2）原地不持球或持球，分别以左脚、右脚为中枢脚进行前转身或后转身练习。

（3）增设一名防守，进行前后转身保护球练习。

（4）原地接球后做前后转身传球、运球或投篮练习。

（5）跑动中接球急停后，做前后转身传球、运球或投篮练习。

（6）运球中进行前转身或后转身的练习。

练习要求：练习转身时要保持低姿，转身过程中身体重心要保持在同一水平面上，转身结束后身体重心平稳，保持好“三威胁”姿势。

9. 跨步

练习跨步时，中枢脚不得移动，保护好球，根据跨步后的攻击动作方向控制好身体重心。

10. 滑步

（1）原地做侧滑步、前滑步或后滑步的模仿练习，体会动作要领。

（2）看手势或其他信号做侧滑步、前滑步或后滑步练习。

（3）滑步与后撤步结合练习。

（4）“之”字形滑步练习。

（5）三角形滑步练习。

（6）一对一防运球滑步练习。

练习要求：滑步时保持低姿，动作迅速，身体重心平稳，不可形成交叉步。

（二）传接球练习

1. 双手胸前传接球练习

（1）持球练习。

（2）后引球及伸臂练习。后引球至身前自下而上划弧，同时手腕由下而上翻转。

（3）两人一组一球，相距约两臂距离，不持球者两臂伸出做好接球动作，持球者做双手传球动作向同伴手中送，同时做出翻腕和拨指动作。

（4）两人一组一球，相距3～5米，原地传球练习。

（5）原地三角、五角传球练习。

（6）接不同方向来球向不同方向传球的练习。

（7）迎面上步接传球练习。

（8）正面行进间接传球练习。

（9）行进间四角传球练习。

（10）两人一组一球短传推进练习。

（11）三人一组一球短传推进练习。

（12）结合其他技术传接球练习。

练习要求：持球手法正确，接传球衔接好，出手动作正确，行进间传球时上下肢配合协调。

2. 双手头上传球练习

（1）中近距离两人对传练习。

（2）原地跳起双手头上传球练习。

（3）抢篮板球后双手头上传球练习。

（4）加设一名防守队员双手头上传球练习。

练习要求：出手动作规范，引球至头上与出手动作连贯，球的飞行速度快。

3. 单手肩上传球练习

（1）两人一组一球中距离对传练习。

（2）两人一组一球远距离对传练习。

（3）抢得篮板球后传球练习。

（4）结合其他技术传球练习。

（5）定点传球练习。

练习要求：持球方法正确，蹬、转、甩、扣用力顺序连贯，传球线路适中，传球到位。

4. 反弹传球练习

（1）两人一组一球用双手胸前传球手法对传练习，着重体会球的击地点。

（2）加快出手速度或增加传球力量的练习。

（3）单手反弹传球练习。

（4）结合跨步的单手反弹传球练习。

（5）增设障碍物或防守队员的传球练习。

练习要求：传球动作迅速有力，球的击地点适中，传球时注意隐蔽性。

5. 双手接球练习

（1）伸臂接球动作练习。

（2）每人一球，做屈臂引球动作练习。

（3）每人一球，做接球与传球的衔接动作练习。

（4）原地接传球练习。

（5）行进间接传球练习。

（6）接各种方向的来球练习。

练习要求：接球前做好要球动作，保持正确的接球手型；接到球后要及时屈臂引球，做好接、传之间的衔接，接球的结束即是传球的开始。

6. 四角弧形跑动传接练习

站位成四组，④传球给⑤，并跑向⑤接其回传球并传给⑥，然后跑到⑥的队尾。当④传球给⑥时，⑤紧跟着起动快速切向⑥，并接⑥的传球再把球传给⑦，然后跑向⑦的队尾。依次连续进行，如图 10-2-27 所示。

7. 两人全场传接球推进练习

⑤传球给④后，立即起动直线跑接④的传球，④传球给⑤后，立即起动直线跑接⑤的传球。如此两人推进传球 5～7 次，最后由④号队员上篮；⑤抢篮板球返回时，两人推进必须在 3 次传球中完成上篮，如图 10-2-28 所示。

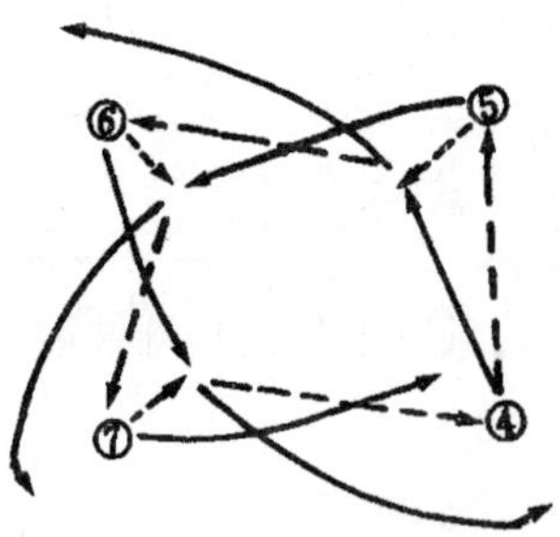

图 10-2-27　四角弧形跑动传接练习

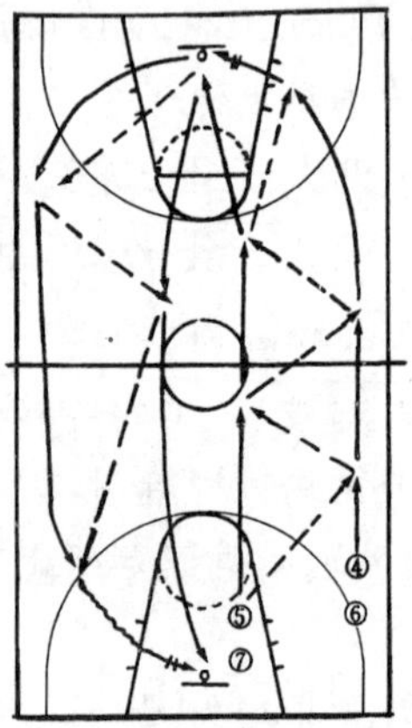

图 10-2-28　两人全场传接球推进练习

（三）投篮练习

1. 原地投篮

（1）徒手仿做与个人试做，体会动作要领。

（2）持球动作练习。如持球，在扶球手离开球后，球在手上应仍然很稳定。

（3）每人一球，对墙做伸臂、压腕、拨指的出手动作练习。

（4）每人一球，对墙进行完整的投篮动作。

（5）两人一组一球对投练习。

（6）中近距离的各种位置上的定点投篮练习。

（7）较远距离的各种位置上的定点投篮练习。

（8）各个位置上的投篮比赛。

（9）转身后投篮练习。

（10）左右手的运球急停投篮练习。

（11）接球急停投篮练习。

练习要求：持球手法正确，持球位置合理；投篮时，蹬地、展腹、伸臂、压腕、拨指一气呵成，不能忽停忽顿或突然加速，整个用力过程中球应为匀加速运动；球的飞行路线（抛物线）适中，球要后旋；与转身、急停结合运用时，要抓好转与投、停与投之间的衔接。

2. 行进间投篮

（1）徒手模仿练习。

（2）慢跑中进行跨步单脚起跳，用右（左）手摸篮网、篮板，做投篮模仿动作的练习，掌握上下肢协同配合的规律。

（3）站在篮下右侧（用右手投篮），左脚在前，右脚在后，做好准备姿势练习时，双手持球上举，同时右膝抬起做右手肩上碰板投篮动作。

（4）同上形式，只是向后退一步，右脚在前，左脚上步，同时起跳，举球上肩，做右手肩上投篮动作。

（5）慢跑中徒手做跨步、接球、起跳、投篮的模仿动作练习。

（6）每人一球，自抛自接完整动作练习，可以不利用球篮。注意球不要抛高，必须抛在身体右侧，双手在身体右侧方接球，可避免跨左脚接球的错误动作。

（7）教师在距离2～3米处托球，学生在走动或慢跑中跨右脚，同时拿位于右侧方的教师手中的球，后跨左脚起跳投篮练习。

（8）从球篮两侧运一下球，跨步接球起跳投篮练习。

（9）学生成一路纵队站在球篮侧45°角处，向篮下跑进，接教师或同伴轻抛球上篮练习。

（10）队形同上，运球上篮或传接球上篮练习。

（11）可逐步增加练习难度，如加快跑动速度，改变切入接球后投篮的方向和角度，以及与各种传球、运球结合的半场或全场的行进间投篮练习。

练习要求：抓好上下肢的协调配合，避免出现错误动作；出手动作要规范，以提高投篮命中率。如运用单手肩上投篮方式，第二步要向上方跳起，而用单手低手投篮方式，第二步则要向前上方跳。

3. 跳起投篮

（1）徒手模仿练习，做好原地跳投的准备姿势，两脚迅速蹬地起跳，同时两臂上提，做举球跳投出手动作。体会跳投动作节奏，起跳时用力，空中放松，掌握在腾空稳定瞬间的投球出手时机。

（2）同上练习，只是用并步起跳、上步起跳在空中做投篮出手动作。

（3）每人一球做原地跳投的准备姿势练习。

（4）每人一球做举球提腰练习。

（5）每人一球做起跳与举球提腰练习。

（6）每人一球对墙做原地单手肩上投篮练习。

（7）两人一组一球，相距 3～4 米，做原地跳起的对投练习。

（8）由近至远，不同距离、不同位置上的原地跳投，上步或并步跳投练习。

（9）结合转身动作的跳投练习。

（10）运球急停或接球急停跳投练习。

练习要求：起跳前的准备姿势要正确，起跳和提腰举球要同步进行，蹬地要迅速有力，垂直跳起，空中身体要舒展，掌握好出手时机，出手动作要正确。

（四）运球练习

1. 高运球

（1）原地运球模仿练习。体会手、臂动作。

（2）原地高运球练习。体会手指、手腕上吸下按的动作，以及手触球的部位和控制球。

（3）直线运球练习，速度由慢至快。

（4）沿球场线段运球练习。

（5）围绕球场三圈做弧形运球练习。

（6）运球接力比赛。

（7）两人一组一球，一人快速运球，另一人追赶练习。

练习要求：保持正确的身体姿势，运球动作正确，球的击地点在身体侧前方，运球动作与脚步动作要协调一致，人、球速度一致，球弹起的高度在腰部，眼睛不要看球。

2. 低运球

（1）原地运球模仿练习，体会动作要领。

（2）原地低运球练习，体会手指、手腕上吸下按的动作，以及触球的部位和控制球。

（3）直线运球练习，速度由慢至快。

（4）沿球场线段运球练习。

（5）围绕球场三个圈做弧形低运球练习。

（6）运球接力比赛。

（7）两人一组两球，边运球边抢断对方的球。

练习要求：保持正确的身体姿势，运球动作正确，球的击地点在身体的侧前方，运球动作与脚动作要协调一致，球弹起的高度在膝关节以下，眼睛不看球。

3. 运球急停急起

（1）无球情况下模仿练习，体会动作要领。

（2）原地体侧前后运球，体会前推后拉运球时，手按拍球的部位和用力。运球速度可由慢至快，运球高度由高至低。

（3）根据球场上的线段或标志进行运球急停急起练习。

（4）根据教师的信号进行急停急起或变速运球练习。

（5）一攻一守中运球急停急起摆脱练习。防守者由消极防守至积极防守。

练习要求：运球急停急起时，要停得稳，起动快，人、球速度要一致。

4. 体前变向运球

（1）无球情况下模仿练习，体会动作要领。

（2）原地体前左右手交替运球，体会换手时推拨球的动作和按拍球的部位。

（3）走、慢跑中进行体前变向换手运球，体会手脚动作的协调配合。

（4）弧形路线体前变向换手运球练习。

（5）设立障碍，体前变向换手运球过障碍练习。

（6）全场或半场“之”字形折线变向运球练习。

（7）一攻一守的体前变向换手运球练习。防守者由消极防守至积极防守。

（8）体前变向换手运球突破上篮练习。

（9）各种运球均可与投篮、传球等结合运用，进行各种综合技术练习。

练习要求：变向时，手按拍球的部位正确，球的击地点合理，手脚动作配合协调，另侧手做好迎球准备，换手后要加速。

5. 背后运球

（1）原地模仿练习。

（2）行进间强侧手背后运球练习。

（3）行进间弱侧手背后运球练习。

（4）背后运球突破上篮练习。

（5）一攻一守的背后运球练习。防守队员由消极防守至积极防守。

（6）各种运球与投篮、传球等结合运用，进行各种技术综合练习。

练习要求：背后变向时，手按拍球的部位正确，球的击地点合理，手脚动作配合协调，另侧手做好迎球准备，跨步及时，重心跟上。

6. 运球转身

（1）原地模仿练习，体会动作要领。

（2）一人一球过障碍物练习。

（3）运球转身突破上篮练习。

（4）一攻一守的运球转身练习。防守队员由消极防守至积极防守。

（5）各种运球、传球、投篮等结合运用，进行各种技术综合练习。

练习要求：转身前按拍球要有力并在球反弹上升过程中拉球，保持重心平稳，球尽量靠近身体。

（五）持球突破练习

（1）每人一球，保持基本站立姿势，向左侧或右侧前方做跨步突破动作，然后收腿还原，反复练习。此练习可分别以左脚、右脚为中枢脚进行交叉步或顺步的跨步动作。

（2）同上练习，在做跨步动作前先做瞄篮动作，然后突然快速地进行跨步。

（3）两人一组一球，一攻一守，进行上述两种练习。消极防守，体会跨步的位置及转体探肩和护球动作。

（4）同上练习，进行持球突破的完整动作练习。两人交替进行。

（5）设立障碍，面对障碍物进行持球突破上篮练习。

（6）同上练习，进行接球急停突破上篮练习。

（7）在有防守的情况下进行持球突破练习。防守者由消极防守至积极防守，进攻者可灵活运用假动作。

练习要求：保持突破前的准备姿势，跨步要迅速、有力，跨步、转体探肩同时完成，运球迅速；假动作逼真，掌握好突破动作的运用时机。

（六）个人防守练习

1. 防守无球队员

（1）对手与球不动的定点选位和防守姿势练习。

（2）对手不动，球不断转移的选位、移动和防守姿势练习。

（3）球固定，对手不断移动的防摆脱、溜底线、横切、纵切等练习。

（4）对手和球不断移动的防守练习。

练习要求：始终保持正确的防守姿势，要始终做到“人球兼顾”，保持“球—我—他”的有利位置。

2. 防守持球队员

（1）防守位置和防守姿势练习。

（2）两人一球一组，持球者做投篮、突破的假动作，防守者及时相应做出防守动作和上步、撤步。

（3）对手进行传接球，防守者不断调整防守位置和姿势，进行防有球和防无球的选位练习。

（4）半场或全场的防运球练习。

（5）三人一组一球，两人近距离传球，另一人进行防传球练习。

（6）一对一练习。

练习要求：及时选位，做好防守姿势。防投篮时要扬手，防运球时要堵截。

（七）抢篮板球

（1）徒手原地双脚起跳，模仿单（双）手抢篮板球动作练习。

（2）结合上步、跨步、转身、滑步等脚步动作，做单（双）脚起跳抢篮板球的模仿动作练习。

（3）每人一球，自己向头上方抛球后跳起，用双手或单手在空中抢球练习。

（4）同上练习，向侧上方抛球后，上步起跳抢球练习。

（5）每人一球，向篮板或墙上抛球后，上步起跳抢球练习。

（6）两人一组，一人向上抛球，一人抢球练习。

（7）成两路纵队，分别站在球篮两侧，一侧学生抛球向篮板，弹至另侧，另侧学生跳起抢球；依次进行练习。

（8）三人一组一球，一人抛球，另两人争抢练习。

（9）抢位的模仿练习。

（10）两人一组一球，球置于地上，根据信号进行抢位抢球练习。

（11）一人投篮，一人防守，投篮后争抢篮板球练习。

（12）三对三争抢篮板球练习。

练习要求：积极抢位，进攻者要“冲”，防守者要“堵”；做好起跳前的准备姿势，判断要准确，起跳要及时、有力，空中动作要舒展，在最高点抢球，得球后收球迅速。

（八）抢球、打球、断球练习

1. 体会抢球、打球动作

两人一组，相距 1.5 米，对面站立，一人持球于腹前，一人练习抢球和打球动作。攻守交换练习。

2. 体会对方持球摆动时的抢球、打球的时间

三人一组，相距 1 米左右，中间一人持球摆动，两边的人根据球的部位，伺机抢球或打球。

练习时，持球队员可做转身跨步动作，但球的摆动幅度不要太大，然后再积极做摆脱护球的动作。三人攻守交换练习。

3. 抢地滚球或高空球

三人一组，一人持球与其他两人对面站立，相距 3 米～4 米，持球者向地面滚球或向空中高抛球，要求另两人首先快速跑动抢占有利位置，抢地面球或高空球。三人攻守交换练习。

4. 抢、打接下落球队员的球

三人一组，相距 2 米站成三角形，一人持球，高抛给任何一人。接球者必须跳起接球。当接球者得球下落时，抛球人和另外一人同时向他身旁移动，伺机抢球或打球。三人攻守交换练习。

5. 抢、打接球队员手中的球

四人一组，④和⑤相互传球，❹和❺防守，如图 10-2-29 所示。当进攻者接球时，防守他的队员立即上步抢、打球。不成功时，后撤保持正确的防守位置和防守姿势。然后攻守交换练习。

6. 打运球队员停止时的球

三人一组站位，④运球，❹防守，当④运球过中线时，❺协同❹，迫使④运球停止，并积极抢、打④手中的球，如图 10-2-30 所示。练习完后，队员按顺时针轮换。

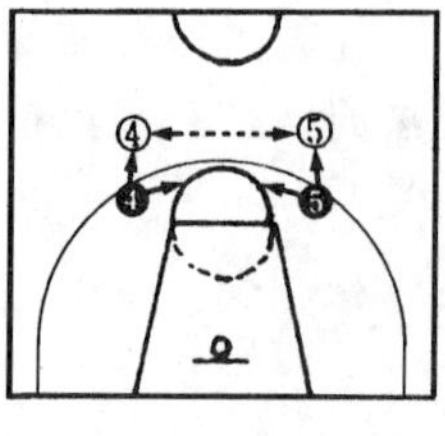

图 10-2-29 抢、打接球队员手中的球

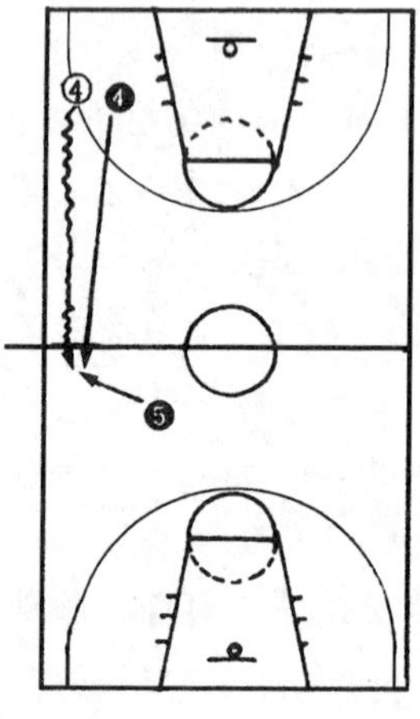

图 10-2-30 打运球队员停止时的球

7. 正面打运球队员的球

在半场或全场一对一攻守练习中，防守队员紧紧跟随运球队员，在球刚从地面弹起或改变运球方向时，突然上步打球。攻守交换练习。

8. 从背后抄打运球队员的球

两人一组，一人持球突破，一人防守。在持球队员突破的一刹那，防守队员利用前转身从突破队员身后赶上，用靠近突破队员运球的一侧的手，由后向前打球，然后上步抢球。攻守交换练习。

9. 打运球转身队员的球

三人一组，④运球进攻，❹紧跟防守，当④运球转身时，❺在④刚转身的一刹那，迅速移动到④的侧前方打球，如图 10-2-31 所示。按顺时针轮换。

10. 断球练习

（1）体会断球动作。两人传球，另两人在侧面或后面站立练习断球，体会横断球和纵断球的动作和步法移动。练习数组后攻守交换练习。

（2）判断传球方向的断球。四人一组，三攻一守。❹在限制区内，④可任意向⑤或⑥传球。❹在④传球时向侧面跃出断球。如未断到球，则及时防守得球的⑤或⑥，防其突破。当⑤或⑥将球回传给④后，❹立即站回原位，继续进行练习，队员按顺时针方向轮换，如图 10-2-32 所示。

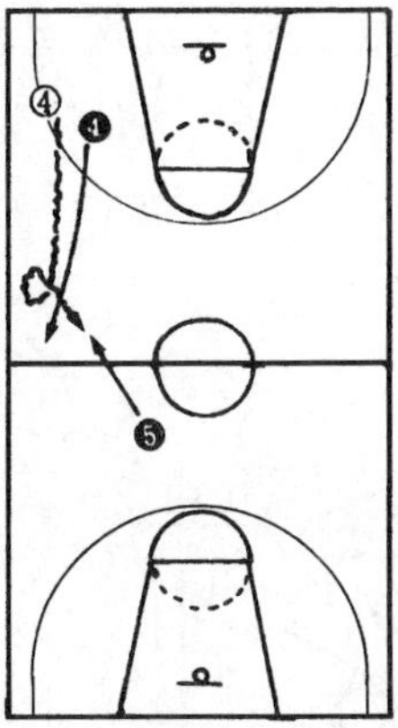

图 10-2-31　打运球转身队员的球

图 10-2-32　断球练习

（3）断球游戏。五人一组，三攻二守。攻方三人站成三角形，相互传球，守方两人站在三角形里面练习断球，防守者必须一人紧逼持球者，另一人断球。

（九）篮球基本技术练习的注意事项

（1）篮球运动是一项集体激烈对抗的体育项目，要努力把所学技术与身体锻炼密切结合起来，自觉地把学习篮球运动作为培养自己优良品质的手段，在学习中不断总结，积极进取。

（2）学习中要选择适合自己的练习方法，反复练习。

（3）要遵循由易到难、由简到繁的原则。

（4）篮球基本技术是实施篮球战术的保证，因为只有在熟练掌握技术之后，战术才能发挥。因此，在篮球学习中，要把掌握基本技术作为重点，学习中要抓住技术动作的关键，严格按照技术动作的规格、要求进行练习。

（5）战术基础配合是组成全队战术的基础。在学习战术时，应把基础配合作为重点；学习中要把学战术与练技术结合起来，做到在学习战术中提高技术，在提高技术后增加战术深度。

（6）在初步掌握传、投、运等基础技术和简单战术后，要多采用比赛的形式进行练习，在比赛中巩固提高运用技战术的意识与能力。同时，通过比赛，发现学习和练习中存在的问题，再回到学习和练习中去解决。篮球比赛也是学习和熟悉篮球规则的一条途径。

五、篮球规则简介

（一）场地

球场是一个长方形的坚实平面，无障碍物。对于国际篮球联合会主要的正式比赛（奥林匹克比赛，世界男、女锦标赛，世界男、女青少年锦标赛和世界男子22岁以下年龄组锦标赛，洲际男女锦标赛等），球场尺寸为长28米、宽15米。球场的丈量从界线的内沿量起，如图10-2-33所示。对于所有其他比赛，有权批准符合下列尺寸范围内的现有球场：长度减少4米，宽度减少2米，只要其变动互相成比例。

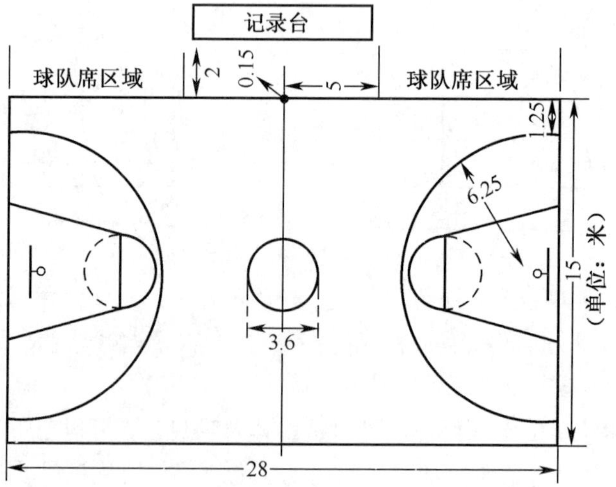

图 10-2-33　篮球场地

（二）界线

球场必须有明显的界线，界线外至少2米以内不得有任何障碍物。长边的界线叫边线，短边的界线叫端线。线宽均为0.05米。

（三）中圈

中圈要画在球场的中央，半径为 1.80 米，从圆周的外沿丈量。

（四）中线

从边线的中点画一平行于端线的横线叫中线。中线要向两侧边线各延长 0.15 米。对方球篮、篮板的界内部分及对方球篮后面的端线、边线和距对方球篮最近的中线边缘围成的场区构成了某队的前场。球场的另一部分，即本方球篮、篮板的界内部分以及由本方球篮后面的端线、两条边线和中线所限定的比赛场地，是该队的后场。

（五）3 分投篮区

3 分投篮区是由场上两条拱形线限制出的地面区域。其画法是分别以球场两段篮圈的中心垂直线与地面的交点为圆心，以 6.25 米为半径（至弧线外沿），各半圆弧线，半圆线的两端接两条平行于边线的线，与端线交接。端线内沿的中点距圆心为 1.575 米。

（六）罚球线

罚球线要与端线平行，它的外沿距离端线内沿 5.80 米，线长 3.60 米。它的中点必须落在连接两条端线中点的假想线上。

（七）球篮

球篮包括篮圈和篮网。篮圈为实心铁条制成，内径为 0.45 米。篮圈要牢固地安装在篮板上，篮圈顶平面要成水平，离地面 3.05 米，与篮板两垂直边的距离相等。

（八）球的材料、尺寸和重量

球应是圆形的，为认可的橙色；外壳用皮、橡胶或合成材料制成；球的圆周不得小于 0.749 米，不得大于 0.780 米；重量不得少于 567 克，不得多于 650 克；充气后使球从 1.80 米的高度（从球的底部量起）落到球场的地面上，反弹起的高度不得低于 1.20 米（从球的顶部量起），也不得高于 1.40 米（从球的顶部量起）。球面接缝或槽的宽度不得超过 0.00635 米。

（九）比赛时间、比分相等和决胜期

（1）比赛应由 4 节组成，每节 10 分钟。

（2）在第 1 节和第 2 节之间，第 3 节和第 4 节之间以及每一决胜期之前应有 2 分钟的休息时间。

（3）半场间的休息时间应为 15 分钟。

（4）如果在第 4 节比赛时间终了时比分相等，为打破平局，需要一个 5 分钟的决胜期或多个这样的 5 分钟来继续比赛。

（5）在所有的决胜期中，球队应朝向第 3 节和第 4 节中相同的球篮继续比赛。

（十）球的状态

球可能是活球或死球。

（1）球成活球，当：

1）跳球中，球被一名跳球队员合法拍击时。

2）罚球中，裁判员将球置于罚球队员可处理时。

3）掷球入界中，掷球入界的队员可处理球时。

（2）球成死球，当：

1）任何投篮或罚球中篮时。

2）球是活球，裁判员鸣哨时。

3）比赛计时钟信号响以结束每节或决胜期的比赛时间时。

（十一）交替拥有过程——规则和程序

（1）交替拥有过程，是以掷球入界而不是以跳球来使球成活球的一种方法。

（2）在非每半时和任一决胜期开始的跳球情况中，双方球队应交替在最靠近出现跳球情况的地点从界外掷球入界。

（3）每半时或决胜期最初的跳球中未获得控制球的队应开始交替拥有程序。将球判给该队在最靠近出现下一次跳球情况的地点掷球入界。

（4）当一名裁判员将球置于掷球入界队员可处理时；交替拥有程序开始；当传出的球触及一名场上队员或被一名场上队员合法地触及，或掷球入界队发生违例时结束。

（5）应由指向对方球篮的交替拥有箭号（记录台增加的显示装置）来指明将判给交替拥有掷球入界的队。当交替拥有掷球入界结束时，箭号的方向立即反转。

（6）如果掷球入界队违犯掷球入界规定，执行交替拥有掷球入界的机会则失掉。在交替拥有掷球入界期间，任一队犯规，不使掷球入界队失去拥有箭号。

（十二）控制球

（1）当一名队员正持着或运着或可处理一个活球时为队员控制球。

（2）当某队的队员控制一个活球或球在同队队员之间传递时为球队控制球。

（3）在对方队员获得控制球或球成死球或在投篮员的手之前，是球队继续控制球。

（十三）违例（违犯规则）

裁判法罚则：将球判给对方在违例就近地点从界外掷球入界。

以下（十四）、（十五）、（十六）、（十七）、（十八）、（十九）都属于违例的范畴。

（十四）带球走

当队员在球场上持着一个活球，其一脚或双脚超出规则所述的限制向任一方向非法移动是带球走。

确立中枢脚对判断带球走很有帮助，如下所示：

1）双脚着地接住球的队员可用任意一脚作为中枢脚。一脚抬起的瞬间，另一脚成为中枢脚。

2）双脚同时落地，则任一脚都可以是中枢脚。一脚抬起的瞬间，则另一脚成为中枢脚。

3）两脚分先后落地，则先触及地面的脚是中枢脚。一脚落地，队员跳起那只脚并双脚同时落地，则哪只脚都不是中枢脚。

（十五）3 秒钟

当某队在场上控制活球并且比赛计时正在运行时，该队的队员不得停留在对方队的限制区内超过持续的 3 秒钟。

队员在下列情况中应被允许：

1）他试图离开限制区。

2）他在限制区内，当他或他的同队队员正在做投篮动作并且球正离开或恰已离开投篮队员的手时。

3）他在限制区内已接近 3 秒时运球投篮。

（十六）8 秒钟

每当一名队员在他的后场获得控制活球时，他所在的队必须在 8 秒钟内使球进入该队的前场。

当球触及前场或触及有部分身体接触前场的队员或裁判员时，球进入该队的前场。

（十七）24 秒钟

每当一名队员在场上获得控制活球时，控球的队必须在 24 秒内尝试投篮。裁判法：判罚 24 秒违例时，首先看在 24 秒信号响时，球是否离开队员的手；另外球离开投篮队员手后，如果球没有触及篮圈，24 秒应连续计算；信号响，判违例，对方就近掷界外球；如果 24 秒误响，应给控制球队一个新的 24 秒。

（十八）球回后场

在前场控制活球的队员不得使球回本队后场。

裁判法罚则：判罚回场球后，由对方队员在球回场的就近前场掷界外球。

（十九）侵人犯规

侵人犯规是队员犯规，含有与对方队员非法接触，无论是活球或是死球。队员不得通过伸展他的手、臂、肘、肩、髋、腿、膝或脚，以及不得将其身体弯曲成“反常的”姿势（超出他的圆柱体）来拉、挡、推、撞、绊等阻止对方队员行进，也不得放纵任何粗野或猛烈的动作。

以下几种属于侵人犯规：

（1）阻挡：阻止对方队员行进时的非法身体接触。

（2）撞人：持球或不持球的队员推动或移动到对方队员躯干上的身体接触。

（3）背后非法防守：防守队员从对方队员的背后与其发生的身体接触。

（4）拉人：干扰对方队员移动自由而发生的身体接触。这种接触（拉人）能用身体的任何部位来接触。

（5）非法用手：防守队员处在防守状态，并且手放置在持球或不持球的对方队员身上并保持接触，以阻止其行进。

（6）推人：队员用身体的任何部位强行移动或试图移动已经或没有控制球的对方队员时发生的身体接触。

（7）非法掩护：试图非法拖延或阻止不控制球的对手在赛场上到达希望到达的位置。

裁判法罚则规定，侵人犯规发生在正在投篮队员身上，则按以下判罚：

①如投中篮，记得分有效，加罚一次。

②如 2 分投篮未中，判给罚球两次。

③如 3 分投篮未中，判给罚球三次。

④不论发生什么样的侵人犯规，要登记犯规队员，在场上比赛中，每个队员如犯规到 5 次，就被罚下场。

（二十）违反体育道德的犯规

根据裁判员的判断，一名队员不是在规则精神和意图的范围内合法地试图去直接抢球，发生的接触犯规是违反体育道德的犯规。

裁判法罚则：记犯规队员一次违反体育道德犯规。判给对方队两次罚球和一次中场掷界外球权。

（二十一）队员的技术犯规

技术犯规指不包含与对方队员接触的队员犯规。

裁判法规定属于以下几种情况均判罚队员技术犯规。

（1）队员在场上辱骂他人或裁判。

（2）戏弄对方队员或在他眼前摇手妨碍其视觉。

（3）阻碍执行掷球入界以延误比赛。

（4）未经允许离开比赛场地。

（5）改变原有号码，没有报告给裁判。

（6）悬吊在篮圈上，致使队员重量由篮圈支撑（故意的）。

裁判法罚则：

（1）判给该队员登记一次技术犯规。

（2）判给对方队一次罚球及随后在中场掷界外球权。

（二十二）全队犯规

在一节中，作为登记某队任何队员的侵人犯规或技术犯规的结果，已发生了4次全队犯规时，该队将被处罚。

裁判法罚则：

（1）当某队一节全队累积犯规4次后，所有随后发生的犯规，都被判给对方两次罚球。

（2）如果控制球队发生犯规，不应判两次罚球，应判由对方队员掷球入界。

（二十三）取消比赛资格犯规

任何十分恶劣的不道德的犯规是取消比赛资格的犯规。

（二十四）教练员、替补队员或随从人员的技术犯规

按规定，教练员、替补队员或随从人员：

（1）必须留在他们的球队席区域内。

（2）与裁判员、到场的技术代表、记录员、记时员或对方人员交涉时不得无礼。

（3）只有登记在记录表上的教练员在比赛过程中允许保持站立。

如有违反，按裁判法罚则，则：

（1）要登记教练员1次技术犯规。

（2）判给对方队员2次罚球和随后的球权：

1）队长指定罚球队员。

2）罚球过程中，所有其他队员要位于罚球延长部分和3分投篮线的后面，直到罚球过程完毕。

3）罚球后，无论最后1次罚球成功与否，均由罚球队的任一队员在记录台对面边线的中点处掷界外球。

4）掷界外球队员两脚要分别站在中线延长线的两侧，有权将球传给场上任何地方的队员。

第十一章　《国家学生体质健康标准》概要

《国家学生体质健康标准》是为了贯彻落实健康第一的指导思想，切实加强学校体育工作，促进学生积极参加体育锻炼，养成良好的锻炼习惯，提高体质健康水平而制定的。是《国家体育锻炼标准》的有机组成部分，是《国家体育锻炼标准》在学校的具体实施，是国家对学生体质健康方面的基本要求。《国家学生体质健康标准》的内涵是测量学生体质健康状况和锻炼效果的评价标准，是国家对不同年龄段学生体质健康方面的基本要求，是学生体质健康的个体评价标准。健康的概念包括身体健康、心理健康和社会适应。

为建立健全国家学生体质健康监测评价机制，激励学生积极参加身体锻炼，教育部印发《国家学生体质健康标准》，要求各学校每学年开展覆盖本校各年级学生的《国家体制健康标准》测试工作，并根据学生学年总分评定等级。只有达到良好及以上的学生，方可参加评优与评奖。

《国家学生体质健康标准》从身体形态、身体机能和身体素质等方面综合评定学生的体质健康水平，是促进学生体质健康发展、激励学生积极进行身体锻炼的教育手段，是国家学生发展核心素养体系和学业质量标准的重要组成部分，是学生体质健康的个体评价标准。《国家学生体质健康标准》将大学分为两个组，大学一、二年级为一组，三、四年级为一组。各组别的测试指标均为必测指标。其中，身体形态类中的身高、体重，身体机能类中的肺活量，以及身体素质类中的50米跑、坐位体前屈为各年级学生共性指标。学校每学年对学生进行一次《国家学生体质健康标准》测试，总分由标准分与附加分之和构成，满分为120分。标准分由各单项指标得分与权重乘积之和组成，满分为100分。附加分根据实测成绩确定，即对成绩超过100分的加分指标进行加分，满分为20分；大学的加分指标为男生引体向上和1000米跑，女生1分钟仰卧起坐和800米跑，各指标加分幅度均为10分。根据学生学年总分评定等级：90.0分及以上为优秀，80.0～89.9分为良好，60.0～79.9分为及格，59.9分及以下为不及格。每个学生每学年评定一次，记入“《国家学生体质健康标准》登记卡”。学生毕业时的成绩和等级，按毕业当年学年总分的50%与其他学年总分平均得分的50%之和进行评定。学生因病或残疾可向学校提交暂缓或免予执行《国家学生体质健康标准》的申请，填写“免予执行《国家学生体质健康标准》申请表”。

《国家学生体质健康标准》各单项指标评分表如表11-1-1至表11-1-14所示。

表 11-1-1　男生体重指数（BMI）单项评分表（单位：千克/米 ^{2}）

等级	单项得分	大学
正常	100	17.9～23.9
低体重	80	≤17.8
超重		24.0～27.9
肥胖	60	≥28.0

表 11-1-2　女生体重指数（BMI）单项评分表（单位：千克/米 ^{2}）

等级	单项得分	大学
正常	100	17.2～23.9
低体重	80	≤17.1
超重		24.0～27.9
肥胖	60	≥28.0

表 11-1-3　男生肺活量单项评分表（单位：毫升）

等级	单项得分	大一、大二	大三、大四
优秀	100	5040	5140
	95	4920	5020
	90	4800	4900
良好	85	4550	4650
	80	4300	4400
及格	78	4180	4280
	76	4060	4160
	74	3940	4040
	72	3820	3920
	70	3700	3800
	68	3580	3680
	66	3460	3560
	64	3340	3440
	62	3220	3320
	60	3100	3200
不及格	50	2940	3030
	40	2780	2860
	30	2620	2690
	20	2460	2520
	10	2300	2350

表 11-1-4　女生肺活量单项评分表（单位：毫升）

等级	单项得分	大一、大二	大三、大四
优秀	100	3400	3450
	95	3350	3400
	90	3300	3350
良好	85	3150	3200
	80	3000	3050
及格	78	2900	2950
	76	2800	2850
	74	2700	2750
	72	2600	2650
	70	2500	2550
	68	2400	2450
	66	2300	2350
	64	2200	2250
	62	2100	2150
	60	2000	2050
不及格	50	1960	2010
	40	1920	1970
	30	1880	1930
	20	1840	1890
	10	1800	1850

表 11-1-5　男生 50 米跑单项评分表（单位：秒）

等级	单项得分	大一、大二	大三、大四
优秀	100	6.7	6.6
	95	6.8	6.7
	90	6.9	6.8
良好	85	7.0	6.9
	80	7.1	7.0
及格	78	7.3	7.2
	76	7.5	7.4
	74	7.7	7.6
	72	7.9	7.8
	70	8.1	8.0

续表

等级	单项得分	大一、大二	大三、大四
及格	68	8.3	8.2
	66	8.5	8.4
	64	8.7	8.6
	62	8.9	8.8
	60	9.1	9.0
不及格	50	9.3	9.2
	40	9.5	9.4
	30	9.7	9.6
	20	9.9	9.8
	10	10.1	10.0

表 11-1-6　女生 50 米跑单项评分表（单位：秒）

等级	单项得分	大一、大二	大三、大四
优秀	100	7.5	7.4
	95	7.6	7.5
	90	7.7	7.6
良好	85	8.0	7.9
	80	8.3	8.2
及格	78	8.5	8.4
	76	8.7	8.6
	74	8.9	8.8
	72	9.1	9.0
	70	9.3	9.2
	68	9.5	9.4
	66	9.7	9.6
	64	9.9	9.8
	62	10.1	10.0
	60	10.3	10.2
不及格	50	10.5	10.4
	40	10.7	10.6
	30	10.9	10.8
	20	11.1	11.0
	10	11.3	11.2

表 11-1-7 男生坐位体前屈单项评分表（单位：厘米）

等级	单项得分	大一、大二	大三、大四
优秀	100	24.9	25.1
	95	23.1	23.3
	90	21.3	21.5
良好	85	19.5	19.9
	80	17.7	18.2
及格	78	16.3	16.8
	76	14.9	15.4
	74	13.5	14.0
	72	12.1	12.6
	70	10.7	11.2
	68	9.3	9.8
	66	7.9	8.4
	64	6.5	7.0
	62	5.1	5.6
	60	3.7	4.2
不及格	50	2.7	3.2
	40	1.7	2.2
	30	0.7	1.2
	20	-0.3	0.2
	10	-1.3	-0.8

表 11-1-8 女生坐位体前屈单项评分表（单位：厘米）

等级	单项得分	大一、大二	大三、大四
优秀	100	25.8	26.3
	95	24.0	24.4
	90	22.2	22.4
良好	85	20.6	21.0
	80	19.0	19.5
及格	78	17.7	18.2
	76	16.4	16.9
	74	15.1	15.6
	72	13.8	14.3
	70	12.5	13.0

续表

等级	单项得分	大一、大二	大三、大四
及格	68	11.2	11.7
	66	9.9	10.4
	64	8.6	9.1
	62	7.3	7.8
	60	6.0	6.5
不及格	50	5.2	5.7
	40	4.4	4.9
	30	3.6	4.1
	20	2.8	3.3
	10	2.0	2.5

表 11-1-9 男生立定跳远单项评分表（单位：厘米）

等级	单项得分	大一、大二	大三、大四
优秀	100	273	275
	95	268	270
	90	263	265
良好	85	256	258
	80	248	250
及格	78	244	246
	76	240	242
	74	236	238
	72	232	234
	70	228	230
	68	224	226
	66	220	222
	64	216	218
	62	212	214
	60	208	210
不及格	50	203	205
	40	198	200
	30	193	195
	20	188	190
	10	183	185

表 11-1-10　女生立定跳远单项评分表（单位：厘米）

等级	单项得分	大一、大二	大三、大四
优秀	100	207	208
	95	201	202
	90	195	196
良好	85	188	189
	80	181	182
及格	78	178	179
	76	175	176
	74	172	173
	72	169	170
	70	166	167
	68	163	164
	66	160	161
	64	157	158
	62	154	155
	60	151	152
不及格	50	146	147
	40	141	142
	30	136	137
	20	131	132
	10	126	127

表 11-1-11　男生一分钟引体向上单项评分表（单位：次）

等级	单项得分	大一、大二	大三、大四
优秀	100	19	20
	95	18	19
	90	17	18
良好	85	16	17
	80	15	16
及格	78		
	76	14	15
	74		
	72	13	14
	70		

续表

等级	单项得分	大一、大二	大三、大四
及格	68	12	13
	66		
	64	11	12
	62		
	60	10	11
不及格	50	9	10
	40	8	9
	30	7	8
	20	6	7
	10	5	6

表 11-1-12　女生一分钟仰卧起坐单项评分表（单位：次）

等级	单项得分	大一、大二	大三、大四
优秀	100	56	57
	95	54	55
	90	52	53
良好	85	49	50
	80	46	47
及格	78	44	45
	76	42	43
	74	40	41
	72	38	39
	70	36	37
	68	34	35
	66	32	33
	64	30	31
	62	28	29
	60	26	27
不及格	50	24	25
	40	22	23
	30	20	21
	20	18	19
	10	16	17

表 11-1-13　男生耐力跑（1000 米）单项评分表（单位：分 · 秒）

等级	单项得分	大一、大二	大三、大四
优秀	100	3'17"	3'15"
	95	3'22"	3'20"
	90	3'27"	3'25"
良好	85	3'34"	3'32"
	80	3'42"	3'40"
及格	78	3'47"	3'45"
	76	3'52"	3'50"
	74	3'57"	3'55"
	72	4'02"	4'00"
	70	4'07"	4'05"
	68	4'12"	4'10"
	66	4'17"	4'15"
	64	4'22"	4'20"
	62	4'27"	4'25"
	60	4'32"	4'30"
不及格	50	4'52"	4'50"
	40	5'12"	5'10"
	30	5'32"	5'30"
	20	5'52"	5'50"
	10	6'12"	6'10"

表 11-1-14　女生耐力跑（800 米）单项评分表（单位：分 · 秒）

等级	单项得分	大一、大二	大三、大四
优秀	100	3'18"	3'16"
	95	3'24"	3'22"
	90	3'30"	3'28"
良好	85	3'37"	3'35"
	80	3'44"	3'42"
及格	78	3'49"	3'47"
	76	3'54"	3'52"
	74	3'59"	3'57"
	72	4'04"	4'02"
	70	4'09"	4'07"

续表

等级	单项得分	大一、大二	大三、大四
及格	68	4'14"	4'12"
	66	4'19"	4'17"
	64	4'24"	4'22"
	62	4'29"	4'27"
	60	4'34"	4'32"
不及格	50	4'44"	4'42"
	40	4'54"	4'52"
	30	5'04"	5'02"
	20	5'14"	5'12"
	10	5'24"	5'22"

参 考 文 献

[1] 曲宗湖．现代社会和学校体育[M]．北京：人民体育出版社，1999．

[2] 纪列维．体育理论教程[M]．哈尔滨：黑龙江教育出版社，1999．

[3] 李建英，王黎明．大学体育与健康教程[M]．北京：人民体育出版社，2002．

[4] 何志林．现代足球[M]．北京：人民体育出版社，2000．

[5] 刘建和．乒乓球教学与训练[M]．北京：人民体育出版社，2006．

[6] 王岳云．大学体育教程[M]．广州：华南理工大学出版社，2006．

[7] 任勇．大学体育实践教程[M]．北京：北京体育大学出版社，2005．

[8] 刘卫军．跆拳道[M]．北京：高等教育出版社，2004．

[9] 马鸿韬．健美操运动教程[M]．北京：北京体育大学出版社，2007．

[10] 王景连．体育舞蹈[M]．合肥：合肥工业大学出版社，2003．

[11] 樊更生．体育舞蹈（摩登舞）基础教程[M]．北京：北京体育大学出版社，2004．

[12] 刘敏庆．速度滑冰[M]．北京：人民体育出版社，1999．

[13] 全国体育院校教材委员会审定．冰雪运动[M]．北京：人民体育出版社，2005．

[14] 于立强．轮滑运动[M]．长春：吉林科学技术出版社，1999．

[15] 周兵．休闲体育[M]．桂林：广西师范大学出版社，2000．